アジアに生きるイスラーム

笹川平和財団〈編〉

イースト・プレス

Malaysia

Thailand

Myanmar

Philippines

BADA

AMPEL KESUMBA
RT2 RW2 KEL. AMPEL SURABAYA 60151
MATIKAN MESIN KENDARAAN ANDA DISINI
SD MUHAMMADIYAH 19
AMPEL KESUMBA No. 14
HARAP TURUN
STOP!
Matikan Mesinnya
DISINI
(Kecuali GILA)
Indonesia

Bangladesh

CENTER POINT
Fashion Lanka
ZIPPERS
Sri Lanka

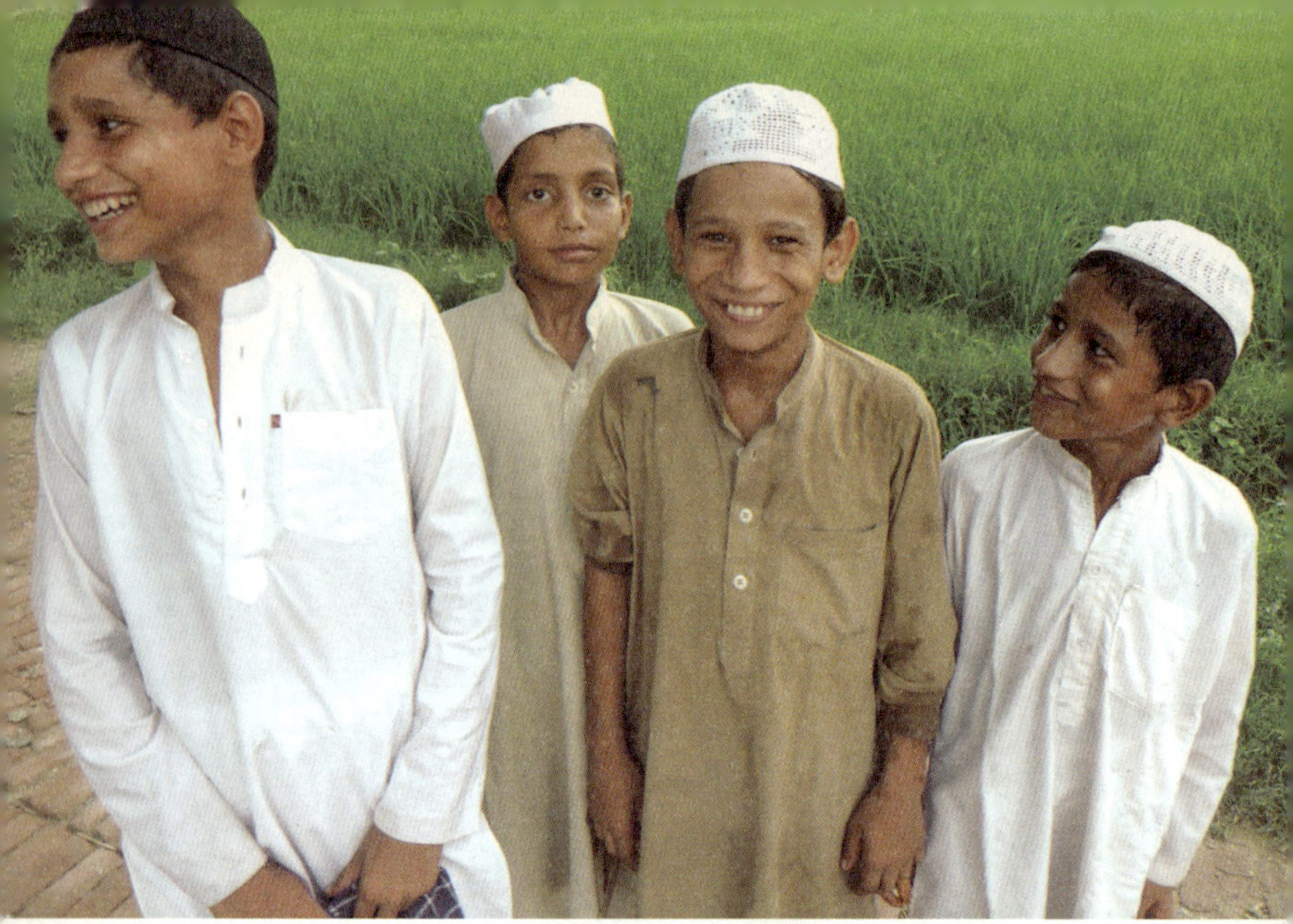

India

ईद मुबारक

アジアに生きるイスラーム もくじ

contents

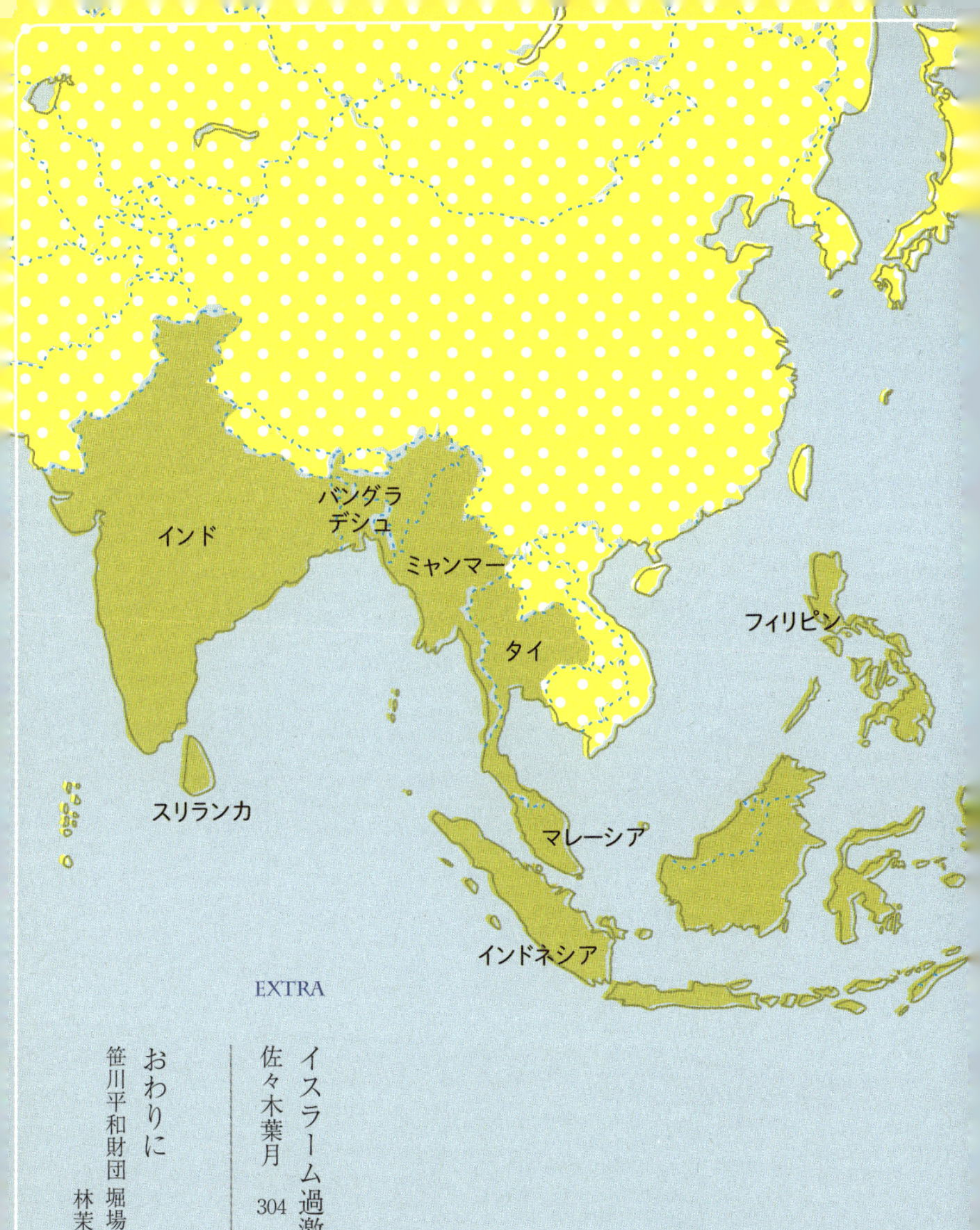

EXTRA

はじめに

2017年10月、「イスラム国（ISIS）」の最大拠点、シリアのラッカが陥落した。ただ、これによってすべての危機が去ったとは言えない。たしかにイラク、シリアでのISISの勢力は衰えたかもしれないが、組織拠点を失ったことで、戦闘員、信奉者たちが地下に潜り、世界に拡散し、さまざまな場所でテロを起こす可能性は一層高まったとも言われている。

ISISの台頭を生み出したシリアの混乱は、難民問題に代表されるような別の問題も引き起こしている。多くのシリア難民が海を渡り、陸を伝いヨーロッパを目指したが、彼らもまたISISのようなテロリストと同じイスラームを信仰する人々（ムスリム）だということを理由に激しい反発に遭い、受け入れの是非を巡ってヨーロッパでは右派勢力が拡大し、社会が分断されつつある。

イスラモフォビア――そんな言葉を耳にしたことはないだろうか？　イスラーム恐怖症とも訳され、イスラームという宗教、またそれを信仰するムスリムたちを恐れ、そして忌み嫌う感情が、いま世界中に渦巻いている。それは直接テロの標的となったヨーロッパやアメリカにとどまらず、種々の報道によって日本にも伝播しているように思える。しかし、私たち日本人は、イスラームのことをどのように理解し、ムスリムのことをどれだけ知っているのだろうか。

イスラームといえば、日本に住む私たちにとっては、サウジアラビアやイラン、エジプトといった中東、北アフリカの宗教といったイメージが強い。いずれもどこか遠い、砂漠の広がる地域の宗教と思いがちだが、実はそれだけではない。

現在、イスラームは全世界で約16億人の信徒を誇る、キリスト教に次いで2番目の世界宗教であることは、多くの人が知るところである。では、最もムスリムの多い国は？　となると、どれだけの人が正しく答えられるだろうか。それはアラブ諸国最大の人口を持つエジプトでもなければ、古代文明の歴史を誇るイランでもない。実のところ、1位はインドネシアで、以下インドやパキスタンなどアジアの国々が上位を占める。もとよりインドネシアは国民の9割がムスリムであるため、総人口約2億6000万人を考えれば、ムスリム人口が多いことは容易に想像もつくが、インドはヒンドゥーが最大の宗教である国で、仏教発祥の地でもある。イスラームとは縁遠いようにも思われるが、1億8000万人のムスリムが暮らしている。この本ではこの2カ国に加え、フィリピン、タイ、ミャンマーなどの国々を扱うが、いずれの国においても決して少なくない数のムスリムがこのアジアに根を張っている。そして現在、10カ国が加盟するASEAN（東南アジア諸国連合）の総人口約6億人のうち、おおよそ半数がムスリムであるということは、政治、経済、文化、あらゆる面でこれらの国々と密接なかかわりを持つ日本人として、認識しておかなければならないことである。

7世紀前半に現在のサウジアラビアの西部に位置するメッカで誕生したイスラームは、アラビア半島全域に広がると、13世紀ごろまでに、主にアラブ商人によって北アフリカから南アジア、東南アジアへと伝えられた。だが、アジアの国々にはそれ以前に仏教やヒンドゥーが浸透しており、各地域にはそれら宗教や土着のアニミズムが形成した文化が根付いていた。そこにイスラームが伝わったのである。結果として、イスラームはそれぞれの地域の文化や習俗と混ざり、その土地その土地に適応しながら、多様な変化を遂げて浸透していった。ひと言でいうならば、これがアジアのイスラームの特徴である。

さらにアジアのムスリムを細部にわたって見ていくと、国家という括りに捉われない人々のつながりや生活が広がり、発展を遂げてきたことが分かる。

今回、これらの特徴を具体的に知るために、13組15名の研究者の方々にそれぞれの専門地域に向かっていただいた。イスラームがどのような形でアジアの各地に息づいているのだろうか。宗教施設はもちろんのこと、一般の家庭や学校、商店、路地裏に至るまで、そこには知っているようで知らなかったアジア、遠いようで案外近かったイスラームの姿があった。各章を読み比べていただければその違いにきっと驚かれるだろう。中東からやって来たイスラームの種が、アジアの水と空気を取り込みながら、どのように根を張り、葉を広げ、それぞれの花を咲かせてきたか、その一端を紹介したい。

アジアのことを勉強する学生のみなさん、この地域を舞台に活躍されるビジネスパーソン、また旅行や映画などを通じてアジアに強く関心を持つ人たちはもちろんのこと、イスラームを自分には全く縁のない宗教と思われている方にも是非この本を読んでいただきたい。
「アジア」と「イスラーム」という2つのキーワードで読み解くことで見えてくる世界が、どのようなものなのか。それは決して遠くもなければ、無関係でもなく、すぐそこにあるということを、きっと感じていただけると確信している。

keyword
この本で取り扱うキーワード

アッラー　イスラームにおける唯一・絶対の神の意。
イマーム　イスラームの宗教指導者。
ウラマー　イスラーム諸学を修めた知識人。
ウンマ　共同体、特に宗教に立脚した共同体。
クルアーン（コーラン）　イスラームの聖典。
シーア派　預言者ムハンマドの後継者の問題を争点に、イスラームの多数派とは異なる見解を展開した人々およびその教説。
スルターン　11世紀以降、スンナ派の政治権力者、君主に与えられた称号。東南アジア島嶼部のイスラーム化の過程で、在地の君主が王権の正当性を強化するために用いた称号（スルタン）。
スンナ派（スンニー派）　イスラームの主流派。
ハディース　預言者ムハンマドの言行を記録したもの。
メッカ（マッカ）　アラビア半島西部の都市。イスラーム第一の聖地。
モスク　ムスリムが礼拝をおこなうための建物。

（『岩波　イスラーム辞典』参照）

1

フィリピン

PHILIPPINES

Pilipinas

マニラ
／
タウイ・タウイ

首都	マニラ
人口	約1億98万人（2015年フィリピン国勢調査）
宗教	ASEAN唯一のキリスト教国。国民の83%がカトリック、その他のキリスト教が10%。イスラームは5%（ミンダナオではムスリムが人口の2割以上）
民族	マレー系が主体。ほかに中国系、スペイン系及びこれらとの混血並びに少数民族がいる
言語	国語はフィリピノ語、公用語はフィリピノ語及び英語。80前後の言語がある

マニラ首都圏

マニラ市を含む17市町の集合体。メトロマニラともいう。東京23区よりやや広い面積に、趣ある歴史的建造物や近代的なショッピングセンターが混在し、新旧の街の良さが味わえるとあって観光にも人気。

宗教

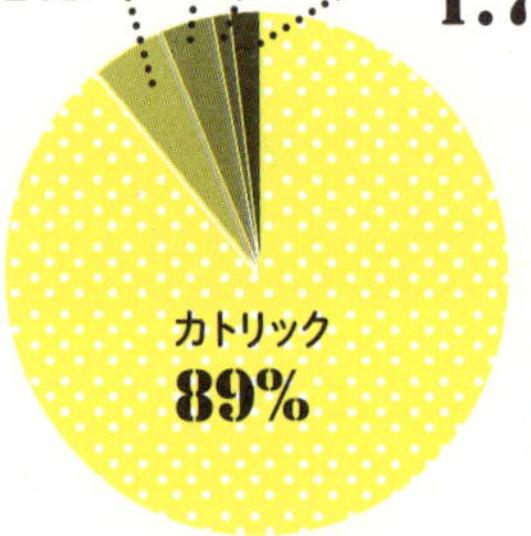

人口

約 1,288 万人
(2015 年フィリピン国勢調査)

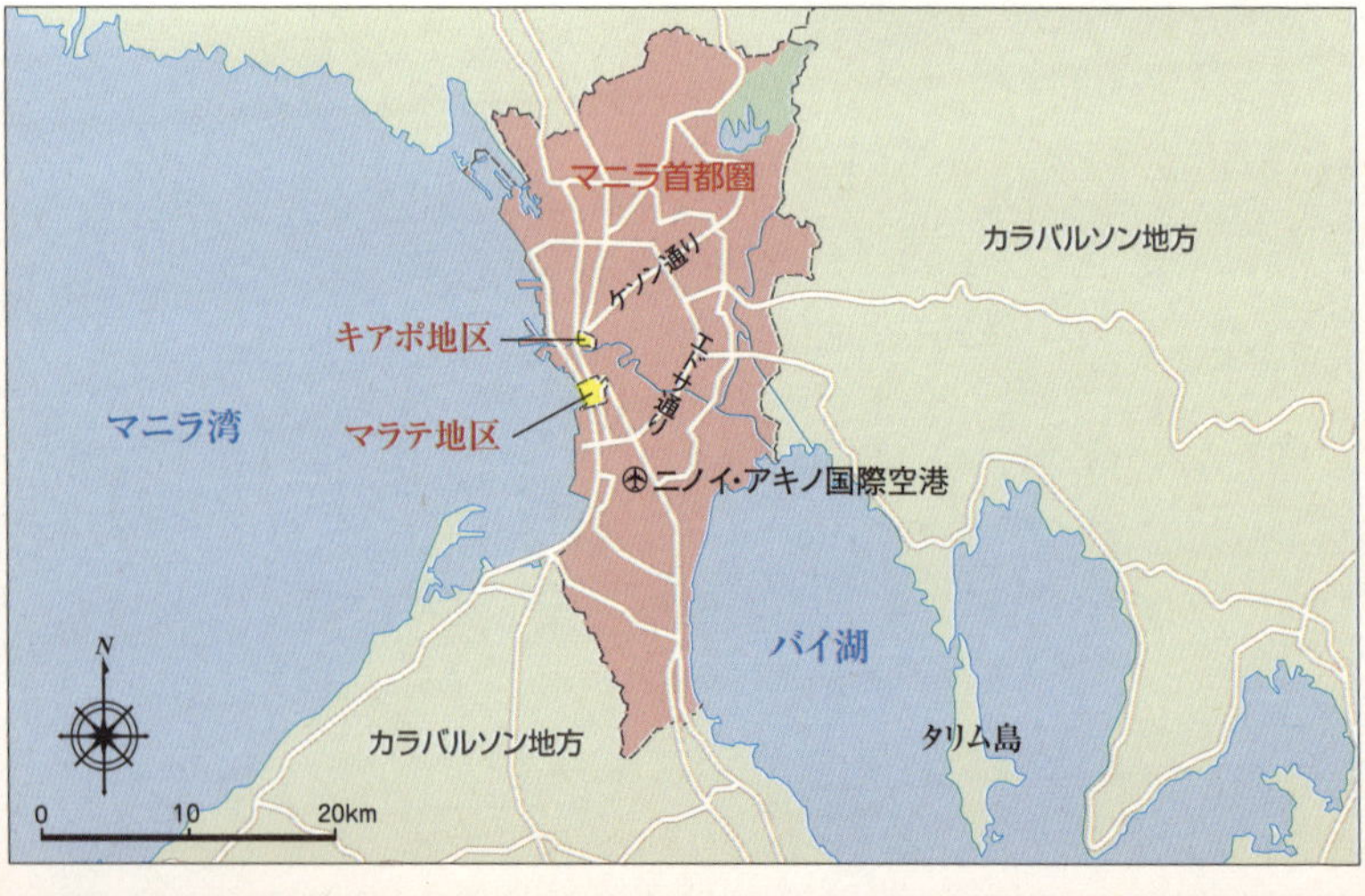

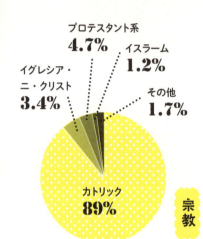

フィリピンの都市部にみる宗教多元主義的空間形成への試み
――ムスリム＝クリスチャン関係を中心に

渡邉暁子

２０１７年5月から10月にかけて、フィリピン南部のマラウィ市は、ＩＳＩＳを支持する外国人、地元の武装勢力「マウテ」（正式名称ダウラ・イスラミーヤ）や「アブサヤフ」等のグループによって占拠された。政府軍が包囲攻撃し、「解放」宣言が発表されるまで、１０００人を超える死者と約40万人の国内避難民という犠牲を余儀なくされた。この「マラウィ危機」は、偶発的に起きたものではなく、南部フィリピンにおける歴史の流れの中で生じた新たな現象である。

占拠に対しての包囲、攻撃、そして犠牲……。しかし、こうした衝突を回避するための試みも同時に行われてきた。フィリピンに生きるムスリムとクリスチャン（キリスト教徒）の関係の変遷をみることによって、現在のフィリピン社会でどのように両者の共存と相互理解を目指す空間が形成されようとしているか、その現状をみてゆこう。

ムスリムが優勢な東南アジア島嶼《とうしょ》部諸国において、フィリピン共和国はその人口の９割近くをクリスチャンが占める。この東南アジア唯一の「キリスト教国」には、およそ４２８万人（国民の５・６％）のムスリムが居住する。これらのムスリムは、フィリピン南部のミンダナオ島、スールー諸島、パラワン島南部をホームランドとしてきたものの、実際には13の言語集団（民族）から構成され、各自の居住域を持っているように、決してひと括りの存在ではない。ところが、キリスト教化したフィリピンの人びとの口伝えやメディアによって、ムスリムたちはモロという名で一括して呼ばれており、そこに「野蛮」、「好戦的」、「殺戮《さつりく》を好むもの」、「不法者」といったレッテルを貼られてきた。これに対し、ムスリムは反政府運動を展開し、政府と武力衝突と停戦合意を繰り返してきた。

こうした政治状況の背景には、カトリック中心主義と他者の排除の歴史があるといえよう。フィリピンでは、スペインとアメリカによる植民地政策によって、クリスチャンとムスリムとの間に敵対や偏見・差別が生じ、独立後は政教分離を是としつつも、キリスト教をベースに社会や国家形成が行われてきた。

しかしこうした動きについて、今日では、東南アジアや中国、中東・湾岸諸国との国際関係に加え、国内政治の安定の側面からも、その修正が迫られている。実際に、キリスト教とイスラームが同じ社会に存在することを認め、互いの価値を認めながら共存していこうとする様々な動きも生じている。マニラがあるルソン島以外の地域的独自性の再評価や、ムスリムのフィリピン史への包摂、イスラームの断食祭と犠牲祭の祝日化、モスクの増加、公立学校校舎を用いたマドラサ（イスラーム教育）の認可など、宗教多元主義を認める動きが起きている。こうした現状を理解するため、ここではムスリムとクリスチャン関係の変容を探っていこう。

フィリピン・ムスリムの歴史

フィリピン諸島南部にイスラームが伝来したのは13世紀半ばのことである。14世紀には、マギンダナオ王国やスールー王国など、ムスリム首長を頂とするいくつかの王国が誕生し、周辺国と貿易関係を結びながら次第に勢力を大きくしていった。同諸島にスペインが到来し、交戦するなかで支配地域が後退することもあったが、これらの国々は「独立した」政治体として認められていた。

ところが、こうしたムスリムのホームランドは、スペインが米西戦争（1898）に敗れると、フィリピンの一部としてアメリカに譲渡されてしまった。植民地支配に抵抗するミンダナオ島およびスールー諸島の人びとに対し、アメリカは軍事的制圧の上で統治を行った。当初は、軍管区としてモロ州を設置したが、その後にミンダナオ・スールー省として他州とともに植民地行政に組み込んだ。1920年には内務省下に非キリスト教徒部族局をつくり、同地域に暮らす山地部族民とともに、「野蛮な」慣習の撤廃と教育制度の普及によって、ムスリムの「文明化」を目指した。

植民地政府は、1903年に公地法を制定し、国内のすべての土地を国家のものとするなかで、登録による土地の私有を認めた。このとき、アメリカ資本の農企業が優遇される一方、英語の読み書きができない一般ムスリムの多くが先祖伝来の領域を失った。このことに拍車をかけたのが、ミンダナオへの農業開拓の奨励であった。これは、フィリピン中北部の人口圧を軽減するためでもあったが、中北部からの移民のほとんどは、クリスチャンであった。植民地政府のもうひとつの目的は、クリスチャンを招き入れることで、フィリピン南部の宗教人口を平準化させることであったといわれている。

この農業開拓奨励政策は、1946年のフィリピン独立後も続けられた。これにより南部フィリピンでは宗教人口の単なる逆転だけでなく、選挙によって非ムスリムが地方行政の主要な役職に収まるようになっていった。

こうしたムスリムの政治的・経済的・文化的周辺化にともない、ミンダナオでは社会不安が増していった。この事態に対し、数少ないムスリム国会議員が中心となって、国民統合委員会を設立して奨学制度等を拡充させたが、ムスリム人口の経済状況や政治的不満を解消するには程遠かった。

かれらの不満は、1960年代半ばからフィリピンからの分離独立運動という形で具体化していった。まず、ムスリム独立運動（MIM）がつくられた。次に、マニラで教鞭をとっていたヌル・ミスワリがモロという蔑称を集合的経験を持つ民族としての自称に変え、1972年に、モロ民族解放戦線（MNLF）として本格的に戦闘開始し、リビアをはじめとする中東湾岸諸国の支援を取り付けた。

これらの動きに対し、フィリピン政府は軍を派遣して武力闘争を鎮圧する一方で、それに加担する一般市民を懐柔することを狙い、数多くの政策を実施した。主要なものとして、南部フィリピン開発機構の設置、ムスリムのバーター交易の許可、フィリピン・イスラーム銀行の設立、ムスリム身分法の成立・施行、シャリアー法廷の制度化、大統領府下でのムスリム関係局の創立、ムスリム人口の多い第9地区と第12地区の行政地区の自治化など、あらゆる面に及んだ。

一連の融和対策はある程度の効果をもたらし、1976年にはフィリピン政府との間にトリポリ協定が結ばれ、96年には最終和平協定が政府とMNLFとの間に合意された。91年にはムスリム・ミンダナオ自治区（4州）が発足することとなった。しかし、すでに76年の協定に不服を唱えていたグループがモロ・イスラーム解放戦線（MILF）を結成し、先祖伝来の領域に関する要求とイスラーム的視点からの国家形成を目指していた。このため、

MILFは、政権が変わるたびに政府との間で闘争と和平合意を繰り返した。ようやく2014年にMILFと政府は包括和平合意を署名し、バンサモロ（モロ民族）自治政府設立のための基本法案制定に向けた動きがアキノⅢ世前大統領のもとで始まった。この基本法案は同氏在職中には成立されなかったが、2016年に政権に就いたドゥテルテ大統領下でも再び推し進められており、2017年に発生した「マラウィ市危機」では政府側に協力するなど、一定の関係が続いている。

以上のように20世紀の初頭から始まったフィリピン・ムスリムの周辺化により、同地域では紛争が発生し、現在においても続いている。本稿に関わる点として、この紛争には2つのインパクトがあった。1つは、移動者である。一部の一般人は、戦禍を逃れたり、よりよい未来を求めてホームランドから流出した。国内においては、避難民や経済移民としてセブやダバオといった地方都市や首都マニラに移動し、国外としては、主に経済移民として、マレーシア（サバ州等）をはじめ、中東湾岸諸国に移動した。

もう1つのインパクトは、ムスリム・イメージの固定化・再生産と、それにともなうクリスチャンとムスリム関係の硬直である。長年の紛争の中で、実際にムスリムと戦闘行為を経験した人やそれによって家族を失った人もいれば、モロを敵役にした勧善懲悪の劇

「モロモロ」が演じられてきたカトリック教会も数多くあるように、直接的・間接的にイスラームに対して否定的な感情を持つクリスチャンが多い。フィリピンの調査機関が実施した2005年の全国1200人に対する調査においても、4分の1が「ムスリムを信用しない」、3分の1が「イスラームに対して否定的」であり、4分の3が「イスラームについて無知である」という回答が出ている。この数字は徐々に改善しつつあるが、いまだ不信は取り除かれていない。

では、その移動先でどのようなムスリム＝クリスチャン関係がつくられてきたのだろうか。以降では最も多い移動先のマニラの事例をみていこう。

マニラに住むムスリム

首都マニラには、ミンダナオの紛争によって人口移動が生じる前から、ムスリムの人びとが住んでいた。20世紀初頭、アメリカ植民地下のマニラ市は、コスモポリタン都市であった。トルコ人、アラブ人、ペルシア人、タミル人、マレー人……様々なムスリムが滞在、小売商、卸売商、夜警、行商などに従事していた。その中でもインド人ムスリムは結社をつくり、モスクの設立を目指していた。彼らの活動を庇護したのが、奨学金制度によって、マニラに居住していたムスリム有力者の子弟やムスリム議員であった。このように、戦前は、南部出身のムスリムのエリート層と外国人ムスリムが協力をしながら過ごしていたが、その人口構成は戦後に変わることになる。

1950年代、戦後復興中のマニラでは、これまでマニラのイスラームを牽引したインド人ムスリムが母国の独立にともない帰国する代わりに、南部出身のムスリム議員を中心にフィリピン・ムスリム協会が結成された。加えて、南部フィリピンからムスリム商人、単純労働者、国家統合委員会の奨学生が到来したものの、ほとんどは単身の男性であって、その滞在期間も比較的短期であった。

1960～70年代になると、国内避難民の数が増え始めた。紛争によりホームランドに戻ることが叶わず、これらの避難民はマニラに定住するようになった。このとき、様々な力が働き、首都圏内にいくつかのムスリム居住区ができた。例えば先に述べたフィリピン・ムスリム協会はマニラ市キアポ地区の土地を購入した。また、ムスリム議員主導で政府は首都圏南部・タギグ市にマハルリカ・ビレッジをつくった。そして、当時のイメルダ・マルコス大統領夫人による中東訪問の成果として、ムスリム各国の要人をフィリピンでもてなすためのゴールデン・モスクが大統領宮殿にほど近いキアポ地区に建てられた。これらの動きが移民の呼び水になり、南部フィリピンから移動してきたムスリムの居住区が形成されていった。

1980～90年代になると、経済移民や当時のフィリピン政府の国策による海外就労を希望する一時滞在者、マニラ生まれの第2世代も増えた。ムスリム人口が増大するなかで居住区が人口過多となり、商業活動地や分譲地に新たに生活の場を形成する人びとが出現した。今日、居住地の近隣で露天商となる人たちは、ムスリム・クリスチャン関係なく、ともに自治会や商業組合をつくることによって、当局による住宅や屋台の撤去を逃れたり、組織として行政に陳情する手段を得ている。このように人びとの日常的実践においては、宗教を基盤とするよりも、社会階層による実利的なつながりが紡がれている。

クリスチャンとの日常的な接触によってもたらされるもののなかには、世帯のなかでの「混住化」もある。先に述べたように、1970年代にマニラに滞在していたのは、単身の男性が多かったため、マニラで配偶者と出会い結婚にいたる者も少なからずいた。当時のマニラではミンダナオのようにムスリムとの直接的な接触を持ってきた者はあまり多くなく、クリスチャンとの結婚がみられてきたが、南部から単身で、あるいは家族の成員としてムスリム女性がマニラにやってくるようになると、ムスリム同士の民族内婚や民族間結婚も徐々に増えていった。

ムスリム定住人口の数は、独立後の最初の国勢調査が行われた1948年が1077人であったが、2000年代初頭には5万8000人になっている。この中には南部フィリピンを出身地とする生来のムスリムだけでなく、国内での通婚や友人の勧めによってムスリムに改宗した者や、中東湾岸諸国での就労中にイスラームに入信した「バリック・イスラーム（イスラーム帰宗者の意）」も多い。その数は2005年の時点、フィリピン全土で約20万人と言われ、国内の都市部などに居住する。中東湾岸諸国でのイスラームへの改宗理由は、友人や雇用者の影響、無料配布される小冊子等による感化、功利的な目的（待遇改善など）、外国人／自国民ムスリムとの結婚などが挙げられる。帰国後、フィリピン・ムスリムの「フォルク・イスラーム」とは異なる「本場」のイスラーム実践を守るため、また、フィリピン生まれのムスリム言語集団との無用な対立を避けるため、独自の居住区をつくり、暮らしている。

今日、マニラにおいては、こうしたバリック・イスラームの増加と、彼らが積極的に実践するイスラームの布教（ダアワ）、イスラーム教材の輸入とフィリピン語翻訳、服装やモスクのデザインのアラブ化等のイスラーム復興が見られている。一方で、ムスリム言語集団に属さないバリック・イスラームがフィリピン・ムスリムの脱「民族」化を引き起こし、異なる民族や異教徒との通婚が、フィリピン・ムスリムの民族の境界やアイデンティティを曖昧なものにさせている。

並び立つ教会とモスク

キアポ地区はマニラ市の中央に位置し、市の下町として古くから商業や教育の中心地であった。そのかたわら、この地はフィリピンの宗教的多元主義の象徴だとも言われている。とくに、それは、フィリピンのカトリック教会の大本山と呼ばれるキアポ教会と、イメルダ元大統領夫人が建設のために尽力したキアポ・ゴールデン・モスクが、ケソン大通りを挟んで並立していることにある。

１５８６年に建てられ４００年の歴史を持つキアポ教会には、等身大の木製イエス像が安置されており、たくさんの信者が奇跡を求めて日々ここを訪れる。教会の外側には、カトリックに関連する様々なもの、例えば、礼拝に使用する蝋燭、聖像などに供えるサンパギータの花輪、イエスの顔が描かれた護符などが売られたりしている。また、参拝者を当て込んで、薬草の販売や手相占いのほか、生鮮食品や日用品も売られており、雑多な雰囲気を出している。

このキアポ教会の反対側には、１９７６年に建てられたゴールデン・モスクがある。その周辺はムスリム居住区であると同時に商業地区でもある。中東湾岸諸国で女性が着用するアバヤや男性用のカンドゥーラと呼ばれる白い長衣、礼拝用マットや数珠、著名なイスラーム学者の説法のDVDなどが売られている。また、ハラル食堂などが数多く軒を並べており、フィリピン・ムスリムの郷土料理も食することができる。

以前、この地域にはチャイニーズやクリスチャンが多く住んでいたが、1970年代ごろに始まるムスリムの移入によって、次第に前者は他所へと追いやられるようになった。80年代から90年代にかけて、ここで商売をするムスリムと非ムスリムとの間でいざこざが絶えなかったが、現在はケソン大通りを挟んでクリスチャンと棲み分けがされているため、宗教間対立はほとんど聞かれなくなっている。代わりに、ムスリムのなかでの争いが顕著となっている。ゴールデン・モスクの周囲には、スンニ派、シーア派それぞれのイスラミック・センターがいくつかあり、世界各地でみられる両者の対立はここでもみられる。キアポの公道でのイスラームに関する公開討論のほか、カフェや食堂での布教活動も盛んに行われており、その激化がISISなどの活動や動きに同調し賞賛することにつながるのではないかと、危惧されている。

海外人材派遣会社とアラブ料理店街

マニラ市キアポ地区が国内の多宗教が出会う地区であれば、マニラ湾に面した同市マラテ地区は、国外の人とのつながりが最も強く表れる地区である。マラテ地区は、海外人材派遣会社、アラブ料理店、ハラル食材店、外貨両替所が並び、アラブ人やフィリピン・ムスリムの集まる街となっている。歴史を振り返ると、この地区はアメリカ植民地時代には外国人やエリートの居住地であったが、1970年代ごろに娯楽や文化活動の集積する繁華街へ変化していった。それにともない、宿泊施設、外貨両替所、外国人向けのレストランがつくられ、隣のエルミタ地区には一大歓楽街も広がった。同時期に国家政策として労働者の送り出しが開始されると、この地区には海外人材派遣関連会社が急増した。その会社の多くは、中東湾岸出身の外国人男性とフィリピン人女性の共同経営である。これには、フィリピンでは事業における外国資本比率に様々な規制が課せられているからであり、会社設立に際しては必ずフィリピン人（国籍保持者）の関与が必要となるからだ。煩雑な手続きやり取りのため、国際結婚した外国人とフィリピン人が経営することが多い。

これまで、フィリピンは200を超える国や地域に労働者を送り出してきた。そのうちの半数以上は中東湾岸諸国である。こうした国々において、彼らはアラブ人とも出会い、結婚する。結婚相手の中には、フィリピンでビジネスチャンスを求める人たちもいる。とくに、滞在・訪比する外国人ムスリムを当て込んだ、アラブ料理店の出店を望む者が多い。マラテ地区のアラブ料理店街は、キアポ地区のように国内のムスリム文化を代表するものではなく、むしろ、かつて働いた懐かしいアラブの食事を思い出させるものとなっており、中東湾岸地域での出稼ぎ経験者のノスタルジーを煽《あお》るものとなっている。

壁画アートがつくる平和の日常化

先に述べたＭＮＬＦやＭＩＬＦなどの武力をともなったムスリム分離独立運動は、主としてミンダナオ島やスールー諸島において、伝統的指導者や知識層の男性がリーダーシップを握って展開された。こうした「ハード」な運動に対し、マニラを中心に青年層のフィリピン・ムスリムが他者を巻き込みながら宗教間対話と平和構築を展開するような「ソフト」な動きも近年生じている。その1つが、ここ数年で増えつつあるアートのプロジェクトである。本稿では、マニラ首都圏においてムスリム＝クリスチャン関係の改善に取り組む壁画アートを詳しくみてみよう。

「平和への旅路」と呼ばれるプロジェクトは、２０１３年に、首都圏にあるフィリピン国軍施設の四方の外壁を使って、アーティストとＮＧＯの呼びかけで実施された。

このプロジェクトを主導したのは、平和教育と異教徒間対話を行うＮＧＯのＡＡＩと、環境主義アーティスト団体のＤＬＳＮである。国軍市民担当部署、大統領和平評議会、メトロマニラ開発局と協力して、世界最長の全長約３・７キロメートルの国軍施設の外壁に平和を具現化した壁画を描いた。

２０１３年5月から7月まで展開されたプロジェクトには、クリスチャン、ムスリム問わず一般市民（とりわけ子どもたち）、国軍兵士、国内のアマチュア画家がボランティアとして参加した。その数は１５００人にのぼる。プロジェクトの目的は、長らく紛争状態が続き、平和の形を見失ったり無関心になったりした人びとに対し、平和の日常を描くことでそれを再確認することと、そのプロセスにおいてバヤニハン（相互扶助慣行）の精神のもと、偏見や対立といった障壁を取り除くことであった。ＤＬＳＮの代表であるサーニョ氏は「（ムスリム独立運動に武力で対応してきた）兵士とムスリム反政府集団の子どもたちが共に壁画を描く姿にその可能性を見出した」と述べている。

３・77キロメートルの外壁には数十点の壁画が描かれた。それらは、ＤＬＳ

ヒジャーブをかぶり微笑む女性の壁画

Nのアーティストや参加者、子どもたちが発案したメッセージや日常の風景である。そのテーマから壁画を分類すると、次の3点に分けられる。まず1つは、クリスチャンとムスリムとの共通点を表したものである。信仰心の篤さ、家族を大切にする文化、困窮者を助けようとする隣人愛である。

もう1つは、クリスチャンとの相違点である。女性のヒジャーブの着用やハラル肉の食慣行から、ムスリムの文化的違いが描かれている。そして3つ目として挙げるのは、ムスリムに対する一般的な偏見にアプローチしたものである。ムスリム女性は社会的地位が低いとフィリピン社会では言われてきたが、それに対して、高学歴の医師として社会貢献する姿が描かれている。一方で、暴力行為は描かれてはいない。

これらの内容からわかることは、壁画によって訴えたい平和とは、互いへの理解、違いへの理解である。とりわけクリスチャンに対しては、ムスリムについて「好戦的で暴力手段に訴える不可解な他者」イメージを廃し、共通点も多い隣人だという主張がみえる。

フィリピン国軍施設を囲む四方の壁のうち、1つはエドサ通りに面している。エドサ通りは、フィリピンにおける社会変容の象徴的な場である。1986年にはピープルパワー

壁画に描かれた、モスクで礼拝する男性からみえるイスラームの意味

革命が起こり、１００万人もの住民がこの通りを埋め尽くして当時の独裁者であったマルコス大統領を退陣に追い込んだ。現在はその革命の中心地に記念碑が建てられている。エドサ通りは、平和、正義、公正のために人びとが闘った場所である。

こうしたシンボリックな場所性のほかに、エドサ通りが最も交通量の多い通りであることに、本プロジェクトの意義がある。フィリピン国土交通省によると、車やバス、高架鉄道を含め、毎日２３４万台の車両がエドサ通りを往来する。ここを行き来する人に日々、互いへの理解、違いへの理解を喚起する壁画は「平和を主流化するためのツール」になる。また壁画には、同じ国民がどのようにミンダナオ紛争に苦しんでいるのか、同胞を個人個人がどのように支えていけばよいのか、また、フィリピン人の建設的な価値観（バヤニハン［助け合い］精神など）やナショナリズムがいかにフィリピンの平和と開発に貢献できるかを示すものとなっている――とＡＡＩの代表の女性は語るのだが、この意欲的なプロジェクトのキーパーソンとなった女性は、どのような人物なのだろうか。ＡＡＩの職員であったバイ・ロハニザ・スムンダド・ウスマン氏は、現代の変容するフィリピン・ムスリム社会の象徴的存在である。彼女はフィリピン・ムスリムの１つであるマラナオ人の父と、マニラ近郊出身でカトリック教徒フィリピン人の母との間に、父母の就労

ハラル肉を買うムスリム女性の壁画

先であるサウジアラビアで生まれた。幼少期に隣国で起きた湾岸戦争に直面し、大学進学を機にフィリピンに戻り、平和教育について学んだ。卒業後、大統領補佐室青年担当部に勤め、ＡＡＩに転職した。２０１６年に会った時は、33歳だった。

２０１３年、ウスマン氏はＤＬＳＮの代表とともに、無機質な国軍基地に壁画を描くプロジェクトを企画した。賛同者に政府関係者が多いのは、彼女が前職で得たネットワークによるものだ。また、ウスマン氏は自身のムスリムのルーツを使い、長年の紛争を逃れてマニラに暮らすフィリピン・ムスリムの子どもたちを招き、プロジェクトに参加させた。

ウスマン氏は「公正で平和な社会という目的のために、平和の文化を教え、様々な世代の平和構築者を創っていく必要がある」という信条で活動してきた。本プロジェクトにおいても、「偏見、差別、嫌悪、無知などが紛争を作り出している。平和とは、戦争状態の欠如ではなく、日々の生き方である。それがこの壁画に見ることができる」とウスマン氏は述べる。

支え合うムスリムの家族の壁画

宗教的共存を目指して

本稿では、カトリック中心主義のフィリピンに生きるムスリム＝クリスチャン関係の変遷をみることによって、現在の同国社会においてどのように宗教多元主義的空間がつくられようとしているか、マニラを中心にその現状を理解することを目的とした。

冒頭で述べたとおり、マラウィ危機は、フィリピンにおけるムスリムの政治経済的・文化的周辺化の歴史の延長線上にあり、グローバルな「ジハード主義」が絡んだ新しい現象として捉えられつつも、フィリピン内部の抑圧や格差、孤立と深く関係している。フィリピンでは、クリスチャンとムスリムとの間の敵対や偏見・差別が歴史的に生じ、現在でも続いている。開発が遅れた南部フィリピンでは生計手段が限られ、マニラなどの都市部に移動しても、一般企業での就職は圧倒的に不利である。低学歴や資質不足もあるが、最大の障壁は、ムスリムに対するクリスチャンの忌避感情であると彼らムスリムは考える。このため、親族や民族ネットワークを頼りにした職に就くことが多いムスリムは、結

困窮者に手を差し伸べるムスリムの男女の壁画

局のところ、自分たちの中だけでまとまってしまい、互いに対する否定的なステレオタイプを払拭する機会が限られてしまうのだ。

一方、マニラに住む低所得者層はムスリム同業者と交流はあるものの、フィリピン主流社会を形成する中間層のクリスチャンは、ムスリムと接触する機会が少なく、ミンダナオの問題を他人事として捉えている。まずは、自分事として捉える意識の醸成が必要である。そこで動いたのが、ムスリムとクリスチャンの「ハーフ」など豊かな出自を持つ若者であった。中間層が多く往来するエドサ通りにおいて、様々なセクターや宗教的背景を持つ者が壁画を共に描くプロジェクトを実行した。壁画には集合的経験を作り出す機能もある。製作者の意図とは異なり、それを見た人びとがどう読み取るかという問題は残るものの、反目していた者同士による共同作業が、参加者の「他者」に対する先入観を捨てさせ、その距離を縮める効果も有しているだろう。

フィリピン社会内部の抑圧や格差に基づくひずみは解消していない。そうしたなかでも、ムスリムやクリスチャンによる日々の実利的な生活実践と、それを喚起する象徴、また宗教的共存を容認し平和を希求する様々な市民運動が断続的に続けられている。マニラにおける宗教多元主義的空間の形成は道半ばである。

ムスリム女医の壁画

参考文献

Angeles, Vivienne SM. 2011. "The Middle East and the Philippines: Transnational Linkages, Labor Migration and the Remaking of Philippine Islam", *Comparative Islamic Studies,* 7 (1-2): 157-181.

福井令恵、２０１５『紛争の記憶と生きる：北アイルランドの壁画とコミュニティの変容』青弓社

石井正子、２００２『女性が語るフィリピンのムスリム社会：紛争・開発・社会的変容』明石書店

Sapitula, Manuel. 2014. "Overcoming 'hierarchized conviviality' in the Manila metropolis: Religious pluralism and urbanization in the Philippines", In Chiara Formichi (ed), *Religious Pluralism, State and Society in Asia,* Routledge. pp.138-152.

渡邉暁子、２０１４「ＵＡＥとカタルにおけるフィリピン人のイスラーム改宗と社会関係の変容：イスラームへの改宗は「共生」への契機となるか?」細田尚美編『湾岸アラブ諸国の移民労働者：「多外国人国家」の出現と生活実態』明石書店、２０６—２２８頁

タウイ・タウイ州

スールー諸島内に存在し、ムスリム・ミンダナオ自治区（ARMM）に属する。インドネシア、マレーシアとフィリピンの国境に位置。住民の多くがムスリムであり、8割以上が海に関わる仕事を持つなど、海と共に暮らす民。

人口

約39万人
（2015年フィリピン国勢調査）

民族

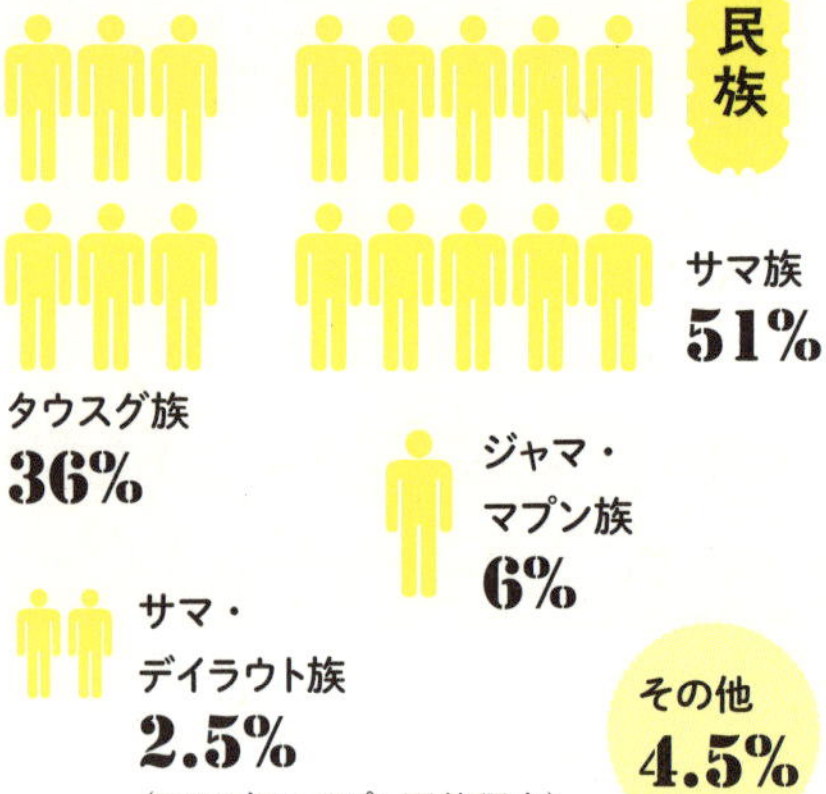

（2000年フィリピン国勢調査）

宗教

（2000年フィリピン国勢調査）

イスラームが琴線に触れるタウイ・タウイ

――紛争地にあるフィリピンのもう1つの玄関

香川めぐみ

東京から5時間の空の旅で、東南アジアの大都市、マニラに到着する。マニラでは、強い日差し、人懐っこい笑顔、ユニークな形のトロピカルフルーツ、軽トラックを改造したカラフルな路線バス、そして、大都市の代名詞「交通渋滞」が待っている。そんな雑踏の中でも、マニラに静寂を作り出す時がある。人口の93%がクリスチャンであるフィリピンでは、ミサが開催される日曜日の朝は、教会のベルが街で鳴り響き、人々は祈りをささげる。その間、大都会マニラでも、交通渋滞がゼロとなる。

キリスト教国の風景は、空港から少しずつ変化していく。マニラ空港には、美しいエメラルドグリーンの海、白い砂浜を求め、多くの観光客が、リゾート気分満載の服装で集まっている。彼らの行き先のほとんどは、日本でも有名なセブ島周辺だ。しかし、その中で、ドゥテルテ大統領の出身地であるフィリピン南部ミンダナオ島行きの飛行機には、肌の露出を控え、ベールをかぶったムスリム女性の姿がちらほら見られる。フィリピン全人口の約5%のムスリムのほとんどが、ミンダナオ島中央部から西部、スールー諸島、ブルネイ王国に近いパラワン島で暮らしているのだ。これら地域のムスリムは通常、言語を基準として、13のエスニック集団に分類されるが、これとは別に、開拓民としてフィリピン北中部地域から移住してきたクリスチャンや先住民族も暮らしている。

ムスリムが多数派のフィリピン南部は、「海のシルクロード」の航路にあり、14世紀頃に、アラブの商人がイスラームを伝え、15世紀から20世紀初頭まで、現代のブルネイ王国と親戚関係にあった「スールー王国」「マギンダナオ王国」などイスラームを統治の基軸においたスルタン（イスラーム指導者）の王国が数カ国あった。政治・経済・軍事・社会構成に大きな権力をもつこれらの王国に対し、スペインの侵攻（1576年）、アメリカの植民地化（1898年）、日本の占領（1942年）は、軍事攻撃だけでなく、ムスリムに対する差別や偏見を用いて侵略政策を推し進めた。これらの〝負の遺産〟は、その後独立（1946年）したフィリピン政府にも引き継がれ、政治・経済・社会概念など、あらゆる面でムスリムの周辺化が進められている。

1960年代の国家開発計画により、フィリピン北部から大量のクリスチャンがミンダナオ島を含む南部に入植、開発に携わるようになった。フィリピン政府から土地の所有権を取得した開拓移民の数は、この地の人口比率を塗り替えるほどで、彼らは武力を用いて強制的な先住民族の退去を推し進め始めた。

もちろんこれに対し、先住民族、ムスリムは反発した。特に大地と海の恵みで生計を立ててきた彼らにとって土地喪失、環境汚染は、直接的な問題だ。結果として彼らは武器をとるようになり、クリスチャンと戦い始めた。これが現在でも続く開拓移民であるクリスチャンとムスリム「モロ」の武力闘争の始まりである。

「モロ」とは、フィリピン・ムスリムの総称である。1960年代末期に、民族自決権を求める反政府武装組織、「モロ民族解放戦線（MNLF）」が結成され、フィリピン南部各地で武装闘争が展開、激しい戦闘となった。1976年には、トリポリ和平・停戦合意に署名し、マルコス政権崩壊後の憲法改正に基づき、ムスリム・ミンダナオ自治地域（ムスリム自治区）が発足された。1996年、政府とMNLFの間で最終和平協定が締結されたが、20万人の死者、100万人以上の国内避難民、マレーシア領（ボルネオ島）のサバ地域に逃れた50万人の難民を発生させた。モロの5人に1人は、国内避難民としての生活を余儀なくされている。

開拓移民政策に発したミンダナオの政治・社会・経済問題は解決されておらず、ミンダナオ社会での緊迫状態に改善はみられない。先祖代々の土地を奪われ、社会的迫害や武力行使が日常の風景となっている社会では、麻薬や小型武器の製造・販売・密輸、人身売買、身代金目的の誘拐に手を染める者もおり、地元の一大産業と化している。一方、地政学的な理由から、政府の公共民生サービスが届いていないミンダナオ辺境地では、主な反政府武装勢力であるモロ解放戦線が、コミュニティのセーフティネットとしても貢献している。苦境の社会にありながらも、人々が資材、財力、人材を持ち寄り、イスラームの教えを光に、必死に生きながら、闇から光へと社会の改善に取り組んでいる。

長く戦闘下にある社会では暴力的事件が多発する傾向にある。ミンダナオも例外ではない。社会が持つ問題解決キャパシティが衰退し、戦時中に正当化された暴力行使の名残などがあるからだ。一方、紛争影響地域でも、暴力の正当性よりも大切な価値を人々が見いだし、社会で共有しながら、独自の発展を始めているモロ社会もある。その人々は、フィリピン最南端地域タウイ・タウイにいる。

「平和を愛する民」が住むフィリピン最南端の島々

ムスリム自治区に属するタウイ・タウイ州は、モロ民族の間では自他ともに認める「平和を愛する民」が住む島々である。フィリピン最南端に位置し、ボルネオ島西部の領海でインドネシアおよびマレーシアと国境を接している。ミンダナオ島最西端にあるザンボアンガ市から飛行機で45分、フェリーだと36時間の旅でタウイ・タウイ州最大の街、ボンガオに到着する。一方、タウイ・タウイ州マプン島からボルネオ島マレーシア領サバ州まで14キロの近距離にある。タウイ・タウイ州の人口約39万人の95・3%がムスリム（スンニ派）で、8割以上が漁業、海藻の養殖、海上交易、造船業などに従事し、海と共に暮らすマレー文化圏に属する。

タウイ・タウイの人々は、元々「スールー王国」の領地で、大航海時代の輸出用海産物の生産と運搬に従事していた。その後、従事した職種によって主に3つの言語集団に分かれるが、サマ語系諸集団が多数派である。主な民族は、「サマ族」が約16万5000人、「サマ・デイラウト（バジャオ）族」が約8000人、マレーシア・サバ州サンダカンの対岸の島々に住む「ジャマ・マプン族」が約1万9000人である。その他、隣のスールー地域から移住してきた「タウスグ族」も生活している。

サマ族やジャマ・マプン族は、漁業を続けながら海上交易（越境貿易、物々交換、海賊とも呼ばれる）、造船を糧に、時代の趨勢に臨機応変に対応した。サマ・デイラウト族は、魚介類の捕獲、海藻の養殖を手掛けている。サマ族は、島の岸辺に高床式の杭上家屋を築き、サマ・デイラウト族は、墓地は陸に築くが、家船で生活をしてきた。同じサマ語系諸集団に属す民族であっても、互いの言語を使った会話は成り立たない。タウイ・タウイ州の共通語は、タウスグ族を主な話者とするタウスグ語である。サマ族が多数派の一帯でタウスグ語が共通語であることは、歴史的に大規模な交易はタウスグ族が統括運営してきたこと、タウスグ族の軍事的、政治的な優位性、サマ族の臨機応変な特性、と様々な要因があげられる。

タウスグ族は、タウイ・タウイ社会の農作物の供給役も果たしてきている。モロ解放戦線による激戦地となるまでは、タウスグ族はスールー地域で農業を盛んに行っていた。タウイ・タウイ社会に根付いたタウスグ族は、主にタウイ・タウイ島周辺に居住し、山を開拓し、農地を開き、野菜、果樹、コーンなどの穀物を栽培している。タウイ・タウイ州首都のパングリマ・スガラ市では、伝統的な物々交換市が毎週金曜日の朝のお祈り（5時過ぎ）後に開催されている。タウスグ族は、山で栽培した農作物を港の陸地に並べ、サマ族は交易で仕入れた物品や捕獲した魚を港につけた船上に並べ、サマ・デイラウト族は、海藻や貝類を港の脇に浮かべた船上に並べる。特別なイベントの準備には、先に商談をし、注文もできるシステムで、各ニーズにも対応している。過剰生産もなく、無駄がない。５００人以上の人が行き交う中、朝６時には品薄になる。市民だけが参加できる伝統的な市で、それぞれの得意分野を尊重して開催されている。この市場以外にも、農作物は販売・流通されており、タウスグ族は、

シタンガイ島の海上マーケット

タウイ・タウイの台所事情には欠かせない存在になっている。

ムスリム以外では、就職や進学のため、この地に移住してきたクリスチャンがいる。その多くは、移民局などの公務員や教育者、国家治安組織の兵士や警察官、神父が主な職種である。転勤族以外に、定住するクリスチャンもいる。タウイ・タウイ州の教育の心臓部であるミンダナオ州立大学タウイ・タウイ校には、珍しい「海洋学部」がある。恵まれた豊かな海で行う、スキューバダイビングなど実践的な知識とスキル獲得のためのカリキュラムも無料で用意されており、就職率も高く（2016年度は100％！）、ミンダナオ本土からもクリスチャンの学生が集まる。大学の方針で、優秀な生徒には資金支援をし、卒業後には大学で教鞭をとるなど就職の機会も積極的に設けてきている。就職率が低く貧困や紛争が深刻なミンダナオ本土よりも、物価も安く、安全で、友好的な環境であるタウイ・タウイは、ムスリムが圧倒的多数派であっても、一定のクリスチャンが定住してきている。

タウイ・タウイでは、若者の間で、宗教や言語の相違を超越した共通のアイデンティティをはぐくんでいる。タウイ・タウイ出身の若者に会うと、「平和を愛するタウイ・タウイ人です」と自己紹介してくる。地元の長老たちは「長年の頑強なタウスグ族の統治の下、交易にも優れたサマ族は、友好的な態度で、

海上マーケットの店

柔軟に対応することで全面紛争を避けてきた」と語った。また、今の若者は、モロ解放運動の影響で、「モロ民族」としてのアイデンティティをもちながらも、MNLFやMILFと分裂している大人を見て育ち、戦闘が激しい他のモロ紛争影響地域を憂えながらも、「平和を愛するタウイ・タウイ人」と自分たちを表現するに至った。

郷土の自慢——「フィリピン最古のモスク」「エキゾチック美人」「海」

「平和を愛するタウイ・タウイ人」の一番の郷土自慢は、フィリピンで最初にイスラームが伝わった土地であるということだ。タウイ・タウイ州の主要商業都市であるボンガオ市から直線距離で15キロの対岸にあるシムヌル島には、1380年にアラブの伝道師シェイク・カリマル・マクドゥムによって建設されたフィリピン最古のモスク（イスラームの礼拝堂）「シェイク・カリマル・マクドゥム・モスク」がある。地元の識者は、フィリピン最古のモスクがひらかれた1380年が、「フィリピンにおけるイスラーム統治元年」だと説明してくれた。

このフィリピン最古のモスクには、他のモスクと同様に、金曜日の礼拝日には多くの信者が集まる。このモスクは、祈りを捧げる場所だけでなく、地元の人々にとって、時空をも超えた家族の絆を呼び起こさせる場所となっている。現在のモスクは、最初のモスクの柱を残したまま増築・改築されており、祈りの場には、今も最初のモスクの柱が4本残っている。柱には、美しい唐草模様が彫刻されているが、海洋民族である地元の宗教指導者は、「波にも見えるだろ」と話していた。一人で祈りに来ていた地元の若い男性が、「迷いや邪念を感じるとこのモスクにきて、お祈りをする。古い柱のとなりはお気に入りのスポット。お父さんも、おじいちゃんも、そのまたおじいちゃんも、ここに座っていた。家族のことや将来のことで迷ったとき、この柱の横で祈ると先祖たちの知恵に触れられる気がする。よい解決案が浮かぶんだ」と話してくれた。

タウイ・タウイの人々にとってもう一つの郷土自慢は、フィリピンにおけるイスラーム統治の発祥地であるシムヌル島が「美人の島」であるということだ。かつての国際貿易網内にあるこの地は、アラブ、インド、マレー、中国、イギリスなどの国や地域から様々な人々が往来した。シムヌルの人々は、アラブ、西欧、インド系のように彫りの深い顔の特徴や、マレー系のような大きな目や中華系のようなきりりとした目などを受け継いだエキゾチックな顔立ちの美人が多い。

タウイ・タウイ人の郷土自慢リストには、最後に必ず「海」が入る。理由は様々だ。白浜に透明度の高いエメラルドグリーンの海の「自然の美しさ」、遠浅の海に高床式の杭上家屋を建てるため「生活の一部」であり、魚介類が暮らす豊かな海のめぐみは「生活の糧」、そして「ウンマにつながる道」というのが主なものだった。「ウンマ」とは、「ムスリムの世界」である。美しく豊かな海とウンマの関連が見えなかったので、「ウンマにつながる道」と答えた人々に、一番のお気に入りスポットに連れていってもらった。

ボンガオ市の街中を抜け、エメラルドグリーンに光る遠浅の海の上に建てられた伝統的な杭上家屋を見ながら、美しい白浜を抜けて、「ボンガオの丘」を目指した。ボンガオ市やタウイ・タウイ島が360度一望できる絶景が足元に広がっている。しかし、彼らの「海」は、素晴らしいパノラマ風景ではなく、その丘の上に十数体祀られているアラブの宣教師たちのお墓であった。墓守でもある地元のイスラーム指導者は、「こちらで眠るアラブの宣教師たちは、メッカから続く道を通ってタウイ・タウイに到着した。この道がウンマにつながっている」と海を指しながらいう。「海」と「ウンマ」を連想させるとは、海の民のおおらかなイスラームの香りがした。

おおらかなイスラーム

フィリピンのイスラームは土着文化と融合しながら定着していった。ミンダナオ本土、スールー島嶼に住むムスリムの中にも、呪文、呪術的行為、雄大な自然に対して願掛けをするなど、「フォルク・イスラーム（土俗的イスラーム）」的要素はみられる。ムスリムに改宗しても、続けられる伝統的な祈願行為は、変わりゆく生活様式の中で、民族の誇りと自尊心を保つ大切なこととして受け継がれている。多様性を尊重するタウイ・タウイの人々のおおらかなイスラームは、異教徒との共存に柔軟性を与え、女性の宗教的生き方に選択肢を増やし、人としての友好関係を構築している。

「漂海民」サマ・デイラウト族は伝統的に、フィリピンのスールー海、インドネシアのセレベス海、ボルネオ島周辺海域をゆりかごとし、家船生活を送ってきた。流動的な生活を送る彼らは、現地で下級階層と軽蔑される傾向もある。地元研究者によると、武器を所持しないサマ・デイラウト族は、窃盗の標的になりやすく、犠牲者も多い。紛争の激化も彼らの伝統的な漂海生活様式を困難にさせている。

サマ・デイラウト族は、伝統的に墓地だけは陸に作る。例えば、シタンガイ島は東京ドーム約半個分の広さがあるが、約８０００人といわれるサマ・デイラウト族の住居はなく、ほとんどが墓地である。サマ・デイラウト族の墓には、個別に囲われた墓地にテントが張られ、太陽から故人を守る。木製の人型の札も添えられており、故人の面影が感じられる。この地域のムスリムの典型的な墓は、埋葬し、墓地を太陽に直接さらし、木の枝を添えるだけなので、サマ・デイラウト族の墓はすぐ見分けがつく。

近年は、サマ・デイラウト族の中にも定住するものが出てきている。彼らの家は、サマ族の伝統的な家に似ており、遠浅の岸辺に高床式杭上家屋を建てる。緯度が低く台風の経路からずれる穏やかな海で、彼らは、2~3メートルの杭を差し込み、さらに、ヤシの葉で編んだ壁を取り付け、涼しくて、虫の被害が少ない快適な住居空間を作り出す。海上なので、船は家の杭にくくりつけるだけですむ。海藻の養殖場も家からすぐのところにあって、家から小舟に飛び乗れば、30秒で収穫もできる。島も見えない海のど真ん中にある遠浅に、高床式杭上家屋を数個建て、丸太一本を渡しただけの簡易橋で各家をつなぎ、村を形成する。裏庭やバルコニーのような空間も設けられている。海藻や魚、洗濯物などの干場だけでなく、子どもの遊び場、井戸端会議から村の会議に結婚式まで行う公民館の機能も果たしている。部屋があっても、青空の下で料理をし、夜空の星の下眠りたいと、公共スペースに人が集まる。小さな集落ごとに、高床杭上式モスクも併設され、家、職場、公民館と村の機能すべてが海上に設置されている。

サマ・デイラウト族は、アニミズム（精霊・地霊信仰）からイスラームに改宗した。社会的地位の向上や偏見を見直させるための一環ともいわれている。シタンガイ町では、193

サマ・ディラウトの人々

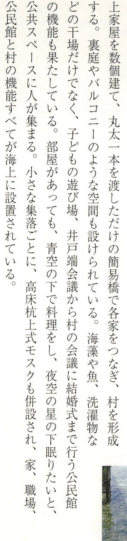

6年には、サマ・デイラウト族によるモスクが建設され、イマーム（宗教指導者）も同族者が務めた。ミンダナオ州立大学タウイ・タウイ校は、彼らに教育の機会を与えるため、特別な奨学金を設けている。今では、就学率も上がり、教育者や警察官など、海に関係しない職業に従事する人も誕生している。

一方、家の中には、先祖代々受け継ぐ、決して開けてはならない衣装ケースサイズの木製の箱と、小さな膳の上に花とお香が置かれた神棚がある。悪霊を感じると香をたき、踊り、悪霊を払う。金曜の礼拝前でも、悪霊を感じたら家で踊り、モスクで説法を聞くという。門外不出の開けてはならない木箱は「家族によって違うが、氏族の宝が入っている。私も見ていない」としか教えてもらえなかった。イスラームの祈りを呼ぶアザーンを聞きながら、神様、仏様、氏神様……と祈る日本人と浦島太郎を連想した。これまでの一神教のイスラーム世界に生きるムスリム社会とはどこか違う。

おおらかなイスラームは、最大の街であるボンガオ市を歩いていても感じられる。最少派クリスチャンは、主に、ボンガオ市に暮らしている。大きなモスクの隣に大きな教会が建設されており、町のランドマークとなっている。ミンダナオ本島のクリスチャン・ムスリム混合エリアではみられない風景である。祈

海上に建てられたモスク

りを呼ぶアザーンやベルの音、ムスリムの金曜礼拝、クリスチャンの日曜ミサなど、大きな音が両者から聞こえてくる。ムスリム、クリスチャンの両者から否定的な意見を聞くことはなく、「共存の確認」、「気にならない」との意見が圧倒的だった。

また、ムスリムが、クリスチャンの冠婚葬祭に出席するため、教会に入り、一緒に喜怒哀楽を共有する話は、珍しくない。ムスリムの夫に、クリスチャンの妻のカップルは、「夫は、私の日曜ミサまで一緒に出席している」、「2人の子どもは、クリスチャンとムスリム、それぞれいる」と話してくれた。宗教の相違を超えて、家族やコミュニティの一員として、それぞれの宗教行事を一緒にお祝いすることも日常になっている。

タウスグ族、サマ族などスールー島嶼のムスリム社会で、ベール（ヘジャブ）を被らない女性も見かける。理由は、女性の社会進出、コーランの解釈の相違など、お決まりの回答以外にも、「スールー領域は大きな自宅。自宅ではベールを被らない」との意見があった。この見解は、社会的認知もされており、ここにも、おおらかなイスラームが、女性たちの宗教的解釈や生き方の選択肢を広げている。

土着化の過程で生まれたおおらかなイスラームが、多彩な文化を保護し、変貌・衰退する民族の伝統や誇りを紡いでいるのも事実だ。そして、様々な人々が平穏に暮らせる豊かな空間を作り出している。

もう一つの玄関として

タウイ・タウイの経済的、社会的な相互連関性には、広い海からウンマを感じ、世界を見据えたグローバルな視点があるように見える。辺境地域の「弱点」を「強み」へと転換させる楽観さとしなやかさを持ちあわせたタウイ・タウイの人々からは、フィリピンのもう一つの海の玄関として生き抜く活力を感じる。

マレーシア領サバ州に親近感を持つ人は多い。サバ州は、以前はスールー王国の土地であったため歴史的なつながりも深く、スールー島嶼の人々の多くは、出稼ぎ、避難民、出生地、血縁者など、なんらかの個人的な関係がある。また、タウイ・タウイ州ボンガオ市は、ボルネオ島の西64キロほどで、木造交易船でも一晩で到着できる。サバとタウイ・タウイ間の地域貿易は盛んで、食品、燃料、衣料品、薬品、日用雑貨など生活必需品から、お酒、麻薬、武器、人身売買などブラックビジネスまですべて扱われる。フィリピンにありながら、タウイ・タウイの市場に出回る加工食品や日用雑貨の8割は、マレーシア産である。ムスリムにとって、ハラール認証が確かなマレーシア産の食品は、フィリピン産より比較的安くて、宗教的にも安心なものであるため、需要が高く、販売利益も高い。大量生産・大量消費・大量廃棄型の経済ではなく、伝統的な物々交換による交易が、越境ビジネスとなっており、生計を立てる人々も多い。

一方、マレーシアは治安の悪化を理由に、国境を閉鎖することがある。また、ボルネオ島とシタンガイ島の間の領海は、身代金誘拐のための「漁場」になっている。フィリピン領海からの海賊が武装し、ボルネオ島の集落を襲うこともある。そのため、2016年4月より、マレーシア側の国境を封鎖し、取り締まりを強化させた。国境の封鎖は、地域貿易を休眠状態にする。ボンガオ市の日用品の物価は、2倍以上となり、ガソリン価格は、3倍から4倍となるうえ、そのどれもが品薄となる。マレーシアとの国境の町シタンガイでは、手漕船でも4時間で到着できる距離にありながら、正規の海外貿易ルートで2日かけて商品が届いていた。サバ州~ミンダナオ島西部ザンボアンガ市~スールー州ホロ市~タウイ・タウイ州ボンガオ市を経由して、商品が流通する。もちろん、流通費が加算されるため、ボンガオ市内の物価より1・5割から2割増しとなる。養殖、加工し販売している海藻の価格が下落傾向にある中、流通費が差し引かれるため、住民は、ダブルパンチを受けている。

それでも、タウイ・タウイの人々はたくましい。紛争影響地域であるミンダナオ本島で研究活動をしていると、平和構築や開発経済支援案件の「陳情に近いご相談」をうける。特に、海外支援機関による事業が多い地域や初対面の方はこの傾向が強い。個人の政治的利益の拡大を念頭に、いかにして公的外部支援を引き出すかが彼らの会話の焦点である。しかし、タウイ・タウイでの会話は違う。政府支援ではなく、民間ビジネスの話である。商社マンとのビジネス会話をイメージしていただきたい。更なる交易ネットワーク構築の方法、具体的な貿易商品（魚介類、海藻、ココヤシの果実の胚乳を乾燥させたコプラなど）の加工、運搬、販売などの率直な意見を求められる。政治に頼らない民間主導型経済への移行を実行し始めたタウイ・タウイは、スールー海、インドネシア、マレーシアにまたがるセレベス海における地方貿易を軸に、フィリピンのもう一つの玄関となりうる活力がある。

海をゆりかごに生きる

多次元な統治体制にあり、混沌とした紛争影響社会でも、「平和を愛する民」と呼ばれるタウイ・タウイの人々は、大切な人の喜怒哀楽に素直に寄り添い、思いやり、大切にすることを優先させている。タウイ・タウイの人々は、「アッラーを信じ、宗教的な技法や説法に忠実であることも大切。また、人として大切なことを伝え、相手を尊重し、行動することも大切」と話してくれた。普遍的な回答であり、そこには多様性を尊重するおおらかなイスラームがみられる。様々な困難に対し、臨機応変に対応してきたサバイバル術が、現代の多様な社会では、「友好的」「柔軟性が高い」と受け止められ、自他ともに認める「平和を愛する民」と社会的認識を得たのだろう。「平和を愛する民」と自覚することで、共存する他の民族も徐々に受け入れ、新しい文化を創る。若い世代は、「平和を愛するタウイ・タウイ人」として、モロ社会の改善運動に参画している。

タウイ・タウイは紛争影響地域であり、かつ辺境地に位置する。人々は、地政学的に不利な立場ながらも、創造力豊かで楽観的である。理由を尋ねると、「私たちには、世界につながるこの広い海があるから」との答え。辺境地を逆手にウンマを感じながら地域貿易を継続させてきた民族の誇りと記憶が、広い海に重ね合わせられているようだ。美しい海がある限り、多次元、多様性をも味方につけ、たくましく自活していくことを確信させる強さは、スールー海、セレベス海をゆりかごに、フィリピンのもう一つの玄関として繁栄していくことだろう。

参考文献

早瀬晋三、2003『海域イスラーム社会の歴史』岩波書店

2

インドネシア

INDONESIA

Indonesia

スラバヤ

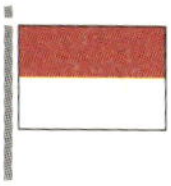

首都	ジャカルタ
人口	約2億5500万人（2015年インドネシア政府統計）
宗教	イスラーム87.21%、キリスト教9.87%（プロテスタント6.96%、カトリック2.91%）、ヒンドゥー1.69%、仏教0.72%、儒教0.05%、その他0.50%（2013年宗教省統計）
民族	大半がマレー系（ジャワ、スンダ等約300種族）
言語	インドネシア語

スラバヤ市

インドネシア共和国ジャワ島東部の東ジャワ州の州都で、首都ジャカルタに次ぐ人口第二の都市。多様な人種が混在しており、主にはジャワ系とマドゥラ系である。華僑も多数住んでおり、中国語では泗水と呼ばれている。

人口

約 285 万人

（2015 年在スラバヤ総領事館）

民族

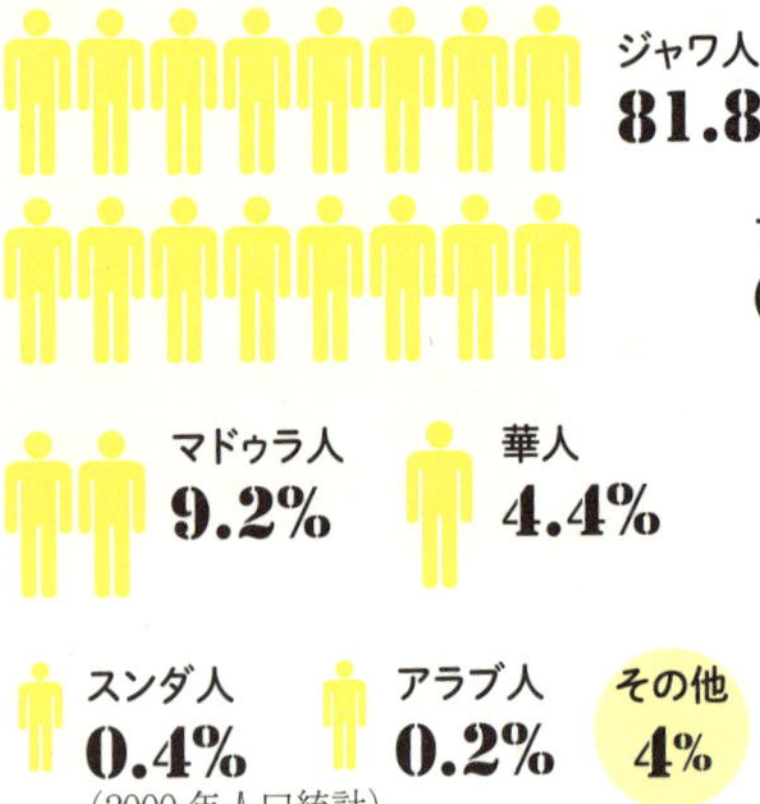

（2000 年人口統計）

宗教

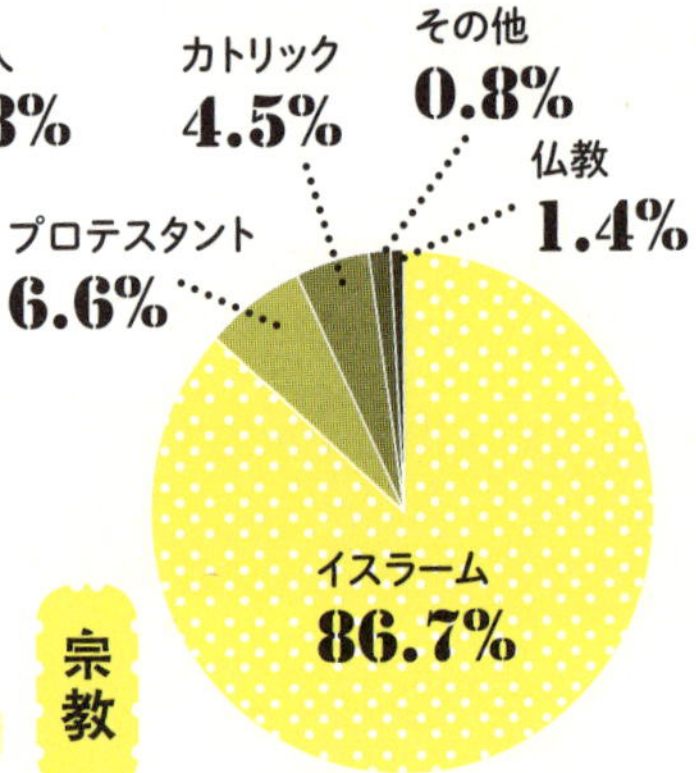

（2000 年人口統計）

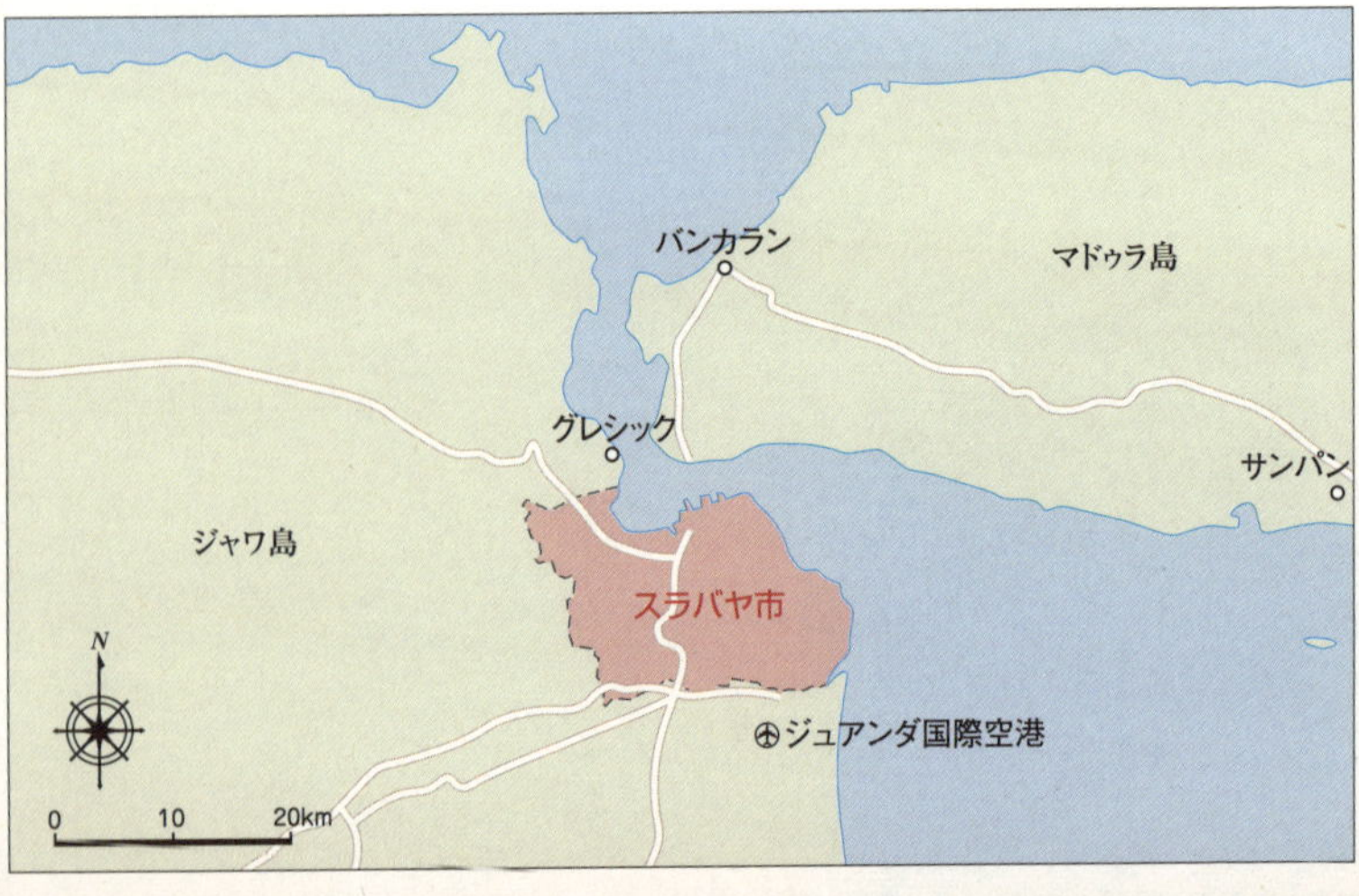

「英雄の街」スラバヤの宗教と市民社会

見市 建

スラバヤはジャワ島東部北岸に位置するインドネシア第2の都市であり、人口3900万人を抱える東ジャワ州の州都である。首都のジャカルタやシンガポールと同様、ショッピングモールにいけばなんでも揃う。日本のファストフード、欧米のブランド品、さらには高級車、郊外の新興住宅地やコンドミニアムの販売も盛んだ。1億人以上が住むジャワ島とインドネシア東部の島々を結ぶ海運業が盛んであり、海軍の拠点でもある。スラバヤ市から近隣県にまたがる海岸沿いには工業地帯が広がり、渋滞も日常茶飯事。ただ、中心部でも古い街並みがかなり残っていて、オランダ植民地時代の面影を感じさせる。

280万人あまりのスラバヤ市の人口のうち、8割以上がジャワ人である。ジョグジャカルタやスラカルタなど、ジャワ島中部の内陸都市の宮廷文化に代表されるジャワ人の典型は、人当たりは良く言葉も丁寧だが、本音をなかなか話さない。しかし東ジャワ、とくに「アレック」と呼ばれるスラバヤと周辺地域では、言葉が荒っぽく単刀直入だといわれる。

スラバヤは「英雄の街」ともいわれる。2012年末にオープンした空港の新ターミナルには、その吹き抜けの開放的な空間に、エキセントリックな表情で演説をする男性の巨大な肖像写真がある。スラバヤを代表する独立革命の英雄ストモ（1920〜1981）である。ブン・トモ（トモ兄さん）の愛称で広く知られている彼は、日本の敗戦後の1945年11月にスラバヤを再占領しようとしたオランダとイギリスの連合軍に対する闘争を呼びかけ、「独立か死か！」と問うた。スラバヤを代表する大学の一つ、「11月10日（スプル・ノペンブル）工科大学」はこの戦いの日付からとったものである。「スラバヤの闘い」は近年インドネシア初の本格的長編アニメ映画の主題になるなど、その歴史的象徴は再生産され続けている。

旅のはじまり

スラバヤには過去20年あまり何度も滞在しているが、街そのものには注目してこなかった。そこで、まず2008年にオープンしたC2Oライブラリー&コラブティブを訪れた。C2Oは民営の図書館であり、機関誌の発行、討論会やワークショップなどの活動を通して「知的生産と革新の促進」の拠点を目指している。閑静な住宅地にあり、図書館というよりは洒落《しやれ》たカフェのような雰囲気である。スラバヤ在住の学生や芸術家、NGO活動家などの溜まり場であり、書籍の他、地元芸術家の作品やオリジナルグッズなどの販売もしている。2匹の看板猫が迎えてくれた。

偶然にも旧知の活動家ヨギくんに出くわした。ヨギくんのことを「活動家」と呼んだが、実際彼がどうやって生計を立てているのかはよく分からない。国立アイルランガ大学で社会学を専攻、最初に会ったときは東ジャワ州にある油田が周辺住民に与える環境調査の話をしてくれた。最近はドキュメンタリー映画を撮ったり、本の編集をしているらしい。C20には週2、3回は来ているとのことだ。そんな彼に、普段はシンガポール大学の東南アジア研究所で研究員をしているC20創設者のキャスリン・アザリさんを紹介してもらった。彼女はスラバヤ生まれ、スラバヤ育ちの華人である。インドネシアのインターネット産業やC20の経験について多くの英語論文を書いている。随分あとになって、キャスリンさんに以前論文の編集をしてもらっていたことに気づいて赤面した。はい、非常に丁寧な仕事をする方です。

彼らとの立ち話のあと、『インドネシア映画史1900—1950年』、『イスラーム社会運動：理論とアプローチ、ケーススタディ』ほか数冊、それにC20発行のスラバヤ街歩きマップ「中華街」「アラブ人街」「ヨーロッパ人街」のセットを購入した。

大気汚染や外資による天然資源開発を問題視した、Nobodycorpという作家のポスターが気に入った。社会問題を告発するメッセージの強さはもちろんあるのだが、地域的な素材やポップな構成が目を惹く。実際彼の作品は訴求力があるようで、その後スラバヤやジャカルタであった環境や人権ＮＧＯの活動家たちはことごとくNobodycorpのステッカーをノートパソコンに貼りつけていた。

アラブ人街へ

街歩きはＣ２Ｏの活動の一つで、有料（1人50ドルから）でツアーを提供している。インドネシアの物価からすればかなり高い。これまでの参加者はすべて外国人だそうだ。20年以上もインドネシアに来ていて、いまさらツアーを頼むのもどうかと逡巡《しゅんじゅん》していたら、ヨギくんが個人的にアラブ人街を案内してくれると申し出てくれた。当日はＣ２Ｏで街歩きの担当をしているスタッフのアニタ・シルビアさんも来てくれ、同じくスラバヤに調査に来ていた京都大学東南アジア地域研究研究所の茅根由佳（妻です）も加わって、４人で出かけることになった。結果として有料ツアー以上のサービスを受けてしまい、こうして原稿にするならお金を払って彼らに還元しておけばよかったとあとで少し

Nobodycorpのポスター。バリ島での埋め立てとそのために隣りのロンボク島から砂を採集することに反対している

反省した。

アニタさんはベールもしていないし、スパッツを履いていて、とてもアラブ人街に向いた雰囲気ではない。柔和なジャワ人に比べると、眼光が鋭いアラブ系の男性ばかりが集うカフェでもお構いなしだ。「こういう場所では観光客に徹するのがいいのよ」とアニタさん。たしかに一度腰を落ち着けてしまえば、じろじろ見られるわけでもない。

交通量が多い表通りから、一歩路地裏に足を踏み入れるとそこは静かでよく掃除されている住宅街だ。知り合いであるか否かを問わず、アニタさんは出会った人みなに声をかけつつ、路地裏を飄々《ひょうひょう》と進んでいく。住居は植民地期の名残の強いものから、近年になってかなり手を入れられたものまである。改築の時期がさまざまなのだが、モザイク模様のような調和がある。

アラブ人街の中心はスナン・アンペル・モスクである。スナン・アンペルは、15世紀から16世紀にインドネシアにイスラームを布教したとされる9聖人（ワリソンゴ）の一人である。スナン・アンペルはジャワ島の外、一説にはカンボジアから来た華人ムスリムだとも伝えられる。その聖人廟には参拝者が絶えない。いわばパワースポットである。いかにも地方から来ました、という感じの数十人の団体や家族連れが多い。モスクの周りは回廊になっており、土産物や雑貨を売る店が並ぶ。参拝客でいつも賑やかである。
インドネシア、とくにジャワの多数派の信仰は、祈祷や瞑想《めいそう》といった実践を重視する、仏教でいえば密教的な要素が強い。そしてスラバヤは、伝統主義と呼ばれるこうした信仰形態を擁護するナフダトゥル・ウラマー（「ウラマー（法学者）の覚醒」の意、以下NU）発祥の地でもある。NUのシンボルマークは、ワリソンゴを示す9つの星で飾られている。国立イスラーム大学スラバヤ校にもスナン・アンペルの名が冠されている。なお、ヨギくんやキャスリンさんが卒業したスラバヤ随一の総合大学、アイルランガ大学の名は、11世紀初頭、イスラーム化以前にこの地を支配したアイルランガ王から取られている。3つの国立大学の名称はそれぞれの時代を象徴しているのである。

さて、NUはインドネシア最大のイスラーム組織であり、2011年の世論調査によればムスリムの3割が同組織に所属意識を感じると答えている。ただその意識というのは、文化的な近さであって、必ずしも組織の一員として社会的政治的な活動に参加するということではない。また現在ではジャカルタに中央執行部があるが、おおよそ上意下達《じょういかたつ》にはなっておらず、それぞれの地域における有力者である個別のウラマー（法学者）の自律性が強い。

アラブ人街の路地裏

例えば、東ジャワ州知事やスラバヤ市長の選挙では、NUを代表すると称する候補者が複数登場し、票の奪い合いになる。組織の指導者も「誰が選ばれてもNUの勝利」、「NUはどこにでもいる」といった具合で、分裂状況をさほど気にしているようにはみえない。

地域的な信仰の擁護や自律的な地方有力者の存在は、しばしばインドネシアにおける「穏健なイスラーム」の象徴と捉えられている。しかし外来の文化に対する抵抗力や地方有力者による支配は、少数者への抑圧につながることもある。こうした問題については、またあとで触れたい。

「進歩ホテル」と抵抗の詩

20世紀初頭に、聖者廟への参拝に代表されるような魔術的な要素や個人崇拝を「迷信」とみなし、イスラーム「本来の信仰」に戻るべきだと訴えたのが近代主義である。理性的で合理的な宗教に回帰し、そのうえで西洋近代的な制度や技術は積極的に採用すべきだとの考えから、学校や病院を多数設立した。日本でいえば「和魂洋才《わこんようさい》」である。こうした組織のうち、アラブ系住民が結成したのがジャミーア・アル・イスラ・ワル・イルシャード（改革とリーダーシップのための組織、通称アル＝イルシャード）である。アラブ人街にある「進歩ホテル」（クマジュアン・ホテル）は、1928年に建てられ、独立期にアル＝イルシャードのメンバーが会合を重ねた場所である。白地にミントグリーンの装飾、クラシックなロゴがひときわ目立つ。

アル＝イルシャードのような当時の近代主義者ないし「進歩派」の一部は現在では「保守派」になっている。宗教の純化を追求する考え方は、排他的で急進的な運動にも発展しやすい。西洋近代的な制度や技術は当たり前になり、むしろそうした制度の「行き過ぎ」に警鐘を鳴らす立場にある。進歩ホテルにも、イスラームに迫る危機を訴える講演会の横断幕がかかっていた。

進歩ホテルの前の通りは夕方になると屋台が並ぶ。偶然にもヨギくん、アニタさん共通の知り合いがご飯を食べていた。スラバヤを拠点とするシラムプカウ（Silampukau）というフォーク・バンドのハリスくんだった。ヨギくんは彼らのライブのオープニングを飾る詩を書いたことがあり、アニタさんはバンドのマネージャーもしているという。爽やかな都会的サウンド（私の世代なら小沢健二といったところか）に、植民地期に流行したクロンチョンのメロディーが織り込まれ、そこに重厚な男性2人のボーカルが乗る。クロンチョンはポルトガル人が伝えた大衆音楽である。「国民曲」ともいうべき「ブンガワン・ソロ」（ソロ川）

は1970年代に日本でもカバー曲がヒットした。その旋律はどこで聴いても郷愁を誘う。野性味溢れるシラムプカウのボーカルからはスラバヤの夜の香りがする。実際、「スラバヤに夜が来る（Malam jatuh di Surabaya）」という曲もある。

マグリブ（日没の礼拝時間）は緩やかに漂い、忘れられがち
神様は賑やかな道で負けてしまう
機械と喧騒との地獄のオーケストラ
スラバヤに夜が来る

この地の自由闊達《かったつ》な気性がよく表れている。「神様が地獄のオーケストラに負けてしまう」とはなかなか歌えないものだ。

アラブ人街および隣接する中華街は川沿いにあり、かつてはスラバヤの物流の中心であった。現在でも穀物などの倉庫が少なくない。川沿いには伝書鳩の小屋も並んで愛好家たちが佇《たたず》んでいる。シラムプカウの最新作のジャケットもこの辺りをモデルにしているようである。ここでヨギくんに短い詩を教えてもらった。

鳩小屋は乙女の家、ニッポンに従うはより悲惨
Pagupon Omahe Doro, Melok Nippon Tambah Soro.

前半部分は韻を踏んでいるだけで、意味はないという。作者のゴンド・ドゥラシム、通称チャック・ドゥラシム（ドゥラシム兄さん）（1944年没）は、ルドルックと呼ばれる東ジャワ特有の劇の振興で知られ、冒頭で紹介したブン・トモもその活動を支援していた。ルドルックの基本は喜劇だが、しばしば権力者への批判が織り込まれる。こうした詩は劇の冒頭に詠まれる。日本軍政を批判したこの一節で彼は逮捕され、獄死した。州立美術館には彼の胸像が飾られ、その批判精神はスラバヤのシンボルの一つになっている。シラムプカウも最初のライブをチャック・ドゥラシムの名を冠したホールで行ったという。バンドのウェブサイトには、そのことが誇らしげに書かれている。

晩御飯代わりに屋台で、卵で包んだガンモドキのようなスナックを買う。調理してくれたのはマドゥラ人だった。マドゥラ人は勇猛果敢で情に篤いともいわれる。アラブ人街で

シラムプカウのアルバム
「罪、街と記憶」のジャケット

も中華街でも、屋台や市場で会話した女性たちはマドゥラの人ばかりだった。ジャワ島ではどこに行っても、床屋と焼き鳥（サテ・アヤム）の屋台といえば、だいたい彼らである。マドゥラ島に隣接するスラバヤで存在感が大きいのはもちろんだが、ジャワ島外に出ても彼ら彼女らはたくましくインフォーマル・セクターを支えている。

屋台の横の、普段なら気づかないほど狭いスペースから1人の女性が出てきた。まさか公衆便所ではあるまいと、開けてみると小さな聖者廟だった。前述のワリソンゴと別に、アラブ系のうち、預言者ムハンマドの子孫とされるサイイド（インドネシアではハビブと呼ばれる）が尊敬され、聖者として祀《まつ》られてきた。

街歩きツアーの最後は、ヨギくんの知り合いが経営するカフェだった。インドネシアは世界有数のコーヒー産地だが、高級な豆はもっぱら輸出向けだった。これまでの一般的な飲み方は、豆を粉状に挽いてフィルターを通さずそのままお湯を注ぐもので、安価なロブスタ種が使われてきた。スターバックスの「襲来」後、国産の高級種を自家焙煎《ばいせん》して丁寧に手淹れする店が増え始め、若者の新しいビジネスになっている。「グローバル資本に立ち向かう地産地消」という構図もあり、活動家がカフェを開くケースも少なくない。このカフェの2階には、地元デザイナーのTシャツやグラフィティー（落書きアート）用のスプレー缶が並ぶショップがあり、サブカルチャーの発信地になっている。

ムスリムのなかの少数派

数日後、まったく違う目的でスラバヤのアラブ系の人たちと会った。シーア派組織アフルル・バイト・インドネシア（「インドネシア預言者家族」の意、略称ＡＢＩ）の代表者たちである。水タバコが吸えるようなアラブ人街のカフェを教えてもらいたかったのだが、適当な場所を思いつかないというので、仕方なくショッピングモールのチェーン店で会うことにした。私が会った人たちは誰もアラブ人街に住んでいないとのことだった。

インドネシアのシーア派とアラブ系住民について若干背景を説明する必要があるだろう。東南アジアのムスリムは大半がスンナ派であり、シーア派は１％にも満たない。ただし到来の歴史は古く、シーア派のものと知られないまま受け継がれてきた宗教的慣習もある。シーア派が強く意識されたのは、１９７９年のイラン革命からである。シーア派は預言者ムハンマドの娘婿であるアリーとその子孫に、預言者の権威が引き継がれると主張する。イラン革命のあと、インドネシアでもサイイド（預言者の子孫）だと自称するグループのなかでシーア派に傾倒する人々が急増した（なお、アラブ系住民はサイイドと非サイイドに大別される。前述のアル＝イルシャードは非サイイド系の組織であり、シーア派にも敵対的である）。シーア派の神秘主義的要素は東ジャワの伝統的なイスラームの信仰形態との共通点も多い。アラブ系に限らず信者が増えた。その数は定かではないが、インドネシア全土で数百万人にのぼるともいわれている。

シーア派信者の増加を警戒し、これを「異端」であると攻撃する人々もいる。近年の国際的なスンナ派との緊張関係も後押しして、インドネシアでもシーア派への圧力は高まっている。スラバヤから１００キロほど離れたマドゥラ島サンパン県では、２０１１年末から翌年にかけてシーア派のコミュニティが焼き討ちに遭い、１人が死亡、５００人ほどのシーア派住民が避難民となった。サンパン県は東ジャワ州で最も貧しく、村落部では義務教育も十分に行き届いていない。国語であるインドネシア語を話せない人も少なくない。キアイと呼ばれる旧来の宗教指導者が、社会的・政治的にも強い影響力を持つ。そうした地域で、シーア派の学校を卒業して村に戻った若い説教師タジュル・ムルック氏が、支持者を集めた。彼はキアイが貧しい人々に寄付を強いることにも批判的で、脅威を感じた指導者たちが繰り返し彼を非難し、ついには暴動に発展した。タジュル氏は故郷を追われただけでなく、人々に異端的な教義を吹き込んだとして宗教冒涜《ぼうとく》罪に問われ、４年の実刑判決を受けた。

穏健だといわれる東ジャワのムスリムだが、指導者間のライバル関係や既存権力への挑戦が紛争に発展し、しばしば宗教が暴力の正当化事由になる。襲撃側の住民は地域のＮＵ指導者でもあり、政治的にも強い影響力を持つキアイに従う人々である。政治家は言わずもがな、司法でさえも、声の大きな一部の宗教指導者の圧力によって少数派が犯罪者として裁かれる。宗教冒涜罪は１９６５年に定められた刑法に規定されているが、独裁的なスハルト体制が続いた１９９８年までは10件の適用しかなかった。しかし、民主化後の20年弱で同罪で裁かれた人々は２００人近くにのぼる。「合法的」な少数派の抑圧もまた民主化の一つの帰結である。

村を追われたシーア派の避難民たちはスラバヤ郊外の公営住宅に収容され、５年以上経った現在でも帰還が許されていない。公営住宅は市場などが入った広い敷地の一角にあり、近隣の住宅地からはかなり離れている。生活状況は悪くはなさそうだが、静かに身を寄せ合っている感じはする。東ジャワ州やサンパン県政府の壁は依然として厚く、避難民の帰還を求めるシーア派組織はもっぱら中央政府へ陳情を行っている。今回シーア派組織ＡＢＩの代表者たちに会ったのは、避難民たちへの支援の状況について聞くこと、刑期を終えて住民と暮らすタジュル氏と面会すべく紹介を頼むことが目的だった。なお、この組織の指導者の多くはアラブ系だが、タジュル氏と避難民はマドゥラ人である。

タジュル氏はいかにも聡明な宗教指導者であるが、口調は非常に穏やかである。シーア派避難民を取り巻く状況について説明してくれた。2012年の暴動のあと、出稼ぎ先のマレーシアから直接合流した家族もいて、避難民の数はむしろ増えているという。印象に残ったのは「私はあまり組織というものを信用していない」という言葉だった。避難民に対しては、小規模だがさまざまなグループが支援の手を差し伸べている。ただそうしたグループは、シーア派組織を含め、あくまで外部者であり、自分たちの生活は自ら守り支える他ない。そうした実感を示しているように思えた。

ドゥル坊ちゃんの継承者たち

シーア派避難民の支援をしているグループの1つにグス・ドゥリアン（Gusdurian）がある。グス・ドゥリアンとは、NU創設者の孫であり、2000年には大統領にもなったアブドゥルラフマン・ワヒド（通称グス・ドゥル、ドゥル坊ちゃん）の遺志を継ぐことを掲げて2012年に結成された。グス・ドゥリアンは緩やかな全国ネットワークであり、各地で自発的に組織化されたグループが支部として登録されている。前述のようにNUは共通の宗教的伝統を背景としているが、上意下達の組織ではない。したがって少数派の権利の抑圧者にも擁護者にもなりうる。

大統領としてのグス・ドゥルは決して評判が良かったわけではない。1割程度の議席しかない少数与党にもかかわらず、連立政権の閣僚を次々と解任、国軍の人事にも介入して反発を受けた。最終的には汚職の嫌疑をかけられて、約1年で罷免されてしまった。しかし、最大のムスリム組織の指導者でありながら、宗教的・民族的な多元性をつねに擁護してきたその姿勢は、インドネシアの少数派の人々に深く尊敬されてきた。また1980年代から雑誌や新聞に発表された軽妙なエッセイ、特有の逸話やジョークは、その死後も語り継がれている。大統領就任時はほぼ失明状態にあったが、若い頃はテレビのゲストでサッカー解説もした。グス・ドゥリアンは「グス・ドゥル派」を意味するが、ドゥリアンは果実の王様ドリアンと同じスペルでもある。宗教的な少数派だけではなく、労働者や農民、それに性的少数派（LGBTQ）への人権擁護活動を行っている。イスラーム組織を母体にしながら、性的少数派の問題に取り組んでいるNGOは全国的にも極めて稀な存在である。近年は反汚職NGOと協力して、イスラーム寄宿学校向けの啓蒙活動も行っている。反シーア派暴動のケースにもみたように、宗教指導者とカネの問題は根深い。

グス・ドゥリアンのスラバヤ支部の代表を務めるユニさんに連絡をしてオフィスを訪ねると、メンバーを集めてくれていた。宗教や民族集団はさまざまで、ユニさんはじめ、女性も多い。ベールをしていない人もいる。ここはCMARs（周辺化されたコミュニティ研究センター）というNGOのオフィスを兼ねていて、メンバーもかなり重複している。彼らはサンパン県での反シーア派暴動では、地元の宗教指導者との仲介役になった。現在ではCMARsの20歳代のメンバーが、子どもの補習塾や図書館の運営などの支援を細々と続けている。サンパン県ではネットリテラシーや人権についての講習も行っている。

彼らの活動や最近のインドネシアの宗教や政治をめぐる状況について2時間ほど議論したあと、誘われるまま近くのカフェに場所を移動した。カフェは植民地期に建てられた家を改装したもので、オランダ人墓地（ペネレ墓地）の前にあり、観光情報センターの看板もかかっている。3日前に開店したばかりとのことだ。オーナーで元ジャーナリストのクンチャルソノ・プラスティヨさんは「スラバヤの歴史的遺産を活かしたい」という。ジャワの意匠をベースにしながら、モダンで開放的な雰囲気である。室内にはオランダ植民地期の「古き良き」デザインのポスターが飾ってあり、地元アーチストのTシャツを販売していた。ここもコーヒーにはこだわっている。

ジャカルタから休暇中だという全国紙の記者が来ていた。人の噂がほとんどの彼らの会話はよく分からない内容が多かったが、ゲイの権利活動の先駆者で

グス・ドゥリアンのメンバー

あるデデ・ウトモ氏の名前も挙がっていた。彼はおそらくインドネシアの知識人で初めてカミングアウトし、アイルランガ大学を追われた気骨の人である。

夕闇が迫ってきたがおしゃべりは止まらない。そろそろ失礼したいと申し出ると、では解散しようということになり、年配の華人男性にホテルまで車で送ってもらった。

どうやら、スラバヤの市民社会の形がみえてきたようだ。港湾都市ならではの闊達さ、反植民地闘争における勇猛果敢さの強調、それに異なる民族集団に覆いかぶさるように日常に溶け込むイスラームの地域的伝統が、インドネシアの他都市とは異なるサブカルチャーを特徴づける襞《ひだ》を形成している。

翌日、オランダ人墓地の近くにあるチョクロアミノトの家に行ってみた。静かな住宅地にある簡素な平屋、ただし大きな屋根裏部屋がある。チョクロアミノトは、20世紀初頭にイスラームを名乗る最初の大衆組織イスラーム同盟を創設し、植民地期政府下の議会にも進出した。彼もまた英雄墓地に眠っている。チョクロアミノトの家は、初代大統領スカルノも寄宿していた独立運動の萌芽期に欠かせない存在である。そう意気込んでいったのだが、管理人の若い男性が一人寝っ転がっており、ゲストブックをみると本日まだ2組目の客だった。ただ感心したのは、チップを受け取らなかったことだった。綺麗に掃除がされており、珍しい客にいろいろ解説してくれたので、当然のお礼を渡そうと思ったのだが、給料はもらっているので、と固辞された。ゆっくりと、しかしかなり根本的なところで、スラバヤそしてインドネシアは変わりつつあるのかもしれない。

参考文献

見市建、２０１４『新興大国インドネシアの宗教市場と政治』ＮＴＴ出版
Ｃ２Ｏウェブサイト https://c2o-library.net/
シラムプカウ（Silampukau）ウェブサイト https://silampukau.com/

3

マレーシア

MALAYSIA

Malaysia

クアラルンプール

首都	クアラルンプール
人口	約3,119万人（2015年マレーシア統計局）
宗教	イスラーム（連邦の宗教）61%、仏教20%、儒教・道教1%、ヒンドゥー6%、キリスト教9%、その他
民族	マレー系約67%、中国系約24%、インド系約7%（注：マレー系には中国系及びインド系を除く他民族を含む）
言語	マレー語（国語）、中国語、タミール語、英語

クアラルンプール連邦直轄区

マレーシアの首都で、3つある連邦直轄区のひとつ。行政上の首都はクアラルンプールの南に位置するプトラジャヤ。マレー語で「泥の川が交わるところ」を意味する。高層ビルが立ち並び、近代的な雰囲気が漂う。

人口

約177万人
（2015年統計）

民族

マレー人 41%

華人 39%

インド系 9%

マレー人以外のブミプトラ 1%

非マレーシア国籍 9%

その他 1%

宗教

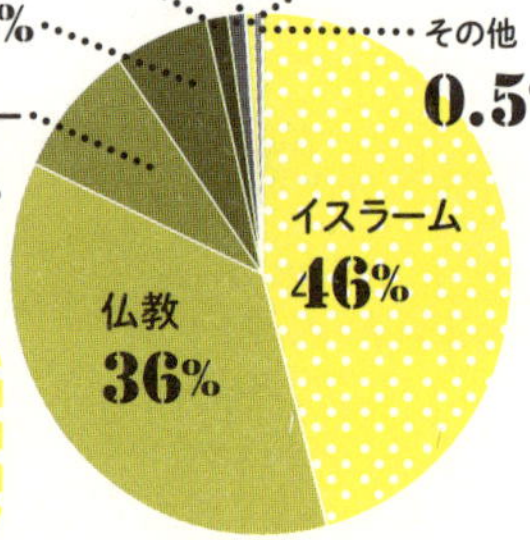

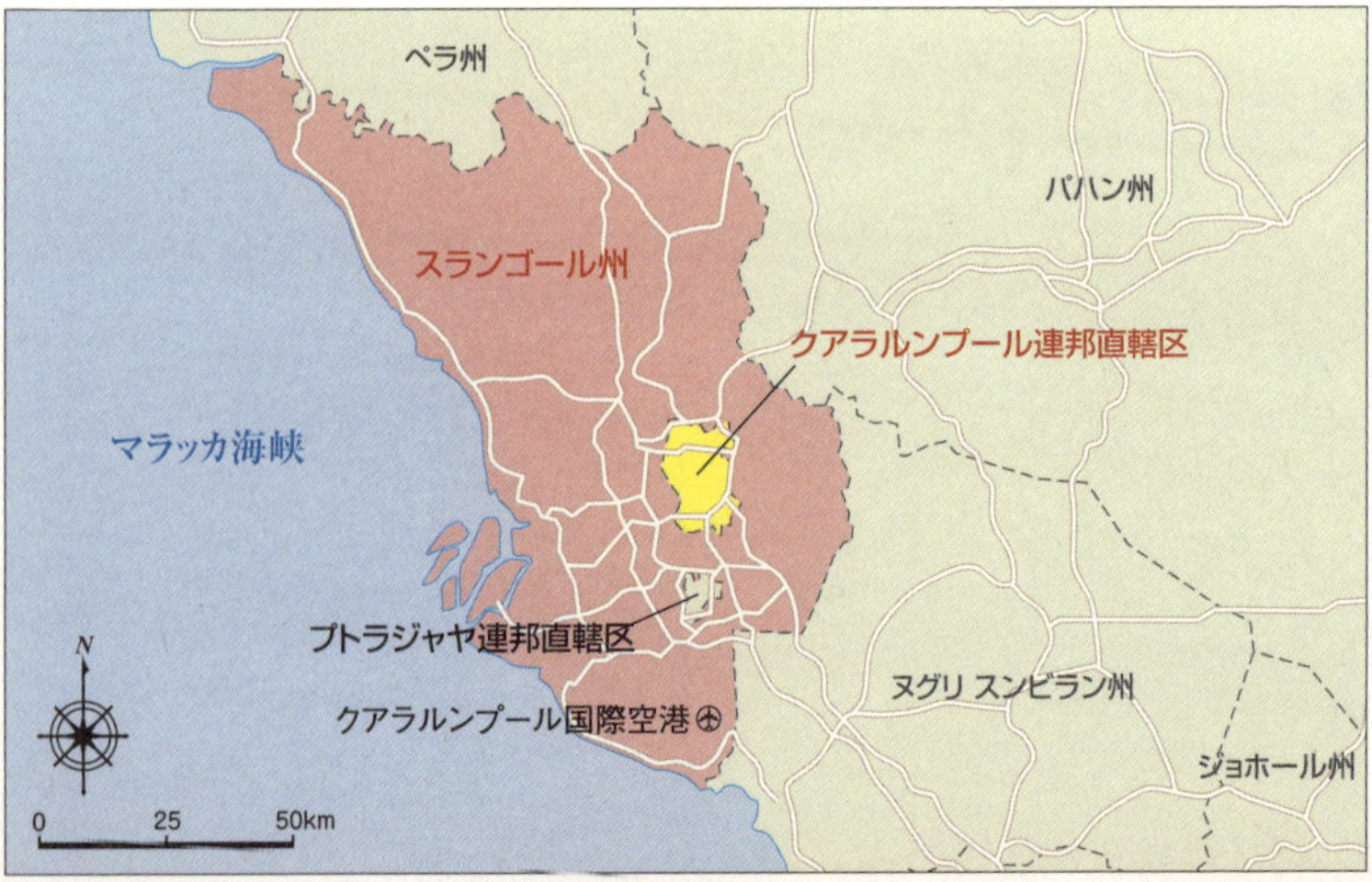

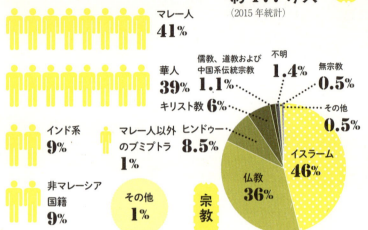

世界とのつながり方にみるマレーシア・ムスリムの多様性
――2つの街における地域性とイスラーム知識へのアクセス

久志本裕子

スマートフォンのアラームで目覚めて、まずその画面に大事なメッセージがないかを確認してからベッドを出る。「LINE」にも似たSNS「ワッツアップ」を開け、クラスのグループのメッセージで宿題があるのを知って慌てる。バスを待ちながら、ツイッターを確認する。アメリカのドラマの情報に、イギリスのスターのゴシップに、シリアの空爆で傷ついた人々……。様々なニュースがソーシャル・メディアの画面にあふれる。バスを待ちながらたまたま目にした事故の写真を撮って、すぐにソーシャル・メディアにアップロードする……。

これはマレーシアの都市部の大学に通うごく一般的なムスリム学生の日常である。2017年現在、マレーシアのどの大学もキャンパス内にはWi-Fiを完備しており、大学生はプライベートでも、大学の用事でも、一日中ネットにつながり、世界とつながって生活している。

マレーシアと世界とのつながりはインターネットの普及するはるか以前から形成されてきた。マレーシアはかつて、「マラヤ」という地域であった。マラヤの人々は、はるか昔から商業や巡礼、イスラームの勉強などのために、メッカやメディナなどのイスラーム世界をはじめ、世界の様々な地域へと旅をし、定住をし、また時には定住した人々の子孫がマラヤに戻ってきた。現在でも、イギリスやアメリカ、オーストラリア、エジプトなど海外留学をする人は多く、2015年には教育省に登録されているだけでも約8万6000人が海外留学している。

マレーシアに来る人々もまた多様である。2015年現在、マレーシアの人口は3119万人、そのうち正式な滞在許可を持って住んでいる外国籍の人々は323万人で、約10%に当たる。正式な滞在許可を持たない人々や、短期滞在の人々を加えると、これよりはるかに多い外国人が住んでいることになるだろう。マレーシアの街、特にクアラルンプールのような都市部では、外国人の存在が非常に目立つ。建設現場やレストランなどで肉体労働に携わる人の多くはバングラデシュ人やインドネシア人の労働者である。次々に建つ高層マンションの建設会社の名前には、漢字で書かれた中国企業の名前が見られる。アラブ圏などから来た人々は留学生やビジネスマンに多く、そうした人々をターゲットにしたアラブ系のレストランや輸入品を売る店も増えている。高級住宅地に近いショッピングセンターの客は欧米人や日本人が多く、マレーシア人を上回るほどで、店の人と客のやり取りには主に英語が使われている。マレーシアに住むということは、こうした外国とのつながりを、いやおうなしに体感しながら生きるということなのだ。

とはいえ、こうした外国とのつながり方は、地域によってかなり異なる。

ここでは、マレーシアの首都クアラルンプールと東海岸のコタバルという2つの街を比較しながら、それぞれの街にあるイスラーム系教育機関で学ぶムスリムの若者が、どのようにしてイスラームの知識にアクセスし、外国とつながっているのかを見ていきたい。

マレーシアにおけるイスラームの地位

マレー半島西海岸の中央に位置する首都クアラルンプールは、「連邦直轄区」という特別な位置づけで、スランゴール州の中央部にある面積約244平方キロメートルの小さな地域である。クアラルンプールには、マレーシアの三大民族であるマレー人、華人、インド系に加え、その他の少数民族の他、国内外の企業や教育機関が集まっていることから、様々な国の様々な階層の外国人が集住している。日本人の集まる地区もある。

一方、コタバルは、東海岸の北部、タイと国境を接するクランタンという州

クアラルンプール中心部

の州都である。クアラルンプールからは、車で約7時間かかる。クランタン川の河口に発展した海沿いの街で、河川沿いの低地には日本の田舎のような田園風景が広がる。かつてはインドシナや中国との貿易における中継地点としても重要であった。現在は外資系の工場などもある程度進出しているものの、特筆すべき近代的産業はなく、街の中心部でも高層建築はほとんどない。

2つの街を比べて違いを考えるとき、目立つのは、住民の民族的構成である。マレーシアは、宗教も母語も異なる様々な民族の人々が共に暮らす多民族国家だ。具体的な数字で見ると、マレー人および先住諸民族は合わせて約67%、華人は約24%、インド系が約7%となっている。これがマレーシアの全体的な人口比率だが、実際には地域によって比率が異なり、民族構成の違いが地域性の重要な部分を占めるのである。

これを前提に、クアラルンプールとコタバル、2つの地域を見てみよう。

まず、クアラルンプールには、外国人を含めると約176万8000人が住んでいて、このうち外国人が9%を占めている。マレー人と華人はそれぞれ41%と39%、インド系は9%、マレー人以外の先住諸民族は1%しかいない。つまり、クアラルンプールは全国の人口比に比べて、外国人と華人が非常に多い地域であるということができる。

一方、コタバルのあるクランタン州は外国人を含む人口が約171万8000人。面積はクアラルンプールの約60倍だから、かなり人口密度が低い。そしてマレー人の人口が、92%を占めている。華人は3%、インド系は1%に満たない。外国人は3%だが、その多くは国境を接するタイ国籍の人々で、しかもマレー語を話し、イスラームを信仰する「マレー人」である。

クアラルンプールは多民族の上、外国人も多く、異文化の存在を生活の中で自然に認識する環境がある。一方コタバルでは、実際には様々な外国人も住んでいるが、マレー人が圧倒的多数のため、日々の生活で異文化や外国とのつながりを感じる機会は限られている。それぞれの地域において、イスラームという宗教がどのように位置づけられているのか、そしてその公的な位置づけと現実の多様性の歴史的背景とはなにかを考えてみたい。

マレーシアの憲法では、イスラームはマレーシアの唯一の「公式宗教」と定められているが、実際にはマレーシアの人口の中で、ムスリムは約61%にすぎない。他には、仏教徒が約20%、クリスチャンが約9%、ヒンドゥー教徒が約6%など、様々な宗教を信じる人々がいる。このような多宗教社会でイスラームだけが「公式宗教」とされている理由は、マレーシアという国の歴史的背景による。ここでマレーシアとイスラームの歴史を少しだけふり返ってみよう。

現在のマレーシアは、「西マレーシア」と呼ばれるマレー半島の部分と、「東マレーシア」と呼ばれるボルネオ島北部の2つの大きな地域、そしてその周りの小さな島々から成り立っている。この2つの地域が合わさって「マレーシア」という名前になったのは、1963年のことだ。これらの地域は、かつてイギリスの植民地支配下にあった。1957年に、マレー半島が「マラヤ連邦」として独立し、1963年にシンガポールと東マレーシアのサバ州とサラワク州がイギリスから独立してマレー半島と合体し、「マレーシア」が生まれたのである。なお、シンガポールは1965年に別の国として独立した。

マレーシア成立以前の歴史において、西マレーシアと東マレーシアは、かなり異なる道筋を歩んできた。例えば、西マレーシア、特にクランタンのような地域のイスラームの歴史を考えるには現在のタイ南部（パタニ王国）との関係が欠かせないが、東マレーシア、特にサバ州のムスリムは現在のフィリピン南部（スールー王国）にあたる地域とのつながりが非常に重要な意味を持つ。「マレーシア」という地域におけるイスラームを理解するには東マレーシアの考察も欠かすことができないが、ここでは、ムスリム人口のより多い西マレーシア（マレー半島）に限定して話を進める。

マレー半島にイスラームを信仰する人々の社会が形成されたのは、13世紀ごろからといわれている。イスラーム化以前のマレー半島には、ヒンドゥーの小王国が点在していた。８〜10世紀ごろにアラブの商人などが少しずつマレー半島を訪れるようになり、商人や有力者の間に次第にイスラームが広まっていった。マレー半島のイスラーム化において重大な役割を果たしたのが、15世紀初頭に建設された、マラッカ王国であった。マレー半島の南西部に位置するマラッカは、今も有名な観光地として知られているが、当初はヒンドゥー教徒の王によって開かれた小さな町であったとされている。その後、王はイスラームへと改宗し、アラブの商人などを引き付けて大きな港湾都市へと発展したマラッカには、イスラームの知識を持つ人々も多く集まるようになった。その結果、マレー半島の各地に点在した小さなヒンドゥー王国は、「スルタン」などの名称で呼ばれるムスリムの王が支配する国になった。マラッカはその後、１５１１年にポルトガルによって植民地化され、さらにオランダ、イギリスと西洋による支配が続いたため、イスラーム知識の中心はマレー半島東海岸、特に現在のタイ南部のパタニへと移っていった。

18世紀末になると、マレー半島西岸の北部、ペナンやペラといった地域から、イギリスによる植民地化が始まった。現在のマレーシアにおけるイスラームの位置づけを考える際に重要なのは、この時イギリスが、各地のスルタンを「イスラームの長」として宗教に関する行政を任せ、宗教以外の行政についてのみ植民地政府が権力を握る方策をとったことである。このため、現在までマレーシアはマレー人ムスリムの国王を持つ立憲君主制の国であり、マレー半島の州のうち9州を、それぞれの州の王がイスラームの長として統治している。イスラームが唯一の公式宗教であるという憲法の規定は、こうした歴史的背景による。

イスラームの地域的多様性

イギリスの影響下の経済的発展の中で、錫《すず》鉱山の開発に携わる華人が、また南アジア地域からはゴムプランテーションに従事する人々が大量に移住してきた。こうした開発と移民は西海岸に集中したために、ペナンやペラ、スランゴールといった西海岸の地域は様々な民族、宗教の人々が混住する地域となった。一方、東海岸はこうした資源が少なかったことから、植民地化の影響が少なかった。このため、東海岸にイスラームを信仰するマレー人が多数を占めるようになった。

19世紀末ごろになると、マレー人の中にも、ゴムプランテーションなどで財を成し、メッカ巡礼に向かう人々が増えてきた。その中には、巡礼の後、時には10年も20年もメッカにとどまり、イスラーム知識を学ぶ人々もいた。とはいえこの時代、メッカで学ぶ機会はごく一部の優秀な人々に限られていた。

メッカで学んだ人たちは、やがてマレー半島に戻り「ポンドック」などの名前で知られる、イスラームを学ぶ塾を開くようになった。「ポンドック」とは、「小屋」という意味である。「ウラマー（学識のある人々）」のもとに泊まり込んで学ぶために、ウラマーの家の周りに小屋を建てて、学生たちが寝食をともにしながら学んだのがその始まりとされている。ポンドックは、マレー半島の北部、特に東海岸に多くできた。

そして、もっとも多くのポンドックができ、マレー半島におけるイスラームの学問の中心となったのが、現在のクランタン州であった。

マラヤ連邦独立後のイスラーム

1957年、マレー半島地域が「マラヤ連邦」として独立した。独立とともに、憲法でこの国がイスラームを唯一の公式宗教とする立憲君主国であることが定められ、以降、国王の地位は、各地の9人の王が相談して1人を選び、5年の任期で持ちまわることになった。2017年3月現在のマレーシア国王は、同時にクランタン州の王でもある。イスラームが唯一の公式宗教とされたが、これは他の宗教の実践を制限するということではない。マレーシアの憲法第3条には、「連邦の宗教はイスラームとする。ただし他の宗教も、連邦のどこにおいても平和と調和のうちに実践することができる」と書かれている。

さて、このように独立とともにイスラームが国の宗教としての地位を与えられたのだが、当時のマレー社会におけるイスラームの在り方は現在とは大きく異なっていた。例えば、現在のマレーシアではムスリムの女性のほとんどは、髪の毛を完全に被うような形でスカーフを着用しているが、1970年代までは、特に都市部では髪の毛を隠さない方が一般的であった。イスラーム宗教学校の教師でさえ、被りはするものの、髪の毛が少し出ているような形の被り物が普通だった。若者にいたっては、サングラスをかけてベルボトムをはき、結婚式ではウエディングドレスを着ていた。またハラール認証も、1980年代ごろまでは、付いている食品の方が少なかった。

このような宗教に関する認識と実践は、1970年代から80年代にかけて世界的に活発になった「イスラーム復興」の中で大きく変化したのである。

イスラーム復興「ダアワ運動」の姿

イスラーム復興とは、イスラームの教えから個人の生活や社会の在り方がかけ離れてしまったのではないか、という問題意識から、よりイスラームに基づく生活と社会が形作られていく社会変化の現象をさす。このような変化を目指した運動を、マレーシアでは「ダアワ運動」と呼ぶ。「ダアワ運動」の「ダアワ」とは「呼びかけ」を意味するが、必ずしも政治的運動やテロのような過激行為に結び付くものではない。よりよいムスリムとして生きよう、そうした生き方をしやすい社会をつくろう、というものである。

「ダアワ運動」は1970年代の初めごろ、マラヤ大学などのマレーシア都市部の大学や、イギリスをはじめとする欧米の大学に留学したエリート学生の間で始まった。彼らの多くは英語で教育を受け、より西洋の影響を受けた環境に育った学生たちであった。宗教的知識は少なかったものの、欧米や国内の都市部で欧米人や非ムスリムの生き方を目の当たりにし、よりイスラーム的な生き方を意識するようになったのである。

彼らは、大学内で自主的な学習グループを作り、これまであまり学んでこなかったイスラームの教えについて学ぶようになった。そして、自分たちがこれから担うであろうマレーシアの発展を、イスラームの教えに基づいたものにするにはどうしたらいいかを話し合った。

そして80年代に入ると、彼らは政治家や上級公務員、あるいは大学教員などになり、政府の意思決定に携わるようになった。また、このころから、政治においてもイスラームに基づく政治を主張する「汎マレーシア・イスラーム党（PAS）」が支持を得るようになってきて、独立以来政権を握ってきたマレー民族主義に基づく与党「統一マレー民族組織（UMNO）」に対抗する勢力となってきた。こうした社会的、政治的背景の中で１９８２年に首相に就任したマハティールは、政策にイスラームを全面的に組み込んでいくことを方針としたのである。

イスラーム復興は、都市部から始まったが、メディアや教育を通じて農村部にまで広がった。そのため、イスラーム復興以降、各地におけるイスラームの実践は、全体的にあまり大きな差が見られなくなった。先に比較したクアラルンプールとクランタンを比べてみても、人口構成や政策による違いはあるものの、人々の一般的な宗教実践においてはあまり大きな差はない。

もちろん、このことはマレーシアにおけるイスラームの理解や実践の在り方に多様性がないということではない。イスラーム復興以降、イスラームを人生において、より重要な事項と考え、よりイスラーム的な生き方を志すムスリムが全体的に増えたということはできるが、「より敬虔な」生き方にも様々なバリエーションがある。

ここからは、この多様性の在り方を、クアラルンプールとコタバルにある2つのイスラーム系教育機関における若者のメディアとの接し方という観点から見ていく。

イスラームを学ぶ場所

イスラームの学び方、その場所や情報源は、時代や地域、家庭環境等によって大きく異なる。イスラーム復興以前は、親から教わるか、せいぜい近所の先生についてコーランの読み方と礼拝の仕方などのごく基礎的な事項を学ぶ程度であった。もちろん伝統的なイスラーム寄宿塾（ポンドック）や、1950年代ごろから増えてきた宗教学校などに入り、さらにメッカやエジプトなどへの留学を果たして高度なアラビア語と宗教知識を身につけた人もいたが、それは極めて一部のことであった。

これに対してイスラーム復興以降のマレーシアでは、イスラームへの意識が高まるとともに、宗教についてより多くの知識を得たいという人が増え、イスラーム宗教学校やイスラーム学を専攻する高等教育への需要が増えた。また、宗教系でない一般の学校でも、イスラームやアラビア語を勉強する科目が80年代以降急増した。その結果、現在ではアラビア語を理解し、ある程度のイスラームの専門知識を持つ宗教の先生は、半島部であればどこでも容易に見つけることができる。

そして近年、イスラームの学び方に、さらに新たな要素が加わり大きな変化が起きている。それがメディアの利用である。

本来、イスラームの学びは、何十年もかけてやっとのことで大きな議論に行きつくような長い道のりである。しかし現在は、インターネットの検索機能を利用するだけで、礼拝の作法のような日常的な細かい情報から、イスラーム的な国家の在り方とは、といったスケールの大きな議論まで、アラビア語に限定されない様々な言語で一瞬にして情報を手に入れることができる。さらに、発信する側についても、これまでは何十年も学んだ人でも、その多くは学校の生徒や近所の人々に教えを伝えるだけで、著作やテレビなどを通じて不特定多数の人々に影響を与えるような人は、ごく一部の人たちに限られていた。しかし現在はイスラーム学の基礎を全く持たない若者でも、インターネットで手に入れた情報を、ソーシャル・メディアを通じて発信することができる。こうなると、人々がどのようにイスラームを学び、理解するのか、その多様性がどのようにして生まれるのかは、地域性や教育制度だけでは分からない。若者がメディアをどのように使っているのか、それが彼らのイスラームの理解の仕方にどのような影響を及ぼしているのかは、教育制度のような形あるものを通じて論じることができないので大変難しいが、以下では2つのイスラーム系教育機関で2016年8月に行ったアンケート調査およびインタビュー調査の結果を元に、その一端を明らかにする。

クアラルンプールのマレーシア国際イスラーム大学

クアラルンプールの郊外にあるマレーシア国際イスラーム大学（International Islamic University Malaysia: IIUM）は、1983年にマレーシア政府とイスラーム諸国機構の協力によって創立された大学で、マレーシアのイスラーム復興とマハティール時代のイスラーム政策の象徴ともいえる存在である。「イスラーム大学」といっても、イスラームを専攻する大学ではなく、社会科学や工学、医学といったあらゆる分野の学問を教える総合大学で、国立大学と同等の位置づけである。ただ他の国立大学の主な教授言語がマレー語であるのに対し、イスラーム大学では、宗教に関する科目がアラビア語で教えられている他は、ほとんどの教科は英語で教えられている。このため、世界中からムスリムの留学生が集まっている。

もう一つ他の大学と異なるのは、イスラームに基づいて教育と運営を行うという方針を明確に示していることだ。このため、どの学部でも最低限のアラビア語とイスラーム知識に関する授業が必修科目となっている。また、男女共学で明確な空間分離はあまりないものの、男女の交流のしかたや学内の服装の規則などについては、他の大学よりやや厳しくなっている。このため、IIUMに進学する学生は敬虔なムスリムの子弟が多いということができる。

IIUMでは他の国立大学と同じように、キャンパス内で学生、職員ともにWi-Fiを使用できる環境となっており、ほぼ全員スマートフォンとパソコンを持っている。この2つがなければプレゼンテーションもレポートも、オンラインで共有される教材などへのアクセスも何もできない。大多数の教員がパワーポイントで作成したプレゼンテーションを中心に授業を進め、ノートを取る代わりにスマートフォンでスライドやホワイトボードを撮影する学生が目立つ。また、冒頭で述べた「LINE」のようなアプリが学生間、あるいは教員と学生の間の主なコミュニケーションツールになっている。

クランタンのポンドック

クランタンにはポンドックがたくさんあるが、中でも最大規模の学生数を誇るのは、コタバル中心部から車で30分ほどのパシール・トゥンブという地域にあるポンドック・パシール・トゥンブである。1954年に作られて以降、現在まで、このポンドックは、学校制度を全く採り入れることなく、政府から独立した私塾のような形で運営されている。就学年齢は12歳からとされているが、上限はない。学年制もなく、ゆるやかに学習段階が分けられ、それぞれの学びのレベルに合ったクラスに自由に参加することができるため、母と娘が一緒のクラスで学ぶこともあれば、80代のおばあちゃんがいることもある。ここに限らず、マレーシアのポンドックには、宗教を学びながら気ままな一人暮らしで余生を過ごしたいという高齢者がしばしば集まっている。学生としての登録制度はあるものの、授業はモスクでの講義と同じように一般に公開されているので、近隣の住民が聞きたいときだけ聴講することも可能だ。

登録した学生は、よほど家が近くない限り、敷地内の寮や小屋（ポンドック）に滞在して勉強する。学生数が多いため、近年になってコンクリートの3階建ての寮も出来たが、その前方には昔ながらの板張りとトタン屋根の小屋が所せましと並んでいる。6畳くらいの一間に台所がついており、男子学生が3人ほどで自炊しながら生活する。女子学生は安全性の問題もあって、現在では小屋ではなく少し大きな寮に住んでいる。学習は礼拝所などで行われるが、男女の空間は完全に分けられ、女性は女性だけのクラスで主に女性の教師から、男性は男性だけのクラスで男性の教師からのみ学ぶ。男性教師のクラスに女性が参加するときは、カーテンを隔てた後ろ側などに女性の座る場所をつくる。国語や数学などの一般教科はなく、イスラーム法学、神学、アラビア語、コーラン朗誦などを学ぶ。机と椅子は使わず、教師を囲むように床に座り、小さな座卓の上にテキストを置いて勉強する。初級者はアラビア文字表記のマレー語（ジャウィ）で書かれた宗教書（キターブと呼ばれる）を読み、上級者になるとアラビア語で書かれた宗教書を学ぶ。

こうしたジャウィ、あるいはアラビア語のキターブの読み方は独特で、表紙から裏表紙まで、一行も飛ばさずに、教師の解説を聞きながら読むことが求められる。これは、テキストを書いた権威あるウラマー（学識者）の解釈を、そのまま伝えるためとされる。独自に解釈して新しい見解を打ち出すことは勧められない。特に初級者は、自分で文献などを勝手

ポンドックと学生たち

に探して読むことは忌避すべきとされる。こうしたことから、ポンドックでは昔から、新聞、ラジオ、テレビなどへのアクセスも制限してきた。したがって今でも、スマートフォンやインターネットの使用は、ポンドック内では禁じられている。ただし、年に数回実家に帰った時については制限することはできないので、そうした機会にインターネットを利用する学生も少なくない。

メディア利用と世界とのつながり

首都の大学と地方のポンドックという大きく異なる環境で、ムスリムの若者はそれぞれどのようにメディアを使い、イスラーム知識を得ているのだろうか。IIUMの文系の学生と、ポンドック・パシール・トゥンブおよび周辺の同じようなポンドックで、20歳前後のマレー人男女を中心に、マレー語でアンケート調査を実施した。IIUMでは80人（男子18人、女子62人）、ポンドックでは合計87人（男子75人、女子12人）が回答した。

まずインターネットの一般的使用の傾向について回答を分析すると、IIUMではインターネットの使用頻度がポンドックよりはるかに高いこと、そして

女子学生のクラス

ウェブサイトよりもソーシャル・メディア、とくに英語で書かれた情報を主に活用していることが分かる。

さらにイスラームに関わる情報をどこから得ているか、という質問の答えを見ると、IIUMの学生はコーランを読む他は、イスラームに関する知識をほぼソーシャル・メディアからのみ得ており、ポンドックに通う若者はイスラーム知識の多くを古典的宗教書と教師による解説に依存している、という対照的な状況が浮かび上がってくる。

このようなメディア利用の違いが示唆するのは、「敬虔さ」の違いではなく、宗教的権威の所在とその継承についての考え方の違い、そしてひいてはイスラーム世界のイメージの仕方や世界とのつながり方の違いである。ポンドックの学生は、キターブの学習を通じて、日ごろから一対一の師弟関係を持つこと、自分の師匠、さらにその師匠へと、歴史の中で師弟関係の系譜をたどり、最後には預言者ムハンマドまで行きつくことができるという権威の継承関係が重要であることを教えられている。彼らがソーシャル・メディアをイスラーム知識のためにあまり使用しないのも、そこに流れている知識やその発信者について、こうした権威の系譜を認めにくいことが一因であろう。これに対し、IIUMでは、たとえ宗教を専攻していてもそうした系譜関係が絶対的に重要であるとは教えられない。近代的学校教育制度の頂点である大学という世界においては、系譜関係よりも大学によって与えられる学位と称号が権威を支えるものとして重視される。ＩＩＵＭの学生はインターネットと英語を使って、イスラームについての知識を幅広く世界中から集めるのである。

彼らがイメージする「イスラーム世界」、「イスラーム共同体」の違いも興味深い。どちらの学生ももちろんサウジアラビアやエジプトといった中東のイスラーム諸国には触れるのだが、ＩＩＵＭの学生は欧米諸国のムスリムの存在をより強く意識しているし、ポンドックの学生はインドやパキスタン、イエメンといった地域を「イスラーム共同体」として意識しているのである。

こうしたイメージの違いもまた、彼らの情報源に関連していると考えられる。ＩＩＵＭの学生はインターネットと英語を駆使しているだけでなく、欧米留学経験を持つ人も周辺に多くいる。そのために欧米から発信されたイスラームについての情報や、欧米のムスリム社会についての情報は自然と多くなる。これに対し、ポンドックの学生は、インターネットでの情報へのアクセスがはるかに少なく、使用言語もマレー語が第一で地域的にも限定される。しかもイスラームについての情報源のほとんどは師事する教師からである。ちなみにイエメンへの言及が多いのは、歴史的に南アラビア半島のハドラマウト地方（現イエメン）から東南アジア各地に移り住んだ人々の子孫が近年、伝統的イスラーム学習を好む人々の間で影響力を増しているためである。インド、パキスタンについては、アンケートを実施したポンドックの1つにインド・パキスタンで学んだ教師が多いためである。

このように、ムスリムの若者のイメージするイスラーム世界は、それぞれの情報へのアクセスの仕方によって形成されていると見ることができる。

「学び方」が形どる多様性

ムスリム社会が多様であるということは、最近では日本のメディアや教育でも様々に伝えられているが、多様性を描く1つの指標として「敬虔か、そうでないか」、あるいは「過激か、穏健か」という軸が用いられる例がよく見られる。しかし実際には「敬虔なムスリム」の中でも、生きている地域の特性と、イスラームをどのようにして学ぶのかによって多様性が生まれている。クアラルンプールとクランタンの比較でも分かるように、クアラルンプールがより穏健で、クランタンはより過激だ、というような言い方では全く説明がつかないのである。

IIUMの学生がインターネットを主要な情報源としているのに対し、ポンドックの学生は師から直接学んだことや、古典的宗教書からの知識を主に参照しているという違いがみられるが、より広い世界につながっている前者が「穏健」、より閉鎖的に見える世界に生きている後者が「過激」ということにはならない。現実世界で個々の師に継続的にイスラームを習う機会が少なく、インターネットでの玉石混淆の情報から多様な言語で自由に情報を取り出す環境が、よりイスラームに詳しくない若者をターゲットにした過激思想を広めやすくする可能性も否定できない。

このように、イスラームの学び方の違いは、「敬虔かそうでないか」「過激か穏健か」とは異なる形でイスラーム社会の多様性を形成する要因の1つとなっているのである。

イスラーム知識へのアクセスの違いは、必ずしも地域性と直結するものではなく、教育の経歴や家庭環境、使用言語、イスラーム教育のレベル、教育機関のインターネットに対する見解に大きく左右される。現代のムスリム社会におけるイスラームの理解と実践の多様性を考えるには、リアルな世界の地域性だけでなく、バーチャルな世界における情報へのアクセスの仕方と地域を超えたつながりを、多層的に見ていく必要があるだろう。

参考文献

Ministry of Higher Education Malaysia. 2016. *Malaysia Higher Education Statistics 2015*, Ministry of Higher Education Malaysia. pp. 183-4.

Kementerian Penerangan Malaysia. 2016. *Population by States and Ethnicity 2015*. http://pmr.penerangan.gov.my/index.php/isu-nasional/443-berita/19463-unjuran-populasi-penduduk-2015.html（最終アクセス2017年3月21日）

4

タイ

THAILAND

ประเทศไทย

プーケット
／
バンコク

首都	バンコク
人口	約6,572万人（2015年タイ国勢調査）
宗教	国民の94%が仏教徒。ムスリムは5%
民族	大多数がタイ族。その他、中国系やマレー系等
言語	タイ語

プーケット県

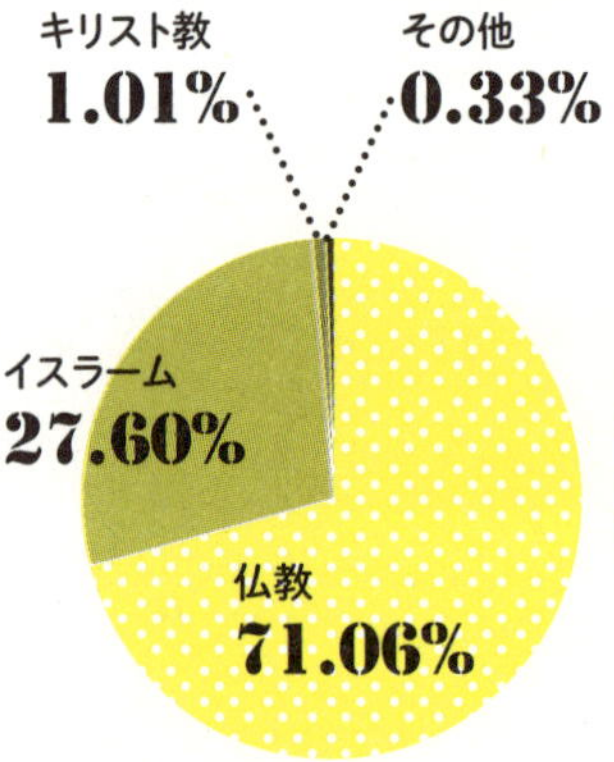

タイ南部のアンダマン海に面するタイ最大の島で、世界有数のリゾート地。エメラルドの海と真っ白な砂浜の美しさから「アンダマン海の真珠」とも。年間を通して、ビーチリゾートやマリンスポーツを堪能できる。

人口

約 39 万人

（2016 年プーケット県文化庁未刊行資料）

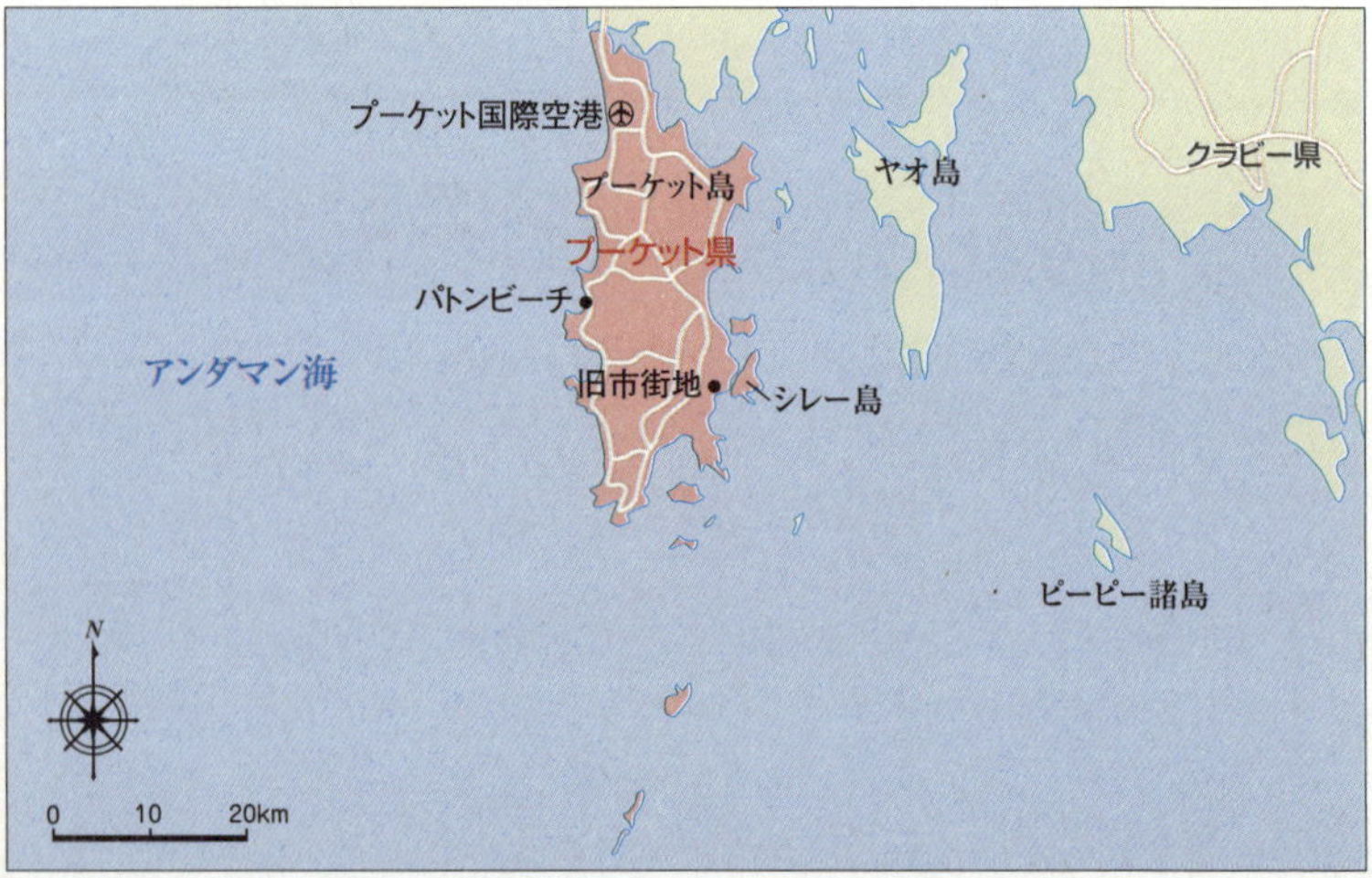

多文化共生の島
プーケットのムスリム

小河久志・鈴木佑記

読者のみなさんはプーケットと聞いて、最初に何をイメージするだろうか？　おそらく多くの人が3S、つまり青い海（sea）と白い砂浜（sand）、それに真っ赤な太陽（sun）を思い浮かべると思われる。たとえそうでなくとも、シュノーケリング客やダイバーを乗せたクルーズ船、日焼けした西洋人で賑わうバー、沈みゆく夕陽を眺めながら食べる海鮮料理など、何かしらマリンリゾートを連想させる光景を頭の中に描くのではないだろうか。

ただ、そんな光景の主役はあくまで観光客である。地元住民の存在とは、観光客をもてなしてくれる笑顔の老若男女であり、仮に彼らのことに思いが至っても、十把《じっぱ》一絡《ひとから》げに「タイ人」ととらえる人が多いのではないだろうか。

「アンダマン海の真珠」とたとえられるなど、プーケットが世界有数のマリンリゾートとしての地位を確固たるものにしている現在、こうしたイメージが持たれるのも至極当然のことだろう。しかし、プーケットの歴史や現状を詳しく見てみると、観光業以外にも多様な産業が興隆し、またそれに関わるかたちで宗教や民族の異なる多様な人々がプーケットに住んでいることがわかる。そのなかには、ムスリムも含まれている。彼らはさまざまな時代と場所を通じて、プーケットの社会や文化をバラエティに富むものにしてきた。

ここでは、プーケットが持つ社会文化的な多様性と重層性を浮き彫りにした上で、同地を生きるムスリムの実像を明らかにしたい。まずプーケットの歴史を簡単に振り返り、同地がさまざまな人々が行き交い交流する舞台としてあり続けている点を確認する。その上で、ムスリムが、アフマディアという少数派集団や仏教をはじめとする異宗教といかなる関係を取り結んでいるのか、その実態をフィールドワークで得られた事例をもとに描き出す。そこから明らかにされるのは、プーケットのムスリムが持つ多様性や混淆《こんこう》性、寛容性の高さである。観光地とは異なるプーケットの別の顔を知ることで、他宗教に対する不寛容や頑迷といった私たちがムスリムに対して抱きがちな否定的な認識はきっと変わるにちがいない。

プーケット略史

プーケットが位置するのは、マレー半島の西側である。陸地面積は日本の淡路島ほどで

シノ・ポルトガル様式の建物

あり、タイで一番大きな島である。プーケット島といくつかの小島で構成される。ビーチリゾートとしてのイメージが強いプーケットであるが、実は面積の約7割が森林で覆われている。人口は、39万2011人で、その内訳は男性が18万5531人、女性が20万6480人である（2016年）。気候は熱帯モンスーン気候に属しており、平均気温が約25℃と年間を通して暑い。一年のうち、12月から3月までが乾季、4月から11月までが雨季となる。そのため、ダイビングなどのマリンアクティビティを主目的にする観光客は、乾季を中心に多く訪れることになる。

現在でこそプーケットとして広く知られているが、その地名は誰が、どの時代に使うのかによって異なっていた。たとえば、16世紀から17世紀に西欧人（ポルトガル、イギリス、フランス）が残した資料には、イオンサラン（Ionsalan）やジャンクセイロン（Junkceylon）などと記載されている。ジャンクセイロンは、この時代にマレー系の人々がプーケットを指す際に用いていたウジュン・サラン（Ujong Salaang）をイギリス人が聞き間違えたものだと言われているが定かではない。また同時期にイギリスやフランスで使用されていたプウケット（Phuuket）は、マレー語で丘をあらわすブキット（Bukit）に由来すると考えられており、英仏とマレーのつながりが当時からあったことをうかがわせる。

プーケットがいかに広範囲にわたる地域から人々を惹き寄せてきたのかを知るには、プーケットとその周辺地域の歴史を紐解くと明白である。歴史を振り返る前にまず、いつ頃から人間が暮らしていたかという、もっと古い時代の様子から見て行こう。

プーケットの隣県クラビーの沿岸部の岩陰で、紀元前3万8000年から2万7000年にあたる地層から石器や加工された鹿の枝角《えだづの》が出土している。このことからは、今から4万年近く前からプーケット周辺で人類が活動していたことが推測される。また、紀元前2000年の地層から人骨が入った陶器が発見されており、少なくとも4000年前にはプーケットあたりで生活を営む者が存在したことがわかる。

同じくクラビー県にある紀元後初期の遺跡では、人の顔の形をしたガラス・ビーズや女性の姿が彫刻されたカーネリアンの石などが発見されている。これらは、ローマから運ばれてきたと考えられる。1世紀半ばのローマ帝政期の文献に、エジプトを本拠地とするギリシア系商人が「ヒッパロスの風」——現在でいうモンスーン——を用いてインド洋を横断していたことが記録されているので、おそらくは、遠く離れたヨーロッパから人やモノが移動していたのだろう。

3世紀に入るとギリシア系商人の活動が下火になる一方で、インド系商人によるプーケット方面への移動が活発になった。当時すでに、インド東部からベトナム中部にいたる交易ルートが確立されており、その中間地点にマレー半島西海岸は位置していた。

7世紀末から8世紀初頭になると、アラブ系やイラン系の商人がダウ船（主にイスラーム商人によってインド洋西方で用いられていた木造帆船、大きな三角帆が特徴）に乗ってインド洋に進出し、9世紀には中国人海商がジャンク船（中国で普及・発達した浅海でも航行可能な木造帆船。蛇腹式折り畳み帆が特徴）に乗って南海へ進出するようになった。13世紀以降のインド洋では、ダウ船とジャンク船が行き交うようになった。

このようにして、マレー半島西海岸の各港は、モンスーン航海の風待ちの場所として、また熱帯産商品の集荷地として、東西を往来する多種多様な民族で賑わった。そんな港の1つがプーケットだった。

この頃のプーケットはまだ、数ある交易のための通過点にすぎなかった。それが大きく変わることになったのが1526年、プーケットで最初の錫《すず》鉱山が開発されてからである。

その後、1583年にポルトガル人商人がプーケットに錫貿易会社を設立したり、1626年にオランダがプーケットにおける錫交易の独占契約をタイ王室（諸外国との交易を拡大して経済的に潤ったソンタム王統治下。当時の国名はシャムと表記するのが適切だが、煩雑さを避けるためタイで統一する）と結んだりするなど、一気に産業の波が押し寄せてきたのである。と同時にこれは、西欧人のプレゼンスが強くなるきっかけでもあった。

ただし、オランダによる独占は長くは続かなかった。1667年に、オランダによる錫売買のあり方に不満を持つプーケット住民とマレー人が交易拠点を焼き払い、そこにいたオランダ人を皆殺しにする事件が発生したのである。その後オランダはプーケットから撤退し、代わりにナーラーイ王（外国人の要人を積極的に官僚に抜擢したことで有名。治世末期に極端な親仏政策を打ち出した）治世下の１６８６年に、フランスがプーケットにおける錫交易の独占権を得たのである。

しかし、オランダ同様、フランスとの蜜月関係も長続きせず、次代（ペートラーチャー王）王期には無効となった。かわって１７７２年にイギリス人のフランシス・ライトが交易拠点をプーケットに築き、当時のプーケット国主と緊密な関係を持ち始めた。その頃にはすでに、多くの中国人がプーケットで暮らしていたという。19世紀に入ると、イギリスでは主にブリキ皿の食器を製造するために錫需要が高まった。この時期にイギリスは、タイとのあいだにバーネイ条約（１８２６年締結。タイが西洋の一国と初めて締結した相互主義に基づく二国間条約）とバウリング条約（１８５５年締結。タイにおける王室独占貿易の消滅をもたらした、イギリスに有利な内容の修好通商条約）を結び、貿易を活発化させている。そして錫産業の発展に伴い、労働者としての中国人――特に福建《ふっけん》出身者が多い――も大量にプーケットへ流入することになった。16世紀初頭から19世紀半ばの約３５０年の間に、プーケットは錫鉱山の一大拠点として、西欧人と中国人が多数集まる場所に変わったのである。

20世紀初頭は、福建省漳州《しょうしゅう》にルーツを持つコー・シムビー（許心美。1890年にトラン県知事、1902年にプーケット省知事に就いた役人。タイに初めてゴムの木を導入した人物としても有名）を中心として、華僑《かきょう》がプーケットにおける錫産業を手中に収めていた。同時期に、外国から新しい錫精錬技術が持ち込まれた結果、錫生産量が激増することになった。しかし、技術の発展は人的な労働力を不要とし、それまで雇用されていた大量の中国人苦力《クーリー》の職を奪った。彼らのなかには、自国へ帰る者、農業や漁業に鞍替えする者、タイで新たに需要が拡大しつつあったゴム産業に従事する者などがいた。

1970年代になると錫交易は衰退する。プーケットにおける錫生産量が減り始めると同時に、ボリビア、ブラジル、ペルーといった南米の国々、それに中国やロシアといった、錫のより安い供給産出国が台頭してきたためである。1974年には、もともとプーケットの錫産業を支えるために進出してきたイギリスに本拠地を持つスタンダードチャーター ド銀行が撤退し、多くの鉱山が閉じられるきっかけをつくった。

かわって1980年代以降は観光目的の外国人が急増し、観光がプーケットにおける主要産業の地位を占めるようになった。そして2010年代からは、中国人の団体観光客が大挙して押し寄せるようになり、そうした観光客に対するサービス業の需要も急速に高まった。現在のプーケットにおける観光産業は、近隣国（特にミャンマー）からの出稼ぎ労働者の力を借りなければ成立しないまでになっている。

このようにしてプーケットは、今日の我々がよく知る、多国籍の人間で賑わう観光地へと変貌を遂げたのである。2016年には、観光がタイ国家にもたらす直接的収入は1兆2925億バーツ(約4兆円)であり、これはGDPの9・2パーセントに相当する。投資やサプライチェーンなどの間接的な観光収入も含めると3兆1788億バーツ(約9兆6千億円)にも上り、GDPの21・9パーセントを占めることになる。観光地プーケットは、タイの経済成長を牽引する重要な役目を担うようになっている。

プーケットのムスリム

プーケット県の人口が約39万人であることはすでに述べたが、そのうち、ムスリムは10万人を超えている。実に人口の27パーセント超がムスリムなのである。タイ国全体の人口では約5パーセントがムスリムとされるので、この数値がいかに大きいかがわかるであろう。彼らは漁業や農業、観光業などさまざまな産業に従事している。

また、宗教施設の数に目を移すと、さらに興味深いプーケットの現状を知ることができる。2015年の時点で、仏教寺院が38に対してモスクが56と、宗教人口比からするとモスクの方が圧倒的に多いのである。ちなみに、キリスト教の教会の数は5つ、シク教寺院とヒンドゥー寺院がそれぞれ1つずつある。

観光客の視界にはあまり入らないかもしれないが、プーケットを代表するビーチリゾートの1つパトンビーチの一角にも立派なモスクがそびえ立っており、ビーチの目と鼻の先には広大な敷地を有するムスリム墓地が存在する。また、散策好きの観光客が多く訪れるプーケット市の旧市街——プーケットタウンやオールドタウンと呼ばれる観光地——にも、壮麗なモスクを見ることができる。このように、プーケットの至る所に、大きさや形状、装飾もさまざまなモスクが存在しているのである。

では、いつ頃からムスリムはプーケットに住み始めたのだろうか。アラブ系やイラン系の商人がダウ船に乗ってインド洋で活動するようになったのが7世紀末なので、その時期にムスリム商人がプーケット周辺を風待ちの場所として利用し、現地住民と交流していた可能性は高い。1136年までには近隣のトラン県とマレーシアのケダー州に、定住したムスリムのコミュニティがあったことからも、12世紀のプーケットでもある程度の数のムスリムが生活していたと想像できる。

とはいえ、文字資料で確かめられるのは、それからだいぶ後になってからのことである。1759年から1760年の間に記された『タラーン国年代記』という書物がある。そのなかに、「タラーン国（現在のプーケット）にはかつて、ジョームラーンという名の首長（国主）とその妻でマーシアという名のムスリムがいた」という記録が残されている。このことから、少なくともアユタヤ時代（1351〜1767）には、ムスリムがプーケットに暮らしていたことがわかる。

「異質なもの」との共生

つづいて、多文化状況を生きるプーケットのムスリムが今日、仏教をはじめとする異宗教や、アフマディアという少数派集団といかなる関係を取り結んでいるのか見ていこう。これにより、プーケットにおけるイスラームと非イスラーム的なものとの共生、交流のダイナミクス、換言すれば、「異質なもの」を排除せずに受け入れるというプーケットのムスリムが持つ寛容性が明らかにされる。

ムスリムの土地神ト・セ

プーケット各地には、さまざまな土地神が祀《まつ》られている。現地語で「ト」と呼ばれる土地神のなかでも有名なのがト・セである。ト・セは赤ト・セ、白ト・セ、黒ト・セの三兄弟からなる。彼らはプーケットをひらいたムスリムとされ、「プーケットの町の父」として参拝者に崇められている。ト・セがムスリムと信じられている根拠は、ト・セを祀る廟に行けばわかる。廟に鎮座するト・セは、必ずと言ってよいほど長いあご髭《ひげ》をたくわえており、ムスリム男性が使用する白い帽子やイスラーム服を身につけている。また、ト・セ像の後方の壁には、しばしばイスラームのシンボルである星と三日月が描かれている。

筆者が訪れたト・セを祀る廟の一つは、プーケット旧市街北部にある山、その名もト・セ山の中腹にある。この廟には、イスラームの休日である金曜日になると参拝者が集い、祭祀が行われる。ト・セがムスリムの土地神であることを明示するかのように、イスラームで忌避される酒や豚肉を供えるのは禁じられている。その代わりにムスリムが食すことができるヤギが供されることがある。興味深いのはそれだけではない。廟の外観はタイ仏教徒の屋敷神祠《しんし》と同じ形状であるし、ト・セが祀られている下段には、プーケットの中国廟でよく目にする虎爺《ホーイア》が祀られている。この廟を、偶像崇拝やアッラー以外の神の存在を認めないムスリムが訪れているのだ。この矛盾しているように思える信仰実践が見られる理由として挙げられるのが、ト・セの持つ霊験の高さだろう。

ト・セ三兄弟

参詣者は、ト・セの霊験にあやかろうと廟を訪れる。願掛けのために気軽に足を運ぶ人もいれば、深刻な問題を抱えて助けを求めにやって来る人もいる。他にも、どうしようもない困難に直面し、他に救いを求められない状態になった時の最後の頼みの綱として、ト・セをとらえている者もいる。

たとえば、ある漁師の逸話は有名である。その漁師は嵐のなか船ごと波にのみこまれ、満身創痍《そうい》の状態で小さな島に打ち上げられた。体を思うように動かせず、5日間も食べ物を口にすることができなかった彼は、近づく死への絶望に打ちひしがれた。自分は助からないと諦めかけたとき、漁師は、プーケットの人々から霊験あらたかな力を持つと信じられているト・セを思いだした。そこで、「私をお助けください。私を家族のもとに帰してください」とト・セに祈ったところ、ただちにプーケットの海上警備隊に発見されて助かったという。

このように、プーケットのムスリムは、土着の信仰をはじめとするイスラーム以外の宗教を排除するのではなく、日常生活に合うかたちでイスラームと融合させてきた。過去から現在にいたるまで、多様な背景を持つ人々が行き交い、時に混住するプーケットにおけるイスラームと他宗教の共生のあり様の一端を、ト・セ信仰は教えてくれる。

ト・セを祀る廟

アフマディア

アフマディアは、現在のインド・パンジャーブ州で生まれたミールザー・グラーム・アフマド（1835～1908）を最後の預言者とするイスラームの一派である。教義上ムハンマドを最後にして最高の預言者と考えるイスラームにおいてアフマディアは異端と見なされている。このためパキスタンをはじめ世界各地で迫害の対象とされてきた。近年ではインドネシアにおいて、アフマディアの信者を狙った襲撃事件が多発している。タイにおいてもアフマディア信者の数は極めて少なく、その正確な数も把握されていない。彼らはタイにおいて、少数派であるムスリムのなかの更なる少数派と言える。

こうしたアフマディアの信者が、プーケットにも住んでいる。たとえば、プーケット市東部にあるシレー島には3世帯、約20人のアフマディア信者が暮らしている。

この島に住む540世帯、約1200人の住民の大半は、海洋少数民族のウラク・ラウォイッである。タイに住む海洋少数民族は、他にモーケンとモクレンがいるが、最も人口が多いのがこのウラク・ラウォイッである。彼らは、オーストロネシア語族のマレー語派に属しており、インドネシア語やマレー語によく似た言語を話す。彼らがどこからやってきたのか不明であるが、一説では現在のマレーシアでイスラーム化を拒否した人々が船上生活者となり、マレー半島西岸に定住するようになったとされる。総人口は、6200人程度とされ、その半数以上の3500人ほどがプーケット県に暮らしている。しかし、人口約39万人のプーケットにおいて彼らは少数派集団である。シレー島に住むアフマディア信者は、このウラク・ラウォイッと深南部《しんなん》出身のマレー系ムスリムであった。彼らは、毎週金曜日に集団礼拝のためプーケット市内にあるモスクに赴き、主流派のムスリムと交流を深めているという。他国と異なり、アフマディア信者だからという理由で、プーケットで暮らしていて危険な目にあったことは一度もないそうだ。インドネシアのアフマディア信者を取り巻く状況とは極めて対照的である。だからなのか、彼らは自分がアフマディア信者であることを堂々と他人に伝えるし、少数派に属すことを引け目に感じている様子は微《み》塵《じん》も感じられなかった。それだけ、彼らにとってプーケットは居心地が良い場所なのだろう。

彼らの主な生業《なりわい》は、他の村人と同様に沿岸で行う漁業である。彼らが獲った魚介類はプーケット市内の市場に出回るので、観光客も食べている。しかし、そんなことを知る観光客はほとんどいないだろう。魚介類を通して、宗教的にも民族的にも少数派であるアフマディア信者の村人と、タイ社会の多数派であるタイ人仏教徒や海外からやって来る多国籍の人々が結びついている様子は、プーケットが多文化共生の島であることを我々に教えてくれているかのようである。

非ムスリムとの関係

プーケット市には、仏教寺院や教会、中国廟等とともに多くのモスクが存在する。そのなかでも最大のものが、ヤーミヤ・モスク（1936年設立）とアンマーディナ・モスク（1981年設立）である。このモスクの周囲に形成されたコミュニティ（A地区とB地区）で興味深いのは、その住民構成である。両モスクのイマーム（宗教指導者）によると、2地区とも、ムスリムと仏教徒やクリスチャンといった非ムスリムが混住しているという。モスクとカトリック教会、中国廟という3つの異なる宗教の施設が、A地区内の長さ250メートルほどの通り沿いに建っていることは、そのことを如実に示している。タイでは一般に、ムスリムがモスクの周囲に集住していることを考えると、こうした多宗教的状況が見られるのは極めて珍しい。

それでは、混住環境のもと、ムスリムと非ムスリムはいかなる関係を取り結んでいるのだろうか。先に結論を述べると、彼らは昔から宗教の壁を越えて、さまざまな領域で交流してきた。コミュニティのなかを少し歩くだけでも、ヴェールを被ったムスリム女性が中国系宗教の祭壇のある商店で買い物をしたり、仏教徒がイスラーム服のブティックでムスリム店主と雑談をしていたりと、日常的な近所づきあいの光景を目にすることができる。筆者が、ヤーミヤ・モスクのイマーム宅で話をしていた時にやって来た仏教徒の男性（79歳、無職）などは、イマームと30年来の友人で、世間話をするため週に2、3日の頻度でイマーム宅を訪れているという。ちなみに彼はその日、10時頃にバイクでイマーム宅を訪問し、昨日の買い物の内容からプーケットの景気、国内政治に至るさまざまなトピックについてひとしきり話した。途中、近所に住むイマームの息子や娘、ムスリムや仏教徒の友人らが入れ替わり立ち替わりやって来ては会話に加わった。2時間ほど続いた会話の後、彼はイマームの妻が作った昼食を、イマームやその場にいた友人らと食べて帰宅した。

こうした日常のレベルに加えて、結婚式や葬式といったライフイベントの場でも宗教間の交流の深さを垣間見ることができる。プーケットの人々は、冠婚葬祭に際して宗教の如何を問わず供宴を開く。先の2地区では主催者とは異なる宗教を信仰する住民も供宴に参加するという。彼らは、主催者にご祝儀や食材を渡したり、料理を食べたりといったかたちで参加する。他方で、主催者のなかには、ハラール料理のように参加者の宗教に配慮した食事を提供する者もいるという。供宴はまた、料理の準備から後片付けまでの一連の過程で、多くの人手が必要になるイベントである。2地区に特徴的なのは、主催者と同宗の者だけでなく、宗教の異なる住民までもが供宴を手伝うことが半ば慣習化されている点だろう。

同様の相互扶助的関係は、宗教行事でも見られる。2地区のモスクは、イスラームの断食月（ラマダーン月）になると日没後の料理をムスリム住民に振る舞う。その際、ほぼ必ず非ムスリムの住民が、料理を作る際に必要な油などの調味料や、米をはじめとする食材を提供するという。また、A地区では、地区内にあるカトリック教会がミサを行う日曜日になると、ヤーミヤ・モスクが、ミサ参列者の駐車場として敷地を開放しているという（イマーム談）。

以上のような宗教の違いを越えた共生関係は、A地区にある3つの宗教施設の代表が古くからの友人関係にあることや、モスクに隣接してキリスト教徒墓地があることなどからも理解できる。

崩れぬ多文化共生への願い

以上、簡単にではあるが、ムスリムに焦点を当ててプーケットの過去と現在を

ヤーミヤ・モスク

見てきた。そこから明らかになったのは、プーケットが多文化共生の島だということである。プーケットには、歴史的に多様な人々と文化が流入し混淆してきた。ムスリムも、その多くが非ムスリムと混住し、これまで日常生活のさまざまな領域で交流してきた。彼らは、ト・セ崇拝に代表される民間信仰を非ムスリムとともに保持する一方、同じムスリムでありながらしばしば異端視されるアフマディアの信者も排除することなく受け入れている。ここからは、プーケットのムスリムが持つ多様性と混淆性、寛容性の高さを見て取ることができるだろう。

しかし、こうした状況は、タイ国内では極めて稀であることもまた事実である。たとえば、プーケットに近い深南部3県（ヤラー、パタニー、ナラティワート県）を見てみよう。マレー系ムスリムが多数派を占める同地では、現在もムスリムによる反政府武装闘争が続いている。そこでは、ムスリムと非ムスリムは分離居住し、日常的な関係は買い物など生活する上で必要最低限のものに限られている。また、同地のムスリムは、民間信仰やアフマディアのような存在を、非イスラーム的な要素を持つがゆえに忌避する傾向にある。

だからこそ、プーケットにおける多文化共生のあり様は、しばしばメディア等で取り上げられるなど注目されてきた。最近では2013年に、先に見たA地区における3つの宗教（イスラーム、キリスト教、中国系宗教）の共生関係を扱ったドキュメンタリー番組がテレビで放送されている。

それでは、プーケットで多文化共生の状況が生まれ、かつそれが現在も見られる要因は何だろうか。長い交流の歴史や寛容性を醸成する風土など、さまざまなものを指摘することができるだろう。しかし、どれも漠然としており明快な解答を示すことは難しい。ただ1つ言えるとすれば、この状況がいつまでも続くとは限らないということだ。現に筆者は、数こそ少ないものの、ト・セ崇拝やアフマディアをあからさまに否定するムスリムや、非ムスリムから嫌がらせを受けたと語るムスリムに出会った。他国同様、タイでも近年、イスラームの教えに従おうとするイスラーム復興やムスリムを敵視するイスラーム・フォビアが広がっている。こうした動きが、上述した宗教的不寛容の発生に深く関わっているのは疑いないだろう。

プーケットのムスリムは、私たちと同じグローバル化の時代を生きている。国内外から大量の情報が押し寄せるなか、また多様な背景を持つ人たちと出会い、交流する機会がひと昔前と比べて格段に増えるなか、彼らがそれらを無視して生活することは極めて難しい。こうした環境の変化が、プーケットにおける多文化共生を維持、深化させる一方、それを壊す可能性も否定できない。先に見た多文化共生のほころびが今後、広がらないことを願っているのは筆者だけではないはずだ。

参考文献

片岡樹、２０１２「土地神が語るエスニシティと歴史：南タイ・プーケットの本頭公崇拝とその周辺」『南方文化 39』
黒田景子、１９９１「タラーン港の破壊：ラーマ1世紀（１７８５～１８０８）シャムにおけるマレー半島北部西海岸交易港群の役割」『南方文化 18』
深見純生、２００１「マラッカ海峡交易世界の変遷」池端雪浦ほか編『岩波講座東南アジア史１ 原史東南アジア世界』岩波書店
深見純生、２００１「海峡の覇者」池端雪浦ほか編『岩波講座東南アジア史２ 東南アジア古代国家の成立と展開』岩波書店
家島彦一、２００１「イスラーム・ネットワークの展開」池端雪浦ほか編『岩波講座東南アジア史３ 東南アジア近世の成立』岩波書店
村川堅太郎訳註、２０１１『エリュトゥラー海案内記』中央公論新社
Anderson D. 1990. *Lang Rongrien Rockshelter: A Pleistocene, Early Holocene Archaeological Site from Krabi, Southwestern Thailand,* The University of Pennsylvania Museum of Archaeology and Anthropology.
Mackay, Colin. 2015. *A History of Phuket and the Surrounding Region,* White Lotus.
Sng, Jeffery & Bisalputra, Pimpraphai. 2015. *A History of the Thai-Chinese,* Editions Didier Millet.
World Travel & Tourism Council. 2017. *Travel & Tourism Economic Impact 2017 Thailand,* World Travel & Tourism Council.

バンコク

首都であり、1782年の遷都以来、タイの政治・経済・教育・文化の中心地。観光名所にもなっている王宮や数多くの寺院が存在する。近代的な建物も多い一方、屋台なども多数あり、両者が入り混じる活気的な雰囲気の街。

人口

約 831 万人

(2010 年国勢調査データ)

民族

タイ人 **91.4%**

ビルマ人 **2.6%**

カンボジア人 **0.9%**

その他 **2.8%**

中国人 **0.9%**

日本人 **0.8%**

ラオス人 **0.6%**

宗教

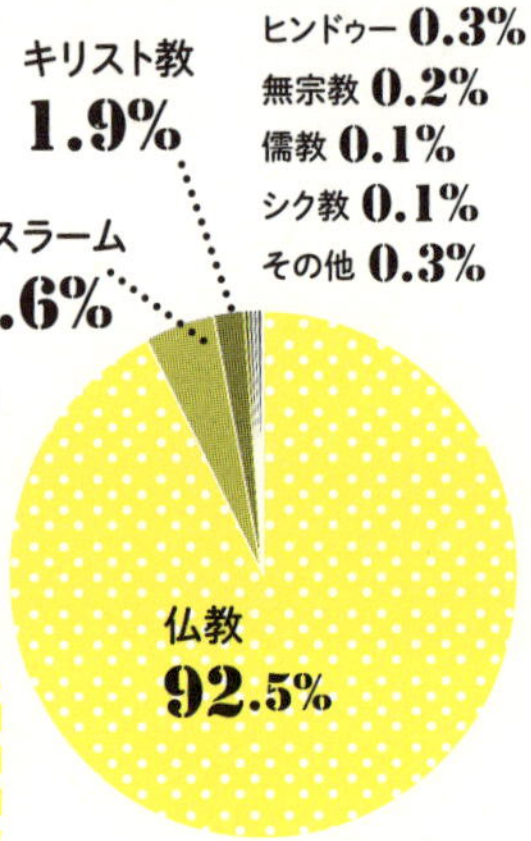

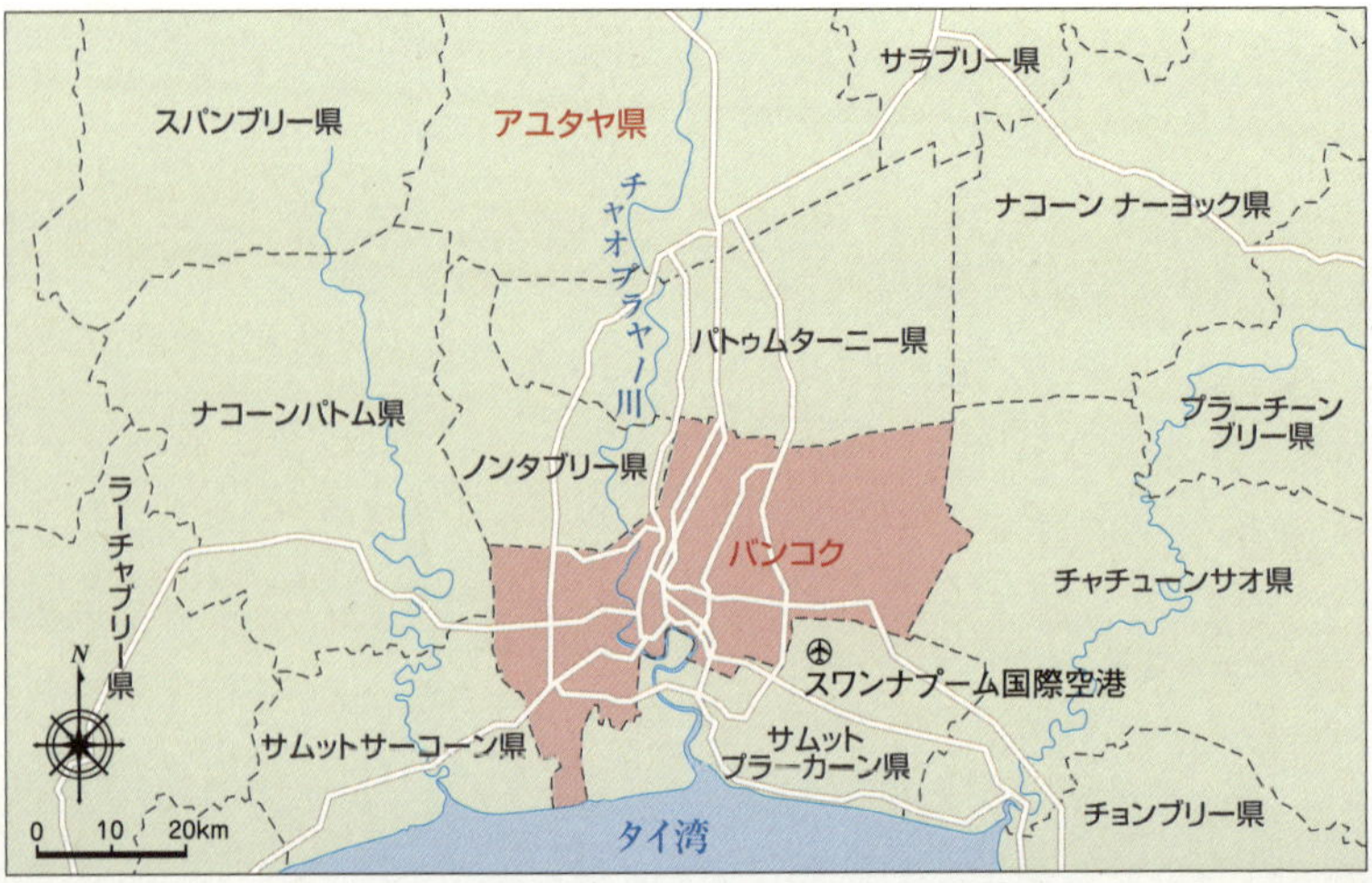

バンコクのイスラームコミュニティの空間と立地

岩城考信・櫻田智恵

仏教徒が人口の圧倒的多数を占めるタイの首都バンコクを歩いたことのある人の中には、おや？　と思うところにモスクを発見するという経験をした人も多いのではないだろうか。また、特に近年になってムスリムが多くなったような感覚を持っている人もいるかもしれない。

しかし、バンコクのムスリムの歴史は古く、彼らは宗教的マイノリティでありながらも、バンコクを構成する重要な集団の一つとして、様々な繋がりを維持・発展させながら暮らしてきた。他宗教との違いや、対立がとりざたされることが多いイスラームだが、バンコクにおいては、そうした括りだけでは見えてこない、共生の歴史を持つ。

ここでは、特にバンコクの旧市街地のムスリムに着目し、彼らの持つ多様な繋がりを、コミュニティの形成や人々の職業などの観点から、概説したい。もう歩き慣れたと思われているかもしれないバンコクの別の面白さを、イスラームコミュニティの空間や立地、そして成り立ちから再発見してみたい。

バンコクのイスラームコミュニティにおける3つの空間

バンコクの都市の歴史は17世紀後半から始まる。アユタヤ王朝のナーラーイ王は、17世紀後半にタイ湾からアユタヤへと至る航路の防御のためにチャオプラヤー川西岸のトンブリーに砲台を設置し、城壁都市を建設した。城外には、ムスリム商人が居住し始め、17世紀末にはバンコク最初のモスク、トンソンモスクが設置された。

1767年にアユタヤはビルマによって陥落し、タークシン王によってトンブリーに新たな都が建設され、アユタヤを逃れた多くのムスリムがトンブリーに移住した。そして1782年に、ラーマ1世王が現在まで続くラッタナーコーシン王朝を興し、チャオプラヤー川東岸のプラナコーンに都を遷した。これが現在のバンコクの原型である。その後、18世紀末から20世紀前半にかけて他の国や地域から主に商人や職人、農民としてムスリムがバンコクに流入した。2017年3月現在、バンコクには登録されているだけで192カ所のモスクがあり、それらを信仰や暮らしの基盤としながら多くのムスリムが居住している。

タイ国家統計局の2010年の国勢調査によれば、バンコクでは、仏教徒が人口の92・5パーセントを占めるマジョリティであり、4・6パーセントほどのムスリムは宗教的なマイノリティである。ゆえにムスリムは宗教を基盤とする独自のコミュニティを形成して、生活を営んできた。バンコクのイスラームコミュニティを構成する空間的な要素としては、モスク、集落、墓地という3つの空間がある。

イスラームではモスクのデザインに規定がないので、バンコクのモスクには、その建設年代や設立した集団の出自に応じて、仏教寺院風、インド風、西洋風、ペルシア風など多様なデザインがある。

集落はムスリムに限らず、人々が集まって住む空間である。ムスリムの場合、イスラーム法において許された、食材や料理であるハラールを食するので、それらを供給する市場や店舗が必要であり、これは集落を形成する大きな要因となる。さらに、モスクや集落の周辺には、墓地が設置されるのが一般的である。

イスラームでは火葬は禁止で、土葬の必要がある。1917年から1939年にかけて、バンコクでは近代的な衛生管理を目指して、墓地や火葬場に関する規制と法整備が行われた。こうして土葬を行うムスリム、クリスチャン、華人の墓地のみならず、火葬と土葬を併用する仏教徒の墓地や火葬場まですべてが登録制になり、設置が厳しく管理されることとなった。言い換えれば、それまではある程度自由に、墓地を設置することができたのである。

2008年にはバンコク都庁によって、増加するムスリムに対応するために、バンコク東部のノーンチョーク区に、バンコク中央墓地が設立された。それ以前は、1930年代までに設立されたイスラームコミュニティの墓地がムスリムに利用されてきたのだが、そこでは土葬のための空間が不足すれば、すでに埋葬されたところに土盛りを行い、その上に埋葬してきた。中には、何度も土盛りを行ったため、周辺から1メートル以上も高くなっている墓地もある。

このようなことから、墓地のあるイスラームコミュニティは、少なくとも1930年代までには成立していたと考えてよいだろう。墓地の有無は、そのままバンコクにおけるイスラームコミュニティの設立年代を判定する指標となるのである。

4種類のイスラームコミュニティ

イスラームコミュニティにおけるモスク、集落、墓地の有無に着目し、それらの組み合わせを見ていくと、そこには次の4つのタイプが見いだせる。

①モスク、集落、墓地のすべてが揃っている「完全型」

1932年の地図に見るイスラームコミュニティ（タイ国軍最高司令部地図局所蔵の地図をもとに作成）

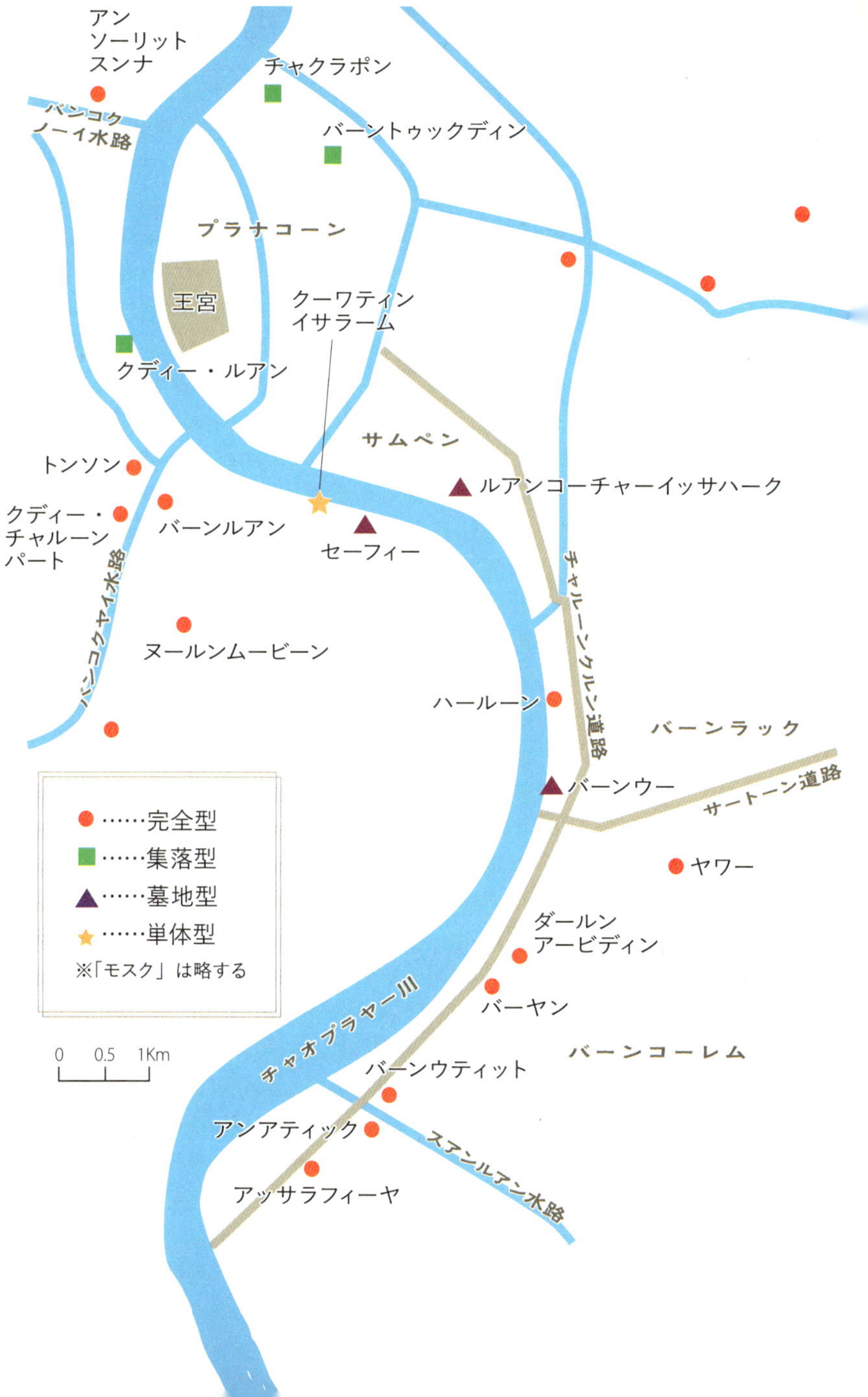
アン
ソーリット
スンナ
チャクラポン
バンコクノーイ水路
バーントゥックディン
プラナコーン
王宮
クーワティン
イサラーム
クディー・ルアン
サムペン
トンソン
ルアンコーチャーイッサハーク
クディー・
チャルーン
パート
バーンルアン
セーフィー
チャルーンクルン道路
バンコクヤイ水路
ヌールンムービーン
ハールーン
バーンラック
バーンウー
サートーン道路
●……完全型
■……集落型
▲……墓地型
★……単体型
※「モスク」は略する
ヤワー
ダールン
アービディン
バーヤン
0 0.5 1Km
チャオプラヤー川
バーンコーレム
バーンウティット
アンアティック
スアンルアン水路
アッサラフィーヤ

②墓地がなくモスクと集落のみの「集落型」
③集落がなく、モスクと墓地のみの「墓地型」
④モスクのみの「単体型」

バンコクのイスラームコミュニティに4つのタイプが存在するのは、それぞれの設立の年代や背景、人々の職業や王権との関係性などが複雑に絡み合ってきた結果である。

まずは前ページの図を見ていただきたい。この1932年のバンコク中心部（旧市街地）を描いた地図を見ると、そこには23カ所のイスラームコミュニティを確認できる。これらの中で1つを除く22カ所が今もある。内訳は完全型が16カ所、集落型が2カ所、墓地型が3カ所、単体型が1カ所である。ちなみに、なくなった1つとは、18世紀末にチャオプラヤー川沿いに設立されたものの、1943年に海軍基地の拡張のために移転したシーア派のモスク、クディー・ルアンとそのコミュニティである。

それではこれらのイスラームコミュニティを、4つのタイプそれぞれについて具体的に見ていこう。

完全型のイスラームコミュニティ

コミュニティの中に、モスク、集落、墓地の3要素を持つ完全型は、そこが幹線水路や道路に面しているか否かで、コミュニティの成立時期や社会階層を読み取ることができる。

王宮からチャオプラヤー川を500メートルほど下ると、そこには南西へと流れる幹線水路、バンコクヤイ水路がある。この幹線水路沿いや、そこにつながる支線水路沿いには、19世紀後半までに形成されたイスラームコミュニティが多くある。その中で、最も古く格式高いモスクは、バンコクヤイ水路沿いにあるスンニ派のトンソンモスクである。

トンソンモスクは、17世紀末のアユタヤ王朝時代に南タイのソンクラーの国主となったペルシア人、スルタン・スライマーンの子孫にあたるチャオプラヤー・ラーチャワンサンセーニーという高位のムスリム官僚によって建設された。その後、1767年のアユタヤ陥落時の戦禍を逃れたムスリムが流入し、コミュニティは拡大した。

ちなみにタイでは、17世紀にムスリムを統括する最高権威としてプラヤー・チュラーラーチャモントリーという官職が置かれた。これは、現在ではチュラーラーチャモントリーとなり、今もムスリムを統括する最高権威として、タイの行政組織に組み込まれている。このモスクの墓地には、現在のラッタナーコーシン王朝で活躍した多くのプラヤー・チュラーラーチャモントリーや5代目プラヤー・チュラーラーチャモントリーの娘でラーマ2世王の側室であるホンが埋葬されている。

トンソンモスクのコミュニティはこれまで、通訳官などの高位の官僚を多数輩出し、王権と強い結びつきを維持してきた。こうしたことから幹線水路沿いという一等地にコミュニティが形成されたと考えられる。

このコミュニティのもう1つの特徴は、スンニ派であるのに、シーア派とも強い結びつきがあることである。ここでは、スンニ派とシーア派が宗派を超えて、墓地を共有し結婚も行われてきた。墓地に埋葬されたプラヤー・チュラーラーチャモントリーも、全員シーア派のムスリムである。墓地を共用するシーア派のクディー・ルアンモスクの宗教指導者（イマーム）によれば、このような慣習には、歴史的な背景があるという。かつてのバンコクには、スンニ派のモスクであるトンソンモスクしか存在しなかった。そこで、シーア派ムスリムは、礼拝時にはトンソンモスクを、また埋葬時にも、その墓地を利用してきたというのである。そして、シーア派ムスリムが18世紀末に独自のモスクと墓地を持った後も、これらの慣習は維持され、現在へと受け継がれている。

幹線水路沿いの完全型の事例をもう1つ見ておこう。王宮からチャオプラヤー川を50メートルほど遡ると、西へと流れる幹線水路、バンコクノーイ水路がある。この水路沿いに、20世紀初頭に建設された洋風のアンソーリットスンナモスクがある。裏には小さな墓地があり、周辺にはムスリムの集落がある。ここは、18世紀末にトンソンモスクから派生したコミュニティであり、19世紀後半以降、現在のシンガポールやマレーシアの辺りからアラブに出自を持つ商人が流入し、拡大した。

ここに住む人々の職業は、現在は多様だが、かつては職人や商人が多かったという。設立こそ古いが有力な官僚を輩出したわけでもないこのコミュニティが、なぜこのような幹線水路沿いの一等地に立地することができたのだろう。このコミュニティは、もともとバンコクノーイ水路を挟んだ対岸に立地していたのだが、19世紀末から20世紀初頭、バンコクノーイ駅の建設が行われることになり、立ち退かざるをえなくなった。そこで、当時のラーマ5世王は対岸の土地を下賜して、モスクを建設、人々を移住させた。こうして、水辺の一等地にモスクが立地することになったのである。

このように、幹線水路や道路沿いに形成されるイスラームコミュニティは、その地区が開発される初期段階で入植したか、もしくは王権と強い結びつきのもとで一等地を入手したと考えられる。

一方、イスラームコミュニティの中には、一等地に立地しないものもある。これらは地区が開発される初期段階に遅れて入植した、あるいは王権との強い結びつきがないものである。今度は完全型の中でも、幹線水路や道路に面さない内陸に形成されたものを見ていこう。

バーンルアンモスクは、バンコクヤイ水路を挟んだトンソンモスクの対岸にある。モスクで配布する冊子によれば、1767年のアユタヤ陥落時の戦禍を逃れたムスリムによって、1782年までには木造のモスクが設置され、18世紀末から19世紀初頭には仏教寺院のようなデザインのレンガ造りのものに建替えられ現在に至っている。

水路沿いには、仏教徒の敷地が並び、その裏の内陸側の路地沿いにモスクとムスリムの集落がある。モスクの裏側には墓地があり、かつてはその周辺に仏教徒が営む果樹園が広がっていた。このコミュニティの人々は、周辺で採れた青果などを売買する商人として、生計を立ててきたという。

バンコクヤイ水路には専用の船着き場があるが、そこから直接モスクを見ることはできない。モスクへは長い路地をたどって行かなければならない。バーンルアンモスクの設立は18世紀後半と古いものの、ムスリムが入植した時期には、すでに水辺には仏教徒の地所

仏教寺院と同様式のバーンルアンモスク

が形成されており、それらを避ける形で、内陸側にこのようなコミュニティが形成されたのだろう。

同様に、内陸側に形成された完全型の事例としては、バンコクの西洋人街として発展してきたバーンラックの中で最も古いハールーンモスクとそのコミュニティがある。このコミュニティは、チャオプラヤー川と19世紀半ばに建設されたチャルーンクルン道路から引き込まれた内陸側の路地沿いに立地している。内陸側の限られた土地にモスク、集落、墓地を持った高密度なコミュニティが形成されている。コミュニティの前に掲げられた銘板によれば、モスクは19世紀前半に現在のインドネシアにあたる地域から来た人々によって設立されたものである。

これまで、バンコクの旧市街地のイスラームコミュニティとしては最も多い、完全型を見てきた。完全型は、１９３０年代までに墓地が形成されていたことに大きな特徴がある。また、バンコクの旧市街地の完全型には、幹線水路や道路に面するものとそうではないものがある。その背景には入植した時期や土地の入手経路が大きく関係している。地区の開発の初期段階で入植できず、また王といった有力者から土地を与えられる等の特別な事情がなければ、幹線水路や道路沿いという一等地にコミュニティを構えることは難しくなるのである。

集落型のイスラームコミュニティ

バンコクの旧市街地における集落型の立地は、王宮のある旧城壁内プラナコーンと、19世紀後半から郊外住宅地としての開発が進んだ西洋人街のバーンラックとに大別することができる。これらの2つの地区にある集落型は、設立の年代や背景が大きく異なる。それぞれを具体的に見ていきたい。

プラナコーンには、チャクラポンモスクとバーントゥックディンモスクの2つのモスクがある。いずれも19世紀前半までに形成されたイスラームコミュニティである。王宮を抱く神聖な領域であるプラナコーンでは、庶民の墓地や火葬場の設置は遷都以来、禁止されてきた。ゆえに、プラナコーンの2つのコミュニティは、古いものだが、墓地はなく城外の別のコミュニティのものを利用している。また、これら2つは、幹線水路や道路に隣接しない、街区の内部に形成されているという共通点もある。例として、チャクラポンモスクのコミュニティについて見ていこう。

チャクラポンモスクのコミュニティは、1830年代に南タイのパタニーの貴金属加工職人などが、戦争時に強制移住させられたことに始まる。コミュニティは、プラナコーン北部の街区の内側にある。道路やかつての幹線水路に面した土地は、王族や官僚の子孫のものだからである。モスクを中心に、街区内の限られた土地の隙間を縫うように、狭小の路地が形成されている。こちらも道路からモスクは見えない。そこにイスラームコミュニティがあることを明示するものは、道路から街区内へと繋がる路地の入り口にあるモスク名を記した看板のみである。このように、道路にコミュニティが隣接しないという構成は、前述したバーンルアンモスクと類似している。このコミュニティでも入植時には、道路や幹線水路沿いは開発が進んでおり、街区内部に残された空地にムスリムが居住したと考えられる。

プラナコーンの2つの集落型はいずれも19世紀前半に成立したものだが、墓地の新設が許されない近年のバンコクに、新たに形成されるイスラームコミュニティの多くも集落型となる。まず、篤志家や資産家の寄付によって土地が確保されたり購入されたりして、モスクが建設される。モスクにはムスリムが集まり、周辺に店舗や住宅が設置され集落が形成されていく。

バーンラックには、このような経緯で、第2次世界大戦後に設立された3つの

チャクラポンモスクへと繋がる路地の入口

モスクがある。パキスタンの人々によって１９５４年に設置されたタイ・パキスタン友好協会のモスク、１９８３年設立のミーラースッットディーンモスク、２００６年にタイ・タミルムスリム協会によって建設されたバンコクモスクである。墓地のないこれらのコミュニティでは、周辺にあるハールーンモスクなどの墓地を利用している。

それらの代表例として、ミーラースッットディーンモスクの歴史を見ていこう。モスク前の銘板には、現在のインドネシアのジャワ島に出自を持つ人々が１９１２年から木造住宅をモスクとして利用しており、その土地と建物を１９８３年にムスリム事業家が買い取り、現在のモスクを新設したと記されている。このモスクのイマームは、２０１７年1月現在、先述したハールーンモスクのコミュニティの出身である。

墓地型のイスラームコミュニティ

墓地型は、バンコクの旧市街地においては調べる限り、３つしかなく、非常に珍しいものである。

墓地型の中で最も古いものは、華人街サムペンに設置されたルアンコーチャーイッサハークモスクである。このモスクは、現在のマレーシア・ケダ州出身の父を持つルアン・コーチャーイッサハークという通訳官僚が、チャオプラヤー川沿いで働く外国人ムスリムのために、19世紀後半に購入した土地に木造のモスクを建設したことに始まる。20世紀初頭にはコンクリート造りのものに建て替えられた。華人街にあるためムスリムの集落は形成されなかったが、モスクの裏にある墓地には、北タイから来たホー族といった華人のムスリムも埋葬されている。

2つ目は、チャオプラヤー川を挟んだサムペンの対岸に設置されたセーフィーモスクである。このモスクは、20世紀初頭に、インド北西部グジャラート州にある都市スラトから来たシーア派ムスリム商人によって建設された。今もグジャラート州からインド人イマームを招聘《しょうへい》し、モスクが運営されている。1932年の古地図を見る限り、このモスク周辺には、大規模な倉庫や邸宅があり、ムスリムが新たに集落を形成するような空地がないことがわかる。そのためであろうか、モスク周辺に小さな墓地はあるものの、ムスリムの集落は形成されていない。数キロ離れたシーア派のモスク、クディー・チャルーンパートの裏側に大規模な墓地を独自に運営している。

3つ目は、現在のインドネシアのジャワ島に出自を持つ人々によって、バーンラックに設立されたバーンウーモスクである。モスク前の銘板は、19世紀後半から遅くとも1910年頃には、設立されていたと記す。隣接して墓地はあるものの、周辺にムスリムの肉屋や食堂が数軒あるだけで、集落はない。周辺に集落を形成する空地は十分になく、また近くにハールーンモスクやヤワーモスクといった、現在のインドネシアにあたる地域に出自を持つ歴史あるコミュニティがすでにあったため、集落は形成されなかったと考えられる。

墓地型の大きな共通点は、19世紀後半から20世紀初頭にモスクが設立されたものであるということである。そして、墓地型では、周辺環境や設立背景によって、集落が形成されなかったのである。

完全型から単体型へ変容するイスラームコミュニティ

旧市街地の単体型は、チャオプラヤー川沿いに立地するクーワティンイサラームモスクだけである。このモスクは、チャオプラヤー川沿いという一等地に立地し、水路から直接、建物を見ることができる。現在、このモスク周辺にムスリムの集落や墓地はない。

クーワティンイサラームモスクは、19世紀前半にバンコクに強制移住させられた南タイの人々と19世紀半ばにインドのスラトより来たムスリムが、最高位の官僚（ソムデットチャオプラヤー・ボーロムマハーピチャイヤート）から彼の倉庫の敷地を与えられ、19世紀後半に設立したものである。

このモスクは、初代が19世紀半ばにスラトより商人として来タイし、今やバンコクの大地主となった、ナーナー家の保護のもと発展してきた。モスクから東に6キロ離れたところに、バンコクの高架鉄道BTSのナーナー駅があるが、この駅名はナーナー家が当地を開発したことに由来する。ナーナー家の4代目には、タイの主要政党である民主党の幹事長や外務副大臣などの要職を歴任した政治家、レック・ナーナー（1924〜2010年）がいる。レック・ナーナーの従兄弟（77歳）の話から一族の歴史を見ていこう。彼は、9歳の時にスラトからバンコクに移住し、10代後半からナーナー家の会社で働いてきた人物である。

ナーナー家は、もともとはクーワティンイサラームモスク周辺に居を構え、商人や官僚を輩出してきた。初代は19世紀半ばに商人としてスラトより来タイしたが、その英語力をかわれ通訳官僚となった。そして、3代目が活躍した20世紀初頭以降、ナーナー家は大きく繁栄した。クーワティンイサラームモスクの東側の土地を購入し、そこに1910年代初頭に、タイから米を輸出し、現在のインドネシア（ジャワ島）のスラバヤから砂糖の輸入を行う貿易会社RBM社（Randery Barah Makan Company Limited）を設立した。この貿易事業と共に、ナーナー家は、王族といった有力者に土地を担保に金を貸し、返済できない場合は質地を

クーワティンイサラームモスク

収用した。こうして集積した土地に、棟割りの店舗併用住宅であるショップハウスなどを開発し、それらを賃貸する不動産事業を行うようになっていった。

クーワティンイサラームモスク周辺には、もともと小さな墓地とナーナー家を中心とするムスリムの集落があった。ただし、周辺の都市開発に伴い墓地は取り壊され、ナーナー家の人々も、第2次世界大戦後にはチャオプラヤー川を渡ったバンコク都市部へと転出したという。

クーワティンイサラームモスクには、もともとは完成型のコミュニティがあった。それが、墓地の取り壊しとムスリムたちの転出によって、現在では単体型へと変化してしまったのである。つまり、バンコク旧市街地において、1930年代までに成立していたムスリムコミュニティには、単体型は存在しなかったのである。

現在、ナーナー家は、内陸へ2キロほど入ったヌールンムービーンモスクの墓地を利用している。いつ頃から、ナーナー家がこのモスクの墓地を利用しているのかはわからないが、前述したレック・ナーナーもこの墓地に埋葬されている。クーワティンイサラームモスクと隣接していたRBM社の跡地は、ナーナー家から王室へと寄付され、1993年からは、ラーマ9世王の王太后の活動を展示した、シーナカリンタラー王太后（ソムデット・ヤー）記念公園へと整備されている。現在、このモスク周辺にナーナー家の痕跡を見つけることは容易ではない。

しかし、ナーナー家の人々は、犠牲祭のような宗教儀礼の時には、クーワティンイサラームモスクを訪れ、祈りを捧げるという。クーワティンイサラームモスクとその周辺の空間は、完全型から単体型へと変化したものの、今もナーナー家の人々はこのモスクを大切に利用し続けているのである。

変化に柔軟に対応するイスラームコミュニティ

これまで見てきたコミュニティのムスリムの主な職業は、官僚や商人、職人であったが、もちろん農業を営む人々もいた。バンコク東部のバーンカピに入植したムスリムは、稲作を行っていたことが知られている。旧市街地においては、サートーン道路以南のバーンコーレムのムスリムが入植以来、果樹園を営んできた。ただし、その職業は、時代と共に移り変わる周辺環境に応じて、柔軟に変化してきた。そこでバーンコーレムのイスラームコミュニティの歴史を見ていこう。

バーンコーレムのチャルーンクルン道路近辺には5つのイスラームコミュニティがある。それら5つは、いずれも完全型である。これまで見てきた完全型では、モスクと墓地が隣接していたのに対して、バーンコーレムではモスクと墓地が隣接していない。モスクと墓地の間には、ムスリムの集落のみならず、仏教徒の住宅も立地している。

なぜ、このようにモスクと墓地の間に、長い距離が形成されたのだろう。1932年の古地図を見ると、モスクや墓地の周りには、果樹園が広がっていたことがわかる。70歳を超える年配の方に聞くと、果樹園ではドリアンなどを栽培していたという。

これまで見てきたイスラームコミュニティの人々の職業に、商人や職人、官僚が多いのは、彼らが他の国や地域からの移住者であったため、入植時期に農業を営むような広い土地を獲得できなかったという経緯があった。一方、バーンコーレムのムスリムは大規模の農地を所有していた。このことは、この地に彼らが比較的早く入植していたことを意味する。そして、人々はモスクと集落をつくり、その外縁に農地を確保しながら、土地にゆとりがあるさらに外側に大きな墓地を設置したと考えられる。

バーンコーレムで最も古いモスクは、アンアティックモスクである。このモスクの歴史は、1785年のビルマとの戦争時に南タイのパタニーなどからバンコクに強制移住させられたムスリムが、この地に入植したことから始まる。

アンアティックモスクは、幹線水路であるチャオプラヤー川から500メートルほど引き込んだ、支線水路であるスアンルアン水路沿いに立地する。その背景としては、18世紀末にはチャオプラヤー川沿いといった一等地はすでに開発がなされていたものの、内陸側にはムスリムが入植し耕作できる広大な空地が残されていたことが考えられる。

多様化するムスリムの職業

その後、バーンコーレムでは、アンアティックモスクに加えて、19世紀末から1910年代に4つのモスクが設立され、コミュニティが形成されていった。続いて、インタビューをもとに、1940年代から60年代の各コミュニティで暮らす人々の職業の多様性について、見ていきたい。

バーンコーレムで最も古いアンアティックモスク以南では、周辺に農地が多く、人々は主に果樹園などを営んでいた。一方、1919年設立のバーンウティットモスク以北では、西洋人との結びつきが強くなる。バーンウティットモスクのコミュニティにも果樹園を営む者がいたが、多くは農地を持っておらず、それゆえ、チャルーンクルン道路を挟んだチャオプラヤー川沿いに19世紀後半に設立されたデンマーク資本のEast Asiatic社など、西洋人の経営する倉庫や工場などで働く者が多かったという。

1910年代初頭に設立された、現在のインドネシア（ジャワ島）に出自を持つバーヤンモスクのコミュニティでは、商人が多かったものの、ここでは、チャルーンクルン道路を挟んだチャオプラヤー川沿いにあるバンコク・プロテスタント墓地で墓守として働く者もいたという。

また、1912年建設のダールンアービディンモスクのコミュニティでは、多くの人が西洋人に雇われ、様々な仕事を行っていた。英語が必須であったので、チャルーンクルン道路を1・5キロほど北上したところにある英語教育で有名なカトリック教会のアサンプション学校で幼少期から英語教育を受ける者もいた。

バーンコーレムでは、果樹園を営むムスリムもいれば、周辺に増加する西洋人のもとで働く者も多かった。こうしてムスリムは、周辺環境の変化に柔軟に対応し、多様な職業に従事するようになっていったのである。

コミュニティから見た柔軟性

バンコクの旧市街地にあるイスラームコミュニティについて、モスク、集落、墓地の3つの要素に着目して、細部にわたって調べていくと、そこに内包された歴史性と周辺環境の変化に応じて出自や宗教を超えて対応する柔軟性が見えてくる。それぞれのイスラームコミュニティの始まりには、マレー人やインド人、といった様々な出自がある。しかし、現在は、コミュニティを超えた通婚が進み、活発な交流が行われている。

現在もコミュニティの外から多くのムスリムがやって来る。アフリカからのビジネスマンや南タイからの観光客がバンコクのモスクに礼拝に来るのを見たこともある。もちろん、コミュニティは同胞として柔軟に受け入れる。それは、異教徒に対しても同様である。

筆者らはこの原稿を執筆するために、40カ所を超えるイスラームコミュニティを訪問してきた。どこに行っても、人々は私たちを歓迎して、様々な歴史や慣習を語ってくれた。わざわざ歴史に詳しい方を呼んで、説明してくれたケースもあった。バンコクのムスリムが持つ、このような高いホスピタリティや柔軟性は、単に宗教に起因するだけではなく、長い歴史の中で熟成され獲得してきたものなのである。

参考文献

Murit Thimaphen（2004）. *Yomroi Surao Kao*（古モスクの回顧）. Bangkok.
Sutdara Sutchaya, Ed.（1999）. *Thonburi*（トンブリー）. Bangkok, Sarakadi.

Suphang Chanthawanit ed. (2016). *Sampheng: Prawattisat Chumchon Chao Chin nai Krungthep*（サムペン：バンコクの華人コミュニティの歴史）. Bangkok, Samnakphim Haeng Chulalongkon Mahawitthayalai: 294-303.

石井米雄、１９７７「タイ国における《イスラームの擁護》についての覚え書」『東南アジア研究』15（3）：347—361頁

石井米雄、１９９９『タイ近世史研究序説』岩波書店

友杉孝、１９９４『図説・バンコク歴史散歩』河出書房新社

5

ミャンマー

MYANMAR

မြန်မာ

ヤンゴン

／

マンダレー

首都	ネーピードー
人口	約5,100万人（2014年9月ミャンマー入国管理・人口省発表）
宗教	仏教約90%、キリスト教、イスラーム等
民族	ビルマ族約70%、その他多くの少数民族
言語	ミャンマー語

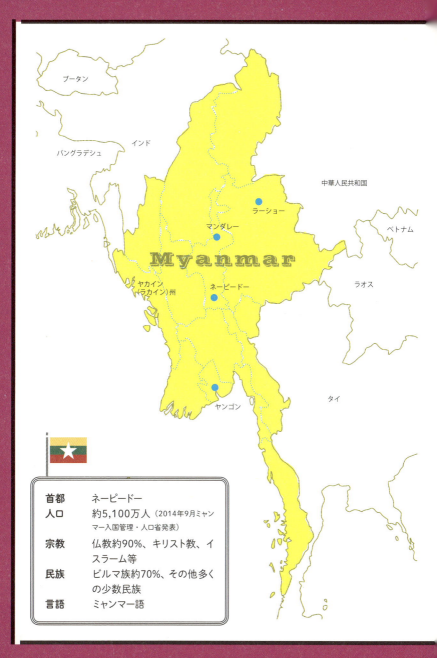

ヤンゴン管区

ミャンマーの旧首都である最大都市ヤンゴン市を含む行政区画。黄金色の仏塔シュエダゴン・パゴダは多くの参拝客を惹きつける。ダウンタウンにはイギリス植民地時代の面影が残る建物も見られ、近年はビジネスや観光で訪れる人も急増している。

人口

約 736 万人

（2014 年国勢調査）

民族

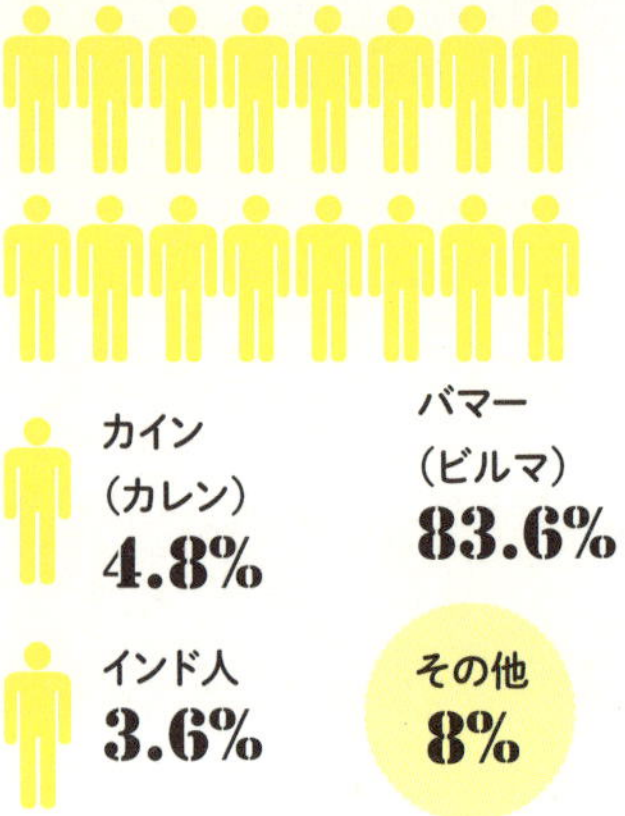

（1983 年国勢調査）

宗教

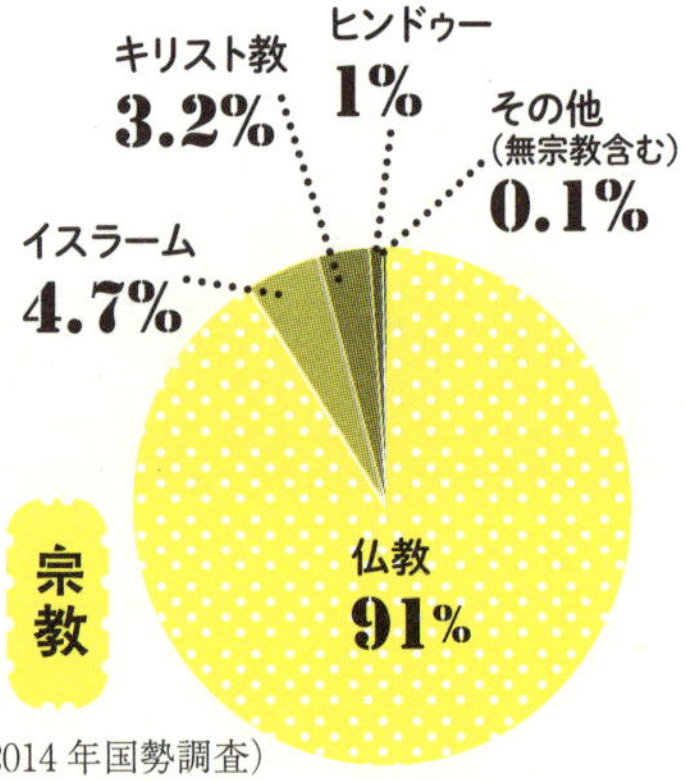

（2014 年国勢調査）

ミャンマーのムスリムコミュニティ

斎藤紋子

長期にわたる軍政を終え、民政に移管されたミャンマーは、「アジア最後のフロンティア」として世界中から注目を浴びることになった。厳しく規制されていた中古車の輸入が解禁され、最大都市ヤンゴンには日本の中古車があっという間に溢れ、これまで経験したことのない渋滞が発生するようになった。まだまだ多くの発展の余地を残しているが、これまでほとんど変化のなかった街並みは大きく変化しつつある。

その一方で、少し郊外に出れば今までのミャンマーがそこにある。ゆったりとした時間が流れ、金色のパゴダ（仏塔）に仏教徒が参拝し、早朝には僧侶が托鉢にまわっている。世界遺産に認定されたピュー遺跡や、仏教三大遺跡と呼ばれるバガンなど、観光資源も豊富である。隣国タイと並んで、仏教遺跡やパゴダといった仏教関連の印象も強いミャンマーであるが、ここでは、仏教徒が多数を占める社会におけるマイノリティとしてのムスリムに焦点をあて、ムスリムの人々がどのような状況に置かれているのか、ムスリムコミュニティはどのような活動をしているのか、そしてあまり知られていないミャンマーに暮らすムスリムの日常生活の一端を明らかにしたい。

本題に入る前に、まず、ミャンマーにはどのくらいのムスリムが暮らしているのかを見たい。２０１４年には31年ぶりとなる国勢調査が行われ、ミャンマーにおける宗教別統計は２０１６年に公開された。推計値含むミャンマー全人口５１４８万６２５３人のうち仏教徒は87・９％であり圧倒的多数を占める。一方でムスリムの割合はキリスト教徒の６・２％に次ぐ４・３％であった。しかもヤカイン（ラカイン）州での推計人口はほとんどがムスリムと推測されており、ヤカイン州の推計人口を除けば、ムスリムの割合は全人口の２・３％に過ぎない。

現在ミャンマーに暮らすムスリムの多くは、植民地時代に英領インド各地から流入した移民の子孫や、移民とミャンマー土着民族との間に生まれた人たちである。また、植民地時代の移民の数と比較すれば少数であるが、ミャンマー王朝時代に商人等として移住した、あるいは兵士、戦争捕虜として、南アジア、西アジア、中央アジアほか各地からやってきたムスリムも存在する。このように、王朝時代、植民地時代の移民とその子孫を中心とした人々が全ムスリムの９割強を占め、残りの１割弱は、政府公認土着民族であるカマン（ヤカイン州居住）、政府公認ではないが、通常パンデーと呼ばれる中国系ムスリム、パシューと呼ばれるマレー系ムスリム、そして土着民族からの改宗者で構成される。前述した９割強のムスリムのうちおおよそ半数はヤカイン州に暮らす自称「ロヒンギャ」、政府がベンガル人と分類するムスリムである。残りの半数はミャンマー各地に暮らしている。ここでは後者のミャンマー各地に暮らすムスリム、中でもヤンゴン市とマンダレー市のムスリムを中心に見ていきたい。

ムスリムの日常

日本からの観光客はおそらく、ミャンマー旅行でパゴダや仏教遺跡の観光はするかもしれないが、モスクは目にしても素通りだろう。仕事で滞在する日本人も増えてきたが、多くの人は仏教徒との関わりが多く、仏教関係の行事は体験したことがあるかもしれない。だが、ムスリムの友人や知人がたくさんいるという人は少数だろう。ミャンマーに住む多くの仏教徒でさえも、ムスリムのことを知っているようでよく知らないのが実情である。ここではミャンマー都市部のムスリムコミュニティでの日常を少しだけ紹介したい。

ミャンマー最大都市ヤンゴンのダウンタウンからそれほど遠くない、ある住宅地には、ミャンマー都市部では平均的な生活を営んでいる人たちが多く住んでいる。以前は木造の小さな住宅が多かったが、最近はアパートに建て直しているところもあって、人口も増えているようだ。大きな通りに近い場所には仏教徒も多いが、通りから奥に進んでいくとムスリムが多く居住している。僧院もあるが、その近くにはNモスクもある。近くには雑貨屋があり、普通の日用品や雑貨とともに、イスラーム暦の入ったカレンダー、ヒジャブ、お祈り用の敷物など、ムスリムには欠くことのできないさまざまな用品も売っている。

午後4時頃、学校から帰ってきた子どもたちが外で遊びだす。ミャンマーでは子どもたちは5歳になると小学校に通い始める。多くのムスリムの子どもたちも同様に公立の小学校に通う。学年が上がると放課後は塾に通う子どもも増えるが、小さな子どもたちの多くは夕方からコーラン学習のために、居住地区に設けられているイスラーム学校（アラビア語学校と呼ぶ）に通う。地域によってはモスクの中にイスラーム学校が併設されている。

イスラーム学校に通う子どもたちは、決まった服装を指定されているわけではないが、男の子は帽子、女の子はヒジャブをかぶっていることが多い。勉強用のコーランを入れた肩掛けカバンをもっているが、カバンを背負ったときにコーランがおしりにぶつからないよう、通常よりひもを短くして肩ではなく首にかけている子が多い。

最近の反ムスリム運動（後述、および次稿（P186～／石川著）参照）で、近隣のイスラーム

モスク内のイスラーム学校

学校が閉鎖されている影響もあり、Nモスク併設のイスラーム学校には、この地区に住んでいる子どもたちだけでなく、近隣からも通ってくるという。2017年初頭には合計800人ほどの子どもたちが通っていた。イスラーム学校は、夕方5時頃から始まり、7時半~8時すぎごろまで子どもたちにコーランについて教えている。小さい子どもたちや女子生徒の場合は7時半少し前くらいから親や家族が続々と迎えに来る。多くの子どもたちがいるので、低学年の子どもたちから順に授業を終わらせて、全員が一度に帰宅という形にならないようにしている。一度に帰ると人数も多く、夜に多くのムスリムが集まっているる、と仏教徒から不審な目で見られることを避けるためでもあるという。最近は車も多いので、先生たちも道路に出て、車の邪魔にならないように端に寄って歩くよう、また早く帰宅するよう指導している。

モスクと礼拝

先に述べたNモスクは160年ほど前に建てられたという。つまり、1850年代、ヤンゴンがイギリスの植民地になった後、ほどなくして建てられたということになる。建物自体は建て直されているので昔の面影はないが、ヤンゴンにあるモスクは、多くが1850

年代後半、ヤンゴンが英領植民地となった後から1948年の独立までの間に設置されたものである。宗教施設の建設、修理は基本的にはすべて政府に申請しなければならず、仏教施設以外の新設は実際のところほとんど認められていない。

モスクの新設が認められていないとはいえ、ムスリムは1日5回、可能ならばモスクで、できなければ自宅や職場での礼拝が義務とされている。開発によってアパートが建ち、住民が増えて、元々あったモスクでは人を収容しきれないという状況が、特にヤンゴン市内で多く見られるようになっている。

こうした状況に対し、ムスリムの側では、特に金曜日の集団礼拝の際には、個人の家などで集まって礼拝をするという対策をとっていた。しかし、これも前軍事政権の時代から現在に至るまで、常にではないにせよ、「集団礼拝をモスク以外の場所で行ってはならない」という理由で取り締まりの対象となることがある。信仰の自由は憲法で保障されているとはいえ、実情はこの通りである。

ところで、ミャンマーにおいては金曜日の礼拝に女性が参加できるモスクは限定されている。これは植民地時代に当時の英領インドから移り住んできたムスリムの影響が今も残っているためだという。つまり、当時も女性の金曜礼拝は奨励していなかった。現在、ヤンゴン市内で女性が金曜日の礼拝に行くことのできるモスクは10カ所前後あり、そのうちのひとつが観光地としても有名なシュエダゴン・パゴダ近くにあるザファルシャー・モスクである。モスクは通称「ザファルシャー」と呼ばれているが、ここはインド最後のムガル皇帝「バハードゥル・シャー・ザファル」が埋葬されているお墓（廟）となっている。バハードゥル・シャー・ザファルがイギリスによって追放されてヤンゴンに到着したのが1858年、その後、1862年11月7日に亡くなった後この地に埋葬された。

モスクでの女性の礼拝に話を戻すと、ヤンゴン市、マンダレー市ともに女性が礼拝できるモスクは少ない。女性も礼拝をすべきと考えるムスリム女性も、「実際には時間がとれなくて、モスクに行って祈る機会はかなり少ない」と話していたので、この状況も女性が礼拝可能なモスクが増えない理由のひとつかもしれない。

ムスリムの服装

モスクでの礼拝の際、女性は顔だけを出した全身を覆うブルカを身に着ける人が多い。しかし、ミャンマーに暮らすムスリム女性の服装は、通常の生活ではさまざまである。頭部を覆うヒジャブを着用している女性、少数ではあるが全身を覆うブルカを身に着ける女性、さらに少数だが目の部分以外は全身を覆

ザファルシャー・モスクの内部。バハードゥル・シャー・ザファルの墓

うニカブを身に着ける女性、また、多くのミャンマー国民と同じような服装の女性もいる。男性も、帽子をかぶっている人、ひげを生やした人、白色の長い上着を着た人、というように特徴的な人もいるが、ひげも生やさず、シャツとズボンまたはロンジーという腰巻を身に着け、宗教的な要素はどこにも見あたらない格好の人もいる。そのため、男女とも、服装だけでムスリムとわかる場合もあるが、服装を見てムスリムかどうか完全に見分けることはできない。

最近は、ヒジャブを身に着ける女性が増えてきたが、これについては最近のファッション事情も関わっているのではないかと思われるところもある。2011年の民主化前から経済は徐々に市場経済に移行し、さまざまな商品が海外から入っていたが、民主化以降はそれが顕著である。ミャンマー人女性のファッションも元々カラフルではあるが、そこに輸入品の衣服が加わり、また伝統衣装もさまざまな工夫が凝らされるようになってきている。その延長かどうかは定かではないが、ヒジャブも以前より刺繍が多く入っていたり、ビーズやスパンコールがちりばめられていたりで、以前よりおしゃれになっているようにも見える。

反ムスリム運動の活発化とその背景

ミャンマーが民政移管されて約1年後の2012年6月初め、ヤカイン州に暮らすヤカイン族の人たちと、ロヒンギャを自称するムスリムの間で衝突が起こった。そして、それをきっかけに全国的な反ムスリム運動が始まっていく。だが、これだけでは、なぜ突然、反ムスリム運動が発生したのかということがはっきりしない。反ムスリム運動の背景を考えるには、植民地時代までさかのぼる必要がある。

ミャンマーに暮らすムスリムの多くは植民地時代の移民とその子孫だと先に述べたが、ミャンマーは1824～26年、1852年、1885年の3度のイギリス・ビルマ戦争を経て「英領インド・ビルマ州（～1937）」「英領ビルマ（1937～1942、1945～1948）」としてイギリスの植民地下に置かれた。植民地時代後半になると、イギリス統治に対するさまざまな不満が高まり、特に植民地政庁が置かれていたヤンゴンでは、不満は外国人、特にヤンゴン人口の半数以上を占めていたインドからの移民に向けられた。反インド人暴動は1930年と1938年に発生しているが、1938年の暴動は反インド人というより、実際には反ムスリム暴動であった。ただ、政府の暴動調査委員会報告書等でムスリムに問題があると指摘されているのは結婚に関してのみであり、それ以外の暴動の要因はインドからの移民全体、特にインド人の人口増加による仕事争奪にあるとしている。

結婚についても「正妻となるにはイスラームに改宗しなければならない」という点を除き、具体的にイスラームが問題であると言及されているわけではない。しかし、この「改宗」と、「正妻でないことが後から判明する」、といったことは1950年代以降、前軍事政権時代まで繰り返し印刷されてきた、未検閲の非正規出版物に描かれる「悪いムスリム」のイメージとほぼ重なっている。つまり「悪者」としてのムスリム像の再生産に長期にわたって利用されてきたのである。スマートフォンの普及が進み言論の自由が生まれた近年においては、「悪いムスリム」が描かれたこれらの文章は、ウェブサイト上でいつでも誰でも読める状態になっている。

「悪いムスリム」の描き方はさまざまである。ムスリムの男性とビルマ族（あるいは土着民族）の仏教徒女性（色白で美しい）との結婚で女性側が無理やり改宗させられる、正妻になれず召使のような扱いを受ける、あるいは仏教徒女性が事件に巻き込まれて暴行されるといった小説風のものが典型例である。これ以外には、ムスリムがミャンマーに入り込むことを推奨している証拠として、ムスリムの経済的・社会的団結、仏教徒女性と結婚することで女性の地位や学歴に応じた報奨金が支払われている、などといったことが書かれている。そして、こうした「悪いムスリム」が結婚で仏教徒女性を改宗させ、ムスリムの子どもを増やし、最終的には仏教国ミャンマーを呑み込む計画を実行しているのだとして恐怖を煽《あお》り、反ムスリム感情を一層かきたてようとしている。

これら反ムスリム感情を煽るような内容の書物が、実際にどの程度ミャンマーの人々の間に浸透してきたかは、なかなか証明できるものではない。それでも、軍事政権時代の厳しい検閲制度の中、未検閲のまま流通し、ほぼ同じ内容が繰り返し印刷されてきたことを考えれば、植民地時代からの不満と、すべてが真実でないにせよ実際の体験談が混ざり合い、反ムスリム感情が国民に浸透していったと考えられる。

現代の反イスラーム運動

2012年6月に始まったヤカイン州での暴動をきっかけに、ミャンマーではそれまであまり表面化することのなかった反ムスリム感情が急激に拡大した。ヤカイン州の暴動は、2012年5月末、ヤカインの女性がベンガル人ムスリム（自称「ロヒンギャ」だが、ミャンマー政府はこの自称を認めず「ベンガル人」との立場をとる）の男性3人に暴行され殺害された事件が発端である。この暴動の背景には、民族間対立、あるいはバングラデシュからの不法移民問題があると言われたが、その後も対立はなかなか終息せず、2017年8月末にARSA（アラカンロヒンギャ救世軍）を名乗る過激派が襲撃を開始し、ミャンマー警察隊や国軍が反撃したことで50万とも60万ともいわれる避難民が国境を越えてバングラデシュ側に到着していることは、さまざまな報道で扱われている通りである。

ヤカイン州で発生した断続的な暴動や、2015年に発生した船上難民問題、そして2017年の大量の避難民流出といった出来事は、これまでヤカイン州以外ではあまり意識されることのなかった「ロヒンギャ」を自称する「ベンガル人ムスリム」がこの地域に多数居住している、ということを多くのミャンマー国民に改めて自覚させるきっかけとなった。また、ヤカイン州内の問題は、ヤカインの人々が仏教徒であり、ベンガル人はムスリムであったため、実際のところ宗教的側面が無関係であるはずはなく、先に見たような潜在的な反ムスリム感情と容易に結びつくことは想像にかたくない。

こうして、さまざまな要因が重なり、統計上ではほんの数パーセントであるにもかかわらず、国内には「多くの」ムスリムが暮らしているとミャンマー国民が認識することとなる。この状況に加え、民政移管の恩恵でもある出版物に対する検閲廃止や規制解除等によって、またインターネット回線の接続環境が向上し、スマートフォンが急速に普及したことも、反ムスリム感情の表面化、過激化に拍車をかけた。こうして、「反ムスリム」という動きがミャンマー各地で徐々に強まっていき、2013年3月、ミャンマー中部メイティーラ市での小さな喧嘩を発端とした大規模な反ムスリム暴動につながった。

反ムスリム暴動という形で最初に発生したのはこの2013年3月のものであるが、これ以外にも2016年まで暴動は複数回発生し、小競り合いまで入れ、報道されていない件も含めればかなりの数になる。

例えば、2013年2月下旬には、ヤンゴン市ターケータ区で修理中のイスラーム学校をめぐって小競り合いが発生した。この時は、「元の形を変えずに」修理する許可を得ていたにもかかわらず、建物補強のため元は使っていなかったコンクリートを使用したことと、屋根の高さを1・2メートルほど高くしてしまったことを見とがめられたという。本来であれば許可を出した役所が注意をすればいいだけの話だが、外部から来た人が騒ぎを大きくしたようだ。3月中旬には、近いうちにヤンゴン市内のどこかで同様な騒ぎが起こるという噂が出ており、何か情報があるか、とモスクに役人が来て尋ねていたという。しかし、実際に暴動が発生したのは3月20〜22日、メイティーラ市であった。金のアクセサリーの質入れをめぐって質店主のムスリムと客の仏教徒がもめ、その騒ぎを聞いて人々が集まり始め暴動となった。僧侶が殺されたことでさらに勢いは拡大し、死者40名以上、放火により焼け出された人々は1万人を超えた。

その後シャン州ラーショー市、および翌年にはマンダレー市内でも騒動が発生しており、状況は次稿（P186～／石川著）に書かれている通りである。

ここではすべての暴動を詳細に見ることはしないが、これらの暴動等は、宗教が絡んでいなければ大騒ぎにはならないかもしれないようなものも多い。また、2017年に入るとイスラーム関連の式典に対する妨害、あるいはモスク以外の場所で開いていたイスラーム学校が「許可がない」という理由で急に閉鎖に追い込まれる、というような事件も起きている。

一連の流れを見ると、ミャンマー国内の人たちはすべて反ムスリム運動に参加しているように感じるかもしれないが、実際にはそうではない。積極的に反ムスリム運動に関わっているのはどういった人たちで、どのような活動をしているのだろうか。

行き過ぎた仏教保護

反ムスリム運動においてたびたび目にするのは、『TIME』誌2013年7月号で「仏教徒テロの顔」として表紙を飾った仏教僧侶ウィラトゥ師（アシン・ウィラトゥ）である。201

2年末頃までにはウィラトゥという名前はムスリムへの調査でも耳にするようになり、2013年2月下旬ごろには「969」という3桁の数字もすっかり浸透してしまった。「969」という数字は、仏教における三宝（仏・法・僧）を表しており、それぞれの数字は、仏陀の9徳、法の6徳、僧伽の9徳のことで、仏教徒にとって高貴な素晴らしい数字だという。最近ではあまり耳にしなくなったが、「969」といえば仏教振興というよりは反ムスリム運動のイメージが強かった。この数字は、ミャンマーや南アジアでムスリムが使用している786という数字（アラビア語での「慈愛あまねくアッラーの御名によって」を数字に置き換えたもの）にも似た仏教のシンボルとされ、仏教旗を背景にビルマ数字の969をデザインしたステッカーが969運動支持者によってヤンゴンやマンダレーの市内で配布されていた。このステッカーを店舗の目につくところに貼り、仏教徒はムスリムの経営する店舗ではなく仏教徒の経営する店舗で食事や買い物をするよう促していた。また、同じデザインのついた僧侶の説法DVDやCDも配布されていた。

僧侶の説法は、自分たちの民族、言語、宗教（仏教）の保護を説いたものだとされる。しかし、実際の説法の内容は、「イスラームは、もともと仏教の繁栄していたインドネシア、マレーシア、パキスタン、アフガニスタンなどの国々に入っていき、イスラーム国家に変えてきたのであるから、ミャンマーも今後心配である」「ムスリムは妻を4人娶《めと》って子どもをどんどん産み、ミャンマーをイスラームで呑み込もうとしている」といったもので、「こうした状況から仏教と仏教徒を守らねばならない」としている。僧侶の説法はDVD、CDのみならず、僧院はもとより、住宅地にある広場などで行われることもある。また同様の内容は、こうした活動を支持する人たちのフェイスブック等を介して多くの人が目にしている。結婚での強制的な改宗は一部ではあるが実際に発生しており、すべてが嘘ではないが、ムスリムと結婚してひどい目にあわされたという仏教徒女性を救い出したと言って、その女性にいかにひどかったかを語らせるなど、行き過ぎの面があることも否めない。

また、高僧を中心に「民族宗教保護協会」（ビルマ語略称マバタ）が設立され、仏教徒を保護するための法律草案が出され、実際に2015年には4つの法律が連邦議会で認められた。マバタに加わっているウィラトゥ師はフェイスブックを使って反ムスリム運動につながるさまざまな情報を発信している。過激な発言ゆえに、2017年3月、ウィラトゥ師は国家サンガ大長老会議から1年間の説法禁止を言い渡されるが、説法会では口にテープでバツ印を貼り付け、過去の自分の説法をCDで流すという行動に出るなど、活動の勢いは衰えていない。また、2017年5月下旬、国家サンガ大長老会議はマバタの名前を使用するなという命令を出した。しかし、マバタは実際には活動を継続しており、また、僧侶が関わらない一般の人々の愛国者団体も結成されている。今後も仏教急進派の動きに気を付けていかねばならないであろう。

共生のための試み

反ムスリム運動や暴動は、これまでに長期間にわたって存在していた反ムスリム感情が表面化し、民主化の進展に伴い検閲、集会などの統制が解除されたことによって、いっそう拍車がかかったと言える。しかし、ミャンマーに暮らすムスリムはここ数年で移住してきたわけではなく、仏教徒と交流のないような隔離された場所に住んでいるわけでもない。最初に見たように、ムスリムが比較的多く暮らす地区はあるが、近隣には僧院があり仏教徒も住んでいるという場合がほとんどである。子どもたちは夕方からコーランを学びに行くが、昼間は公立の学校に通っている。さまざまな形で反ムスリム運動は継続しているものの、「自分の住んでいる地域では仏教徒とうまくいっている」、「外部から騒ぎを起こそうとして入ってくる人がいると、近所の仏教徒が集まって追い払ってくれる」といった話も耳にする。民主化の進展によって反ムスリム運動が可能となり、反ムスリム感情にも拍車がかかった一方で、多様な人々が共生するための、多宗教間対話や平和集会などの活動も可能となり、こうした活動に関わる人もいることを見逃してはならない。仏教徒とはいえ、前述したような行き過ぎた仏教保護や愛国主義的活動とは一線を画す人も少なくない。軍政時代には厳しい制限のあった組織活動だが、民主化以降は問題なく行えることが多くなり、活動の内容も幅が広がっている。

イスラーム団体による宗教間の相互理解を推進する活動としては、宗教施設見学・勉強会といったことも行われている。モスクには武器が隠されているといった情報がフェイスブック等を介して写真付きで頻繁に出回った時期もある。そのため、「化学薬品が置いてある、武器がある、よからぬことを企んでムスリムが集まっている」とされたモスクを実際に見てもらって疑いを晴らそうという動きが出てきたのである。

反ムスリム運動等の状況を考えれば、平和集会や相互理解活動を最も必要としているのはムスリムであるが、だからといって常にムスリムが先頭に立って活動しているわけではない。政府主導で組織した多宗教間平和団体といったものもある。2017年の雨季明けには、政府与党である国民民主連盟(NLD)が主催して平和集会が各地で開かれ、各宗教、各民族、その他さまざまな団体を招待して平和への祈りをささげた。このように、多様な人々が共に生きていくための試みも増加している。ここではある組織の具体的な活動を見てみたい。

ヤンゴン市に本拠地を構えるHIV・エイズに関するミャンマー宗教間ネットワーク(略

称MINA）という組織は、HIV・エイズの予防啓発、差別撤廃、看護と治療を目的とし、ミャンマーの四大宗教である仏教、キリスト教、イスラーム、ヒンドゥーの組織が集まり2009年11月に活動を開始している。4つの宗教が集まって活動しているので、各宗教の教えに基づいた形でHIV・エイズへの対応が可能となるほか、このことは結果的に多宗教間での相互理解活動などの際に、わざわざ各宗教での協力者を探すことなく対応が可能になった。現在、組織の使命は「各人が信仰するさまざまな宗教間での親睦を深め、相互に尊敬し、相互に理解し合うこと、および人々が人生を送る時にはともに手を取り合って協力していくこと」となっている。

MINAの実際の活動内容において非常に興味深いもののひとつに、4つの宗教の主要行事各1つを、その行事に関わる宗教とは別の宗教施設で開催し、その行事について説明して相互理解を図るというものがある。例えば、イスラームの犠牲祭をキリスト教会敷地内で行い、犠牲祭について参加者に説明する、という試みである。2014年からすでに3回（1年につき4回の行事を3年）行っている。行事を実施する宗教施設になじみのある人（前述の例でいえばムスリムではなくクリスチャン）の方が参加者としては比較的多いので、行事を説明して意味を理解してもらうことは有効であるそうだ。ただ平和への祈りをささげる、というのではなく、宗教行事を通して宗教を知ってもらう、その際に自身の宗教施設以外で行う、というのは斬新なアイディアである。

こうした方法で反発は出ないのかと聞いたところ、仏教行事の際に僧侶に供物をささげるのは少し抵抗がある、という意見が出たこともあるという。その時には、僧侶に供物をささげるという宗教的行事ではあるが、信仰心からのものではなく、人として仏教を理解するためにやるのだ、と説明して納得してもらったそうである。また、ここ数年の仏教徒急進派の動きもあったので、イスラームの施設（モスクではない）で僧侶に袈裟を寄付し食事をささげることを区の役人に届け出たら「本当にやるのか」と驚かれ、当日役人が1人見学（監視）に来たという。MINAはこの宗教行事以外に宗教施設見学なども実施している。「HIV・エイズ関連の活動ももちろんだが、現在のミャンマーでは自分たちのような組織が率先して相互理解を深める活動をすべきと考えている」と責任者の1人は語っていた。こうした新しい相互理解の試みが少しずつでも広がっていけば、現在の状況も変化していくだろう。

望まれる相互理解

ミャンマーのムスリムは全人口のうち数パーセントにすぎない。仏教徒から隔離されて暮らしているわけではなく、お互いに混じり合って生活している。ムスリムコミュニティの日常に着目すると、仏教徒とは異なる生活も垣間見ることができる。モスクの数は決して少ないわけではないが、住民が増加している住宅街においては収容人員不足、あるいは新設が認められないなどで不自由も感じている。

ミャンマー社会に溶け込んでいるようであっても、宗教的マイノリティであるムスリムは、反ムスリム運動の影響を大きく受けている。一方で、仏教徒を中心とする国民が全員反ムスリムということではなく、多宗教間での相互理解を深める活動などに協力的な各宗教関係者、一般の人々も存在し、斬新な相互理解方法を用いている組織も見られる。

今回はミャンマーのムスリムのおおよそ半数を占める人々を扱ったが、残りのほぼ半数にあたるヤカイン州に暮らすベンガル人ムスリム（自称ロヒンギャ）についても、避難民の帰還や国籍問題も含め、今後解決していかねばならない問題が山積みである。反ムスリム運動が継続している現在の状況は、急激な民主化による混乱、政治的な権力争い、民族問題なども含め、簡単に解決できそうにはない。とはいえ、今後、共存にむけてどうすべきか、少しずつでも理解し合うことが非常に重要になってくるのではないだろうか。

参考文献

Department of Population [DP]. Ministry of Labour, Immigration and Population. 2016. *The 2014 Myanmar Population and Housing Census, The Union Report : Religion, Census Report Volume 2-C.* Nay Pyi Taw. http://myanmar.unfpa.org/sites/default/files/pub-pdf/UNION_2-C_religion_EN_0.pdf

The Final Report. 1939. *The Final Report of the Riot Inquiry Committee.* Rangoon: Supdt., Govt. Printing and Stationery.

藏本龍介、2016「ミャンマーにおける宗教対立の行方—上座仏教僧の活動に注目して—」国際宗教研究所編『現代宗教2016：対立と融和』国際宗教研究所 99—117頁

斎藤紋子、2010『ミャンマーの土着ムスリム：仏教徒社会に生きるマイノリティの歴史と現在』風響社

——2012「ミャンマーにおける『バマー・ムスリム』概念の形成：1930年代ナショナリズム高揚期を中心として」『東南アジア：歴史と文化』41 5—29頁

——2014「ミャンマーにおける反ムスリム暴動の背景」（特集 ミャンマー改革の3年：テインセイン政権の中間評価（1））『アジ研ワールド・トレンド』（220）22—25頁

——2015「第7章 ミャンマー社会におけるムスリム：民主化による期待と現状」工藤年博編『ポスト軍政のミャンマー：改革の実像』アジ研選書39 アジア経済研究所 183—204頁

土佐桂子、2016「仏教徒とイスラーム教徒の共存の可能性」阿曽村邦昭・奥平龍二編『ミャンマー：国家と民族』古今書院、578—594頁

マンダレー管区

首都ネーピードーの北部、国の中心に位置する行政区画。管区の中心都市であるマンダレー市には最後の王朝の首都があり、現在でもヤンゴンに次ぐ、国内第二位の人口を誇る。遺跡や伝統芸能に囲まれた古都でもある。

人口

約 617 万人
（2014 年国勢調査）

民族

バマー（ビルマ）**95.2%**

シャン **1.1%**

バマーと外国人混血 **0.9%**

その他 **1.3%**

カチン **0.5%**
インド人 **0.5%**
ネパール人 **0.5%**

（1983年国勢調査）

宗教

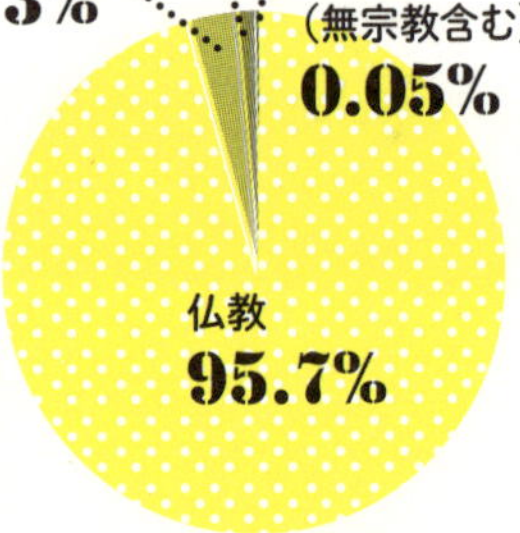

キリスト教 **1.05%**
ヒンドゥー **0.2%**
イスラーム **3%**
その他（無宗教含む）**0.05%**
仏教 **95.7%**

（2014年国勢調査）

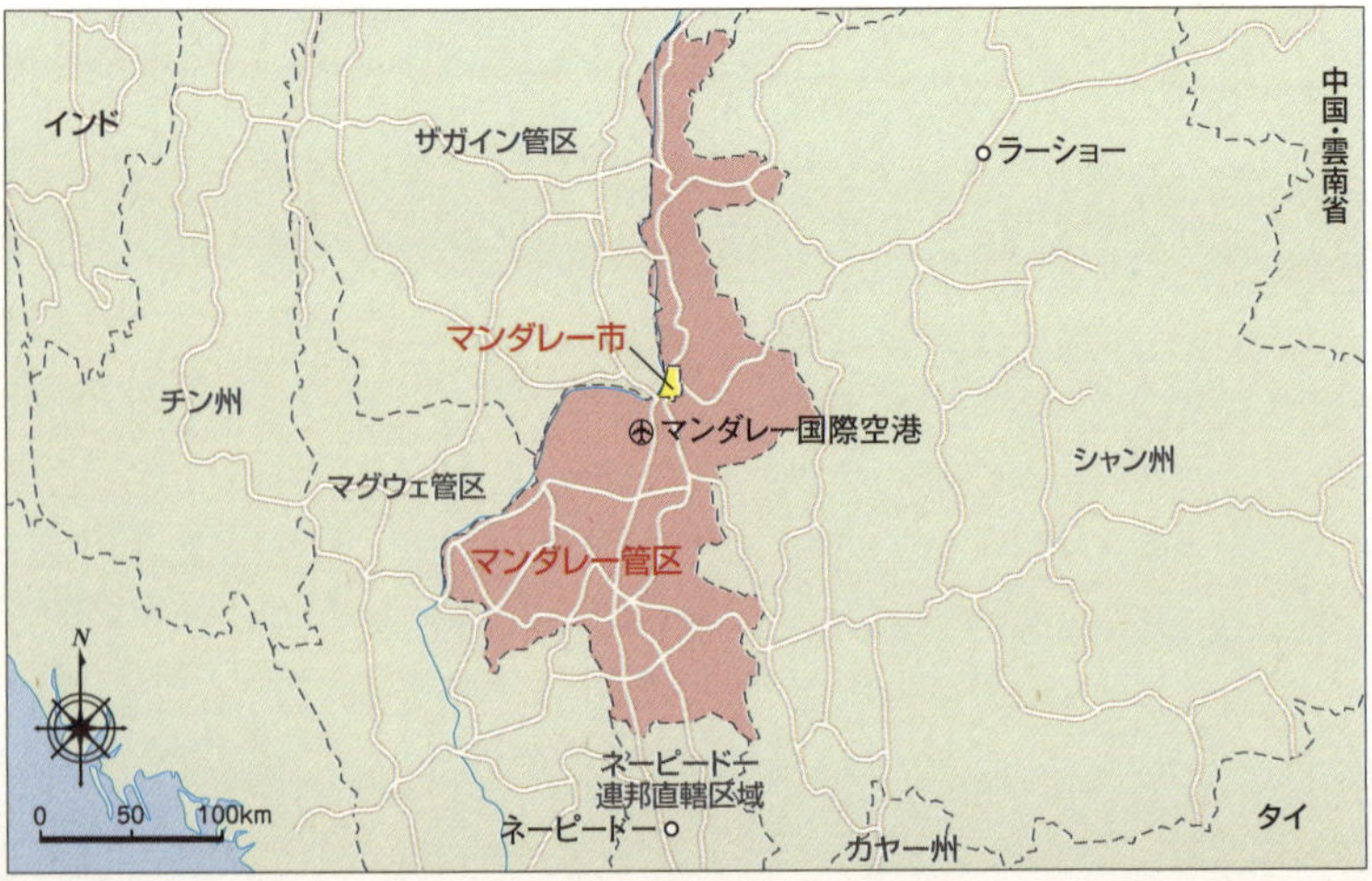

光と風の空

――ミャンマー・マンダレーとラーショーの歴史を生きる

石川和雅

熱く乾いた大地に、水が撥《は》ねる。40度を超える乾季の酷暑の下、街の住民はバケツやヒシャク、果ては水鉄砲やホースなども繰り出して、互いに水をかけあう。人々は、この暑さが雨季の接近を告げるものだと知っている。一連の賑わいが去ると、新しい年が始まるのだ。年が明けるとほどなく、本物の雨が大地を潤す季節がやってくる。

ミャンマーの伝統暦では、西暦の4月に年末年始を迎える。長らく欧米の文化や世界経済の影響を受けずにいたこの国では、西暦の年中行事がさほど浸透していない。数百年前から一貫して、月の満ち欠けに基づく太陰太陽暦が、一年間の生活のリズムを刻んでいるのだ。

この水かけ祭りを、ミャンマー語で「ダジャン」という。年末の数日間、ダジャーミンという神様が天上から地上に降りてくる。そして一年間の人々の行いを記録するが、その良し悪しが、今後の人生や、来世に影響を及ぼすという。だから、水かけには身を清めるという意味がある。ダジャーミンが天上に帰ると、新たな一年が始まる。雨とともに始まり、水かけで終わる一年間。このような一年の繰り返しと共に、ミャンマーの歴史は積み重ねられてきた。

文化と交易の都、マンダレー

ミャンマーの国土の中心部には、エーヤーワディー河が北から南に流れ、その流域には乾燥した平原が広がっている。この河は重要な交通路でもある。南に下ればインド洋に至り、北に遡れば、中国の雲南《うんなん》地域につながる。古くから、様々な人や物、文化が行き来した。ミャンマー王国の歴代の都は、このような河川交通の要衝に置かれてきた。

現在、約100万人の人口を有するマンダレーもその1つだ。王国時代末期の1850年代に建設されたこの街は、今も往時の面影を残している。上空から見ると、街は整然と碁盤目状に区画されている。国王は、それぞれの区画を家臣や職人集団に与え、モザイク状に散りばめられた様々な要素を組み合わせて、ひとつの都市を作りあげていた。

このような都市の在り方は、日本にも似ている。近世の城下町を引き継ぐ日本の都市には、かつての住人に由来する町名が無数に残る。例えば、東京の銀座には、材木の製材を行う木挽《こび》き職人が住む木挽町があったし、鍛冶職人の鍛冶町や、人形遣いの人形町などが知られる。マンダレーの地名も、これと同じ発想のものが多い。ルワーダン（木挽町）やバベーダン（鍛冶町）のほか、竹商人が住んでいたワーダン（竹町）など、往時の街の姿を想わせる。

マンダレーの市場では、様々な商品が取引されていた。ミャンマー北部で産出するヒスイやルビーのような宝石。森林から切り出されてくるチークの巨木。周辺の畑作地帯で栽培されている綿花や野菜。そして、山岳地帯からもたらされる茶葉や各種の森林物産。こうした商品を目当てに、世界中から商人が集まった。

国王の居所である王城は、街の中心部に置かれていた。碁盤目状の街並みに合わせて、王城も正方形に造られており、その中心部に王宮があった。巨大なチークの柱を何百本も用い、精巧な木彫り装飾を無数に散りばめた、王国内でも最高格式を誇る木造建造物だ。空高くそびえる七重の楼閣は、世界の中心を表現するものであった。

王都としての歴史を持つマンダレーは、長い「ダジャン」の伝統を有する街でもある。その盛大さも名高いが、祭りで歌われる歌に特色がある。翌年の再会を願い、約束する内容の歌があり、祭りの終盤に互いに歌い交わしてきたのだという。絶えざる人の移動があるからこそ、一時の出会いを重んじ、別れの寂しさの中に再会への期待を込める。マンダレーは、このような別れと再会の循環の舞台でもあった。

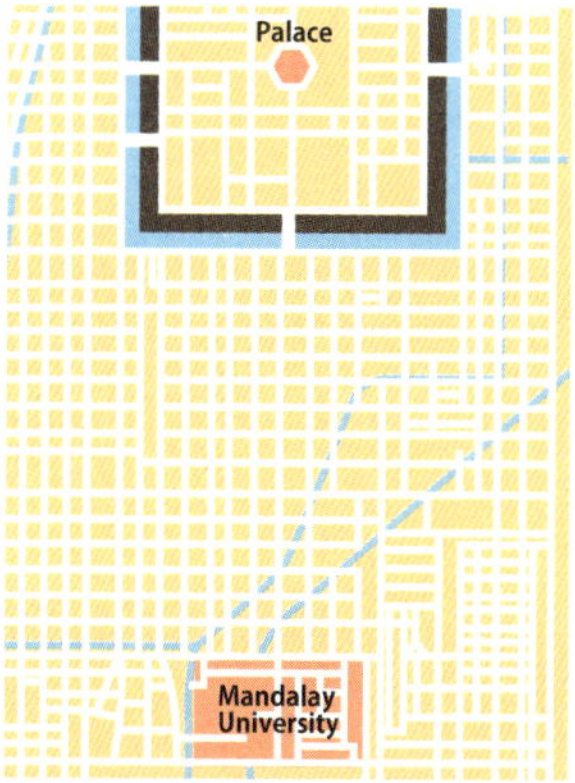

マンダレー中心部。道路が碁盤目状に

雲南とマンダレーを繋ぐ道

マンダレーから東に向かうと、急激に山岳地帯が立ち上がる。シャン丘陵と呼ばれるこの山地には、標高約1000～2000メートルの山々が連なる。山地のところどころに盆地があり、稲作を営む村が作られている。古くから、盆地にはシャン族が暮らし、周囲の山上にはカチン族の集落がつくられていた。マンダレーから中国へ向かう幹線道路が、この山地を突っ切って走る。その延長は約500キロ。途上には、ラーショーという街がある。シャン州北部の首府であり、中国とミャンマーとの国際貿易の要衝でもある。

ラーショーは、2つの地区から成り立っている。高台に築かれたラーショーレー（小さいラーショー）と、その北側の低地に広がるラーショージー（大きいラーショー）だ。2つの地区があるのには、歴史的な理由がある。19世紀末、中国への陸上交通路の獲得を切望したイギリスは、ミャンマー王国を滅ぼし、全土の植民地支配に乗り出した。マンダレーから雲南へ向かう道路と鉄道の建設が始まり、ラーショーには道路と共に鉄道の終着駅が置かれた。

マンダレーの王城と濠

すると、小さなシャン族の村だったラーショーは、植民地統治の拠点として重要な意味を持つようになる。本来の集落はラーショージーにあったが、これを見下ろすように、ラーショーレーが開かれる。ここには役所や警察署などの統治機構が置かれ、やがて市場や商人が集まり始めた。シャン族の村から、イギリス人、ネパール人、インド人、中国人など、様々な人々が暮らす都市へと、街は変化を遂げていった。

　マンダレーとラーショーは、このように過去150年ほどの間に骨格ができあがった街だ。交易の要衝、そして統治拠点であった歴史を物語るように、街には様々な宗教や文化の建物が並ぶ。食文化も多彩だ。街の喫茶店に並ぶ軽食の数々が格好の生き証人である。マンダレーを代表する麺料理ミーシェーは、雲南の米線（ミィーシェン）が伝わったもの。七段式の蒸し器でつくる肉まん。シャンの山地で栽培された茶葉を漬物にしたラペットウ。小麦粉を薄く延ばして鉄板で焼き上げるインド起源のチャパティ。こうした料理は、住民の生活に欠かせない日常の味である。

　様々な歴史的背景をもつ文化要素が調和し、総合されて、街の生活がある。しかし、このような調和が脅かされる事態が、ここ数年の間に頻発した。

ラーショーの街並み

街を脅かす暴力

ミャンマーは数年前まで、大多数の日本人にとって知られざる国だった。1948年のイギリスからの独立後、約50年間にわたって内戦と軍による強権政治が続き、諸外国との関係を断っていたためである。ミャンマーは、公式には135種類とされる民族が暮らし、様々な宗教も信仰されている。だが、軍政時代には多数派であるビルマ族の仏教徒を中心にした国造りが行われ、民族的・宗教的少数派は不自由な生活を余儀なくされた。軍による数々の人権弾圧事案に対し、欧米各国は経済制裁を科してきた。

情勢の変化が訪れたのは、2011年以降のことだ。軍政が終わり、文民政権が発足した。形の上では、民主化の進展である。欧米各国は改革を評価して経済制裁を解除、これまでとは一転、海外投資も急増し始めた。経済成長の本格的な開始とともに、民主的な市民社会の形成にも多くの期待が集まった。だが、現実はそう単純ではない。展望に暗い影を投げかける事件が、連続して起こってしまった。異なる宗教に対する暴動行為である。2012年、すなわち民主政権の発足直後からミャンマー各地で暴動事件が続発し、ラーショーとマンダレーも、その例外ではなかった。

ラーショー事件とマンダレー事件

2013年5月28日、ラーショーの道端でひとつの事件が起こった。物売りの女性に男が突然ガソリンをかけ、火を放ったという事件だ。男はすぐに取り押さえられ、取り調べの結果、麻薬の不法所持が見つかった。しかし、事件はこれで終わらなかった。その日の夕方、男が拘留されている警察署に、群集が押しかけた。群集は夜になると、街中で暴徒化した。モスクや近隣の商店が略奪を受け、火を放たれた。翌日も暴徒は暴れ、街には夜間外出禁止令が発令された。2日間で1人が死亡し、5人が負傷。5軒の民家と宗教施設3カ所、32軒の店舗などが襲撃を受けた。

街は、恐怖と不信感に包まれた。1000人以上の住民が、標的になることを恐れて避難した。様々な噂も飛び交った。この暴動は、仏教徒とムスリムの衝突によるものだとみなすもの。また、さらなる襲撃の可能性や、報復が始まるという噂もあったという。

幸いなことに、事態の悪化は食い止められた。暴徒化した群集は早々に逮捕され、最初に女性に火をかけた男は20年以上の禁固刑となった。暴動の実行犯も50人以上が、それぞれ判決を受けた。こうして事件はひとまず決着したが、街の中心部には、焼かれたイスラーム学校の建物が残った。

マンダレーでも同様の事件が起こった。事件が発生したのは2014年7月1日。インターネット上で広まった噂が前兆だった。市内の有名な喫茶店についての疑惑で、店主が従業員の女性に対して性的な暴行を加えたという内容だった。店主はムスリムで、被害者の女性は仏教徒だと、異なる宗教間の事件として噂は広まった。6月30日の夜、警察が捜査のため店を訪れ、混乱を避けるため営業しないよう求めた。やがて群衆が集まり出し、騒ぎ始めた。店はムスリムが多く暮らす街区にある。ここで、暴動が始まった。

2晩にわたって市内各地で暴動が続き、仏教徒が1人、ムスリムが1人死亡した。複数のムスリムの店が襲撃をうけ、犠牲者の葬儀を行っていたムスリム墓地にも暴力は及んだ。7月3日、夜間外出禁止令が発令された。警察による捜査の結果、事件の発端となったムスリム店主による性的暴行の噂は、まったくのでっちあげであると発表された。デマの首謀者4人は内務省の特別調査班によって起訴され、暴動の実行容疑では約50人が逮捕された。

未知の首謀者への不安

2つの事件とも、実行犯が逮捕され、判決も出ているにもかかわらず、事件の全容は判明していない。一連の暴動事件は、イスラーム関係施設が狙われることが多かったため、一見するとムスリム住民と仏教徒住民の衝突のように見えてしまう。加えて、同じ時期に、他宗教への排外的な言論活動を繰り返す仏教僧の活動が活発化した。彼らは、ムスリム人口の増加によるミャンマー文化の危機と護持の必要性を訴え続けた。こうして仏教対イスラームという構図ばかりが目立ち、日本のメディアでも、「宗教対立」や「宗教紛争」として報じられることが多かった。

だが、事件の展開過程を丹念に見てみると、そのような言葉どおりに理解することは難しい。どちらの事件も、きっかけは単純な刑事事件や、事実関係のわからない噂に過ぎない。それが、街全体が脅かされるほどの暴動に拡大してしまう。暴動を主導した群集にしても、実態は不明瞭だ。街の近隣住民ではなく、外部から来た集団だと見る証言すらある。展開過程の要所で、不自然な飛躍が見られるのである。

実際に住民に話を聞くと、脅威なのは隣人の異教徒ではなく、得体の知れない暴徒だという。いつ、それらによる暴力の標的にされるか、わからない。事件時の報道でも、暴動の現場で警察が積極的に暴徒を鎮圧しなかった、とする証言が見られる。諸々の事柄をまとめて考えると、権力に近い何者かが事件の背景にいるのではないか。このような認識が広く見られた。

こうした認識の背景には、政治情勢も影響している。当時は、2015年の総選挙に向けて、民主派政党と守旧派政党がにらみ合っている時期でもあったからだ。長らく民主化運動を主導してきたアウンサンスーチー率いる国民民主連盟（NLD）が政権を獲得すれば、宗教的・民族的少数派への不遇が解消されるとの期待もあった。旧来の権力構造を一変させる可能性を恐れて、民主派政党の躍進を望まない勢力が関与していると怪しまれたのである。アウンサンスーチーはイスラームびいきだとする批判や中傷が、繰り返されもした。

軍政時代を通じて、ミャンマーは仏教徒を軸に国造りを進めてきた。国家の歴史を語るうえでも、少数派への言及は少なく、学校教育で触れられる機会も限られていた。街の歴史を語る際にも、その傾向は同様だった。パゴダや僧院のような仏教建築だけでなく、モスクやヒンドゥー寺院、中国寺院もまた、街の歴史を語る遺産である。しかし、それらの

マンダレーのモスク

存在は、正面から語られることが少なかった。

宗教建造物の新築や改修には、管轄当局の許可が必要である。だが、仏教以外の宗教建造物の修復許可は、そうそう下りないのが常だった。歴史的な建築や古記録が、文化財として保護されることもなかった。文化遺産は、一度失われたら二度ともとには戻せない。そうなると、1つの集団の歴史、ひいては都市の歴史の肝心な部分が、永久に消滅してしまうことになる。

権力と結びついた強大な暴力の標的になるということは、自分や家族の安全だけでなく、所属するコミュニティ全体の存続をも脅かすことなのだ。だが、それに屈しない意識もある。マンダレーでバイクタクシーのドライバーをしているムスリムの若者は、街の歴史にも関心があるとしながらこう言っていた。「人が生きてきた歴史は、消すことができないだろう」。

日本軍とビルマルート

人の生きてきた歴史は消せない。この言葉は、日本にとっても無縁ではない。マンダレーやラーショーに、日本人の活動が大きな影響を及ぼした歴史もある

マンダレーのヒンドゥー寺院

からだ。1942年から45年の3年間、アジア太平洋戦争のさなか、日本は、当時「ビルマ」と呼ばれていたミャンマーに大軍を送り込んだ。約33万人の日本兵が派遣され、半数以上の約19万人が戦病死した。

インド洋から雲南に抜ける交通路の存在が、ミャンマーに戦火を招いた。1937年に始まった日中戦争下で、マンダレーから雲南に至る道が軍事輸送ルートとして整備された。この道は「ビルマルート」、または、蔣介石《しょうかいせき》率いる国民党政権を支えたことから「援蔣ルート」と呼ばれた。イギリスはかつて、中国への道を開くためにミャンマー王国を打倒したが、日本は逆に、この道を閉鎖するために軍勢を送り込んだのである。

1941年、アジア太平洋戦争の開戦とともに、日本軍は東南アジア各地のイギリス軍の拠点を攻略していった。マレー半島、シンガポールに次ぐ攻撃目標がミャンマーであった。日本軍はヤンゴンを攻略して北上、1942年5月にはマンダレーとラーショーを押さえると、ほどなく雲南省内にまで進出して、作戦目的であったビルマルートの遮断に成功した。

戦況の転換

ミャンマー全土を占領した日本軍は、北西ではインド、北東では中国との国境周辺に戦線を構築した。この間、マンダレーは北部戦域を支える軍事拠点として機能した。王城にはイギリス時代から軍の駐屯地があり、日本軍もこれを引き継いで利用した。街には軍事施設ばかりではなく、民間の日本人も暮らしていた。写真屋や食堂などが、王城の南側地区に集中していたという。

ラーショーは、雲南方面の作戦を支える補給拠点となった。イギリスが建設した鉄道が、いまや日本軍の生命線となった。ラーショーには一時期、軍司令部もおかれた。シャン丘陵の自然環境は、日本によく似ている。米は日本米に近いし、松の木が茂り、セミの声も聞こえる。従軍経験者の回想録を見ると、故郷に良く似た風土に強い印象を受けた様子がたびたび記されている。

1943年夏、日本はビルマの独立を承認する。しかし、その直後から、連合国軍の大規模反攻作戦が始まり、日本軍はすべての戦線で劣勢に立たされる。1944年3月には起死回生を賭けてインド進攻を目指したインパール作戦を発動するが、敗退。同じころ、雲南戦線では、中国軍が大規模な反攻作戦を開始した。

戦争の傷跡

1945年に入ると、日本軍は東西両面で押され続け、ついにはマンダレーまで戦線が後退する。マンダレーが奪還されると、ビルマルートが再び連合国軍の手に落ちてしまう。インパール作戦から敗退してきた第15師団という部隊が3月8日にマンダレーに入り、王城の四方に防衛陣地を築いた。第15師団は京都で編成された部隊で、祇園祭にちなむ「祭」を通称名としていた。

王城の北東に、マンダレーヒルという、仏教信仰の聖地とされる丘がある。眺望のきく要衝だったため争奪戦が繰り広げられ、13日にイギリス軍が占領した。その後は空襲や砲撃が一層激化する。軍需物資を蓄えたマンダレー王宮も攻撃目標となり、17日の空襲で焼け落ちた。その翌日、第15師団はマンダレーから撤退した。マンダレーを失った日本軍の戦線は一気に崩壊し、敗戦の日を迎えることになる。

3年間の戦争は、従軍した日本兵にも、戦場とされたミャンマーにも、多くの影響を残した。過酷な戦場にありながら、住民の親切に触れることのできた日本兵の中には、生涯そのことを忘れず、語り続ける人もいた。だが一方、ミャンマーで多くの歴史的遺産が失われたことも確かである。マンダレーの王宮はその代表格だが、様々な宗教や民族の文化財にも戦火はおよんだ。

王宮は、軍政時代の１９９０年代にコンクリート造りで再建されている。だが、いかに外見を復元しようとも、オリジナルに刻まれた建設当時の技術や、職人の息遣いは、もう永久に作り直すことができない。歴史は消せない。だが、形のある物は簡単に無くなってしまう。

対立しているのは誰なのか

宗教的少数派を標的にした無秩序な暴力行為を防ぐには、どうすればいいのか。この問いに対する１つの回答として住民が選択したのは、宗教間の信頼関係の構築である。日常的に相互理解を深めておくことで、噂や単純な刑事事件が大規模暴動に発展する可能性をできる限り抑えようというものだ。

ミャンマーには仏教、キリスト教、イスラーム、ヒンドゥーなどを信仰する住民が暮らすが、宗教の違いが自動的に対立を意味するわけではない。そもそも異教徒への攻撃を教義とする宗教は存在しない。意思があるのは宗教そのものではなく、人間なのである。宗教を信仰するのも、教えをどう解釈するのかも、最終的には個々の人間が主体的に行う問題である。

これまでも述べたように、一連の暴動事件は、宗教とは直接関係のない動機が真の原因とみられている。それゆえに、ミャンマーのメディアは事件を宗教「対立」と表現することを避けてきた。民主化を快く思わない人間が、愛国心を煽《あお》って、事態を深刻化させようとしているのではないか。そのような問題意識からの配慮だろう。実際に「対立」しているのは、事件を望む何者かと、平穏な生活を望む街の住民たちだと言えるのかも知れない。

軍政時代を通じて、経済の不振もあり、国内の行政機構は整備が立ち遅れていた。明らかに不十分な教育や保健衛生、社会福祉などの機能を補ったのは、各宗教や民族ごとの互助組織である。こうした民間有志の活動を、宗教や民族の枠を超えて行おうという動きが広まりつつある。

ラーショーからの視点

ラーショーのムスリム住民にも、そうした有志の活動に励む人がいる。ラーショーが直面する問題は、宗教の「対立」問題だけではない。少数民族の武装勢力と国軍との内戦も差し迫った問題だ。戦闘の影響を受けて困難な状況下にある地域のために、諸宗教合同での支援活動を続けているのだという。

ラーショー周辺での内線の歴史は長い。1948年の独立後、ラーショーを含むシャン州北部地域は戦場となった。中国における共産党と国民党との内戦が波及したからである。雲南をおわれた国民党勢力は、シャン丘陵に拠点を設けて反攻を計画する。しかし、ミャンマー政府からしてみれば、国民党の動きは中国共産党からの攻撃を招きかねない危険な動きである。そのため、ミャンマー軍は国民党勢力を封じ込めるべく、彼らが台湾に脱出するまで、大規模な掃討作戦を展開した。

しかしその後も、域内の戦闘は続いた。国内の共産党系武装勢力がこの地域に入り込み、中国からの支援を受けて、反政府闘争を行なったためである。そのため、政府の統治はこの地域に及ばず、正式な中国との国境貿易も停止していた。1980年代に入ると、共産主義は下火となり、次第に在地少数民族による反政府闘争へと装いが変わっていった。反政府勢力は資金源としてアヘン栽培を拡大、闇貿易で潤った。この間、外国人の入域は長く禁止されていた。

状況が一変するのは、1980年代末のことである。国軍が中国国境までの地域を制圧し、国境貿易を再開したのである。外国人の入域も許可され、英領時代以来、久しぶりにマンダレーからラーショーを経て中国に至る道が機能を取り戻した。しかし、それは新たな難問の発生を意味した。ほどなくして、街の経済では中国系住民が大きな役割を果たすようになったのである。また同時に、国軍の将校たちもミャンマー風のパゴダを次々に建立《こんりゅう》しはじめた。それまで、シャン族とカチン族の街だったラーショーは一変。「ミャンマー」と中国の街へと急速に変化していった。ラーショーが発展する一方、山間部では自治権をめぐり、少数民族勢力と国軍のにらみ合いが今も続いている。

このような歴史を見続けてきたラーショーの住民は、一連の暴動事件を仏教徒とイスラーム教徒の対立という構図では見ていない。社会活動に従事しているカチン族のキリスト教徒は、本当の対立軸は宗教の相違ではなく、中央の国家権力と少数派との関係という、政治的な問題だと見ている。だから、問題の真の解決には、国の政治が変わらなければならないという。

ラーショーのシャン様式
パゴダ

街の歴史と、一人ひとりの歴史

2015年の総選挙ではアウンサンスーチー率いるNLD政権が大勝したが、いまなお守旧派と民主派とのせめぎ合いは続き、政治の根幹部分の改革には至っていない。ただ、それでも過激な仏教徒の排他的な言説への異議や、宗教的・民族的少数派による言論活動は、公共の場で広がり始めている。歴史の描き方を見直す動きもある。住民や文化の多様性、国際的な交流を正面から取り上げようという機運である。街に残る様々な宗教の建造物や路上に根付いた食文化は、そうした歴史を考えるために、重要な足がかりとなるだろう。

マンダレー事件の発端となってしまった喫茶店は、2016年になって営業を再開した。穀物の香ばしさが生きた、しっかりした味のチャパティで評判だった店である。事件以前からマンダレー市民はもとより、欧米からの旅行者にも人気を博していた。閉店期間中も、事件の存在を知らなかった旅行者が、ガイドブックを片手に、この店を探しに来ていたという。再開した店には、再び人が集まり、活気を取り戻しつつある。

宗教や民族の単位だけでなく、個人の多様性に留意することも必要だ。

ラーショーの高台で、高齢の男性と出会った。彼は中国系のムスリムの家系の出身で、ミャンマー語も英語も中国語も話せる。昔、キリスト教会附属の学校に通っていたという。戦後の一時期、カトリック教会は、マンダレーの東にある高原の街ピンウールィンで私設の学校を運営し、宗教や民族を問わず児童を受け入れていた。彼はイタリア人のシスターから、英語を学んだ。彼の日常的な生活からは、モスクのミナレットも、教会の尖塔も、仏教のパゴダも、中国寺院も、すべて一望にすることができる。表面的な宗教や民族だけで判断してしまうと、一人ひとりの人生を彩る複雑で豊かな関係性は見落とされてしまう。

一連の暴動事件が続いているころ、イスラームを敵視する言説がミャンマー語のインターネット空間に溢れた。「イスラームは世界制覇を目指して闘争を続けている。ミャンマーにもその目的を持って入ってきて、数を増やしてやがて国を乗っ取るつもりだ。我々は、自国の宗教や民族の文化を守らなければならない」と。

言葉は、聞き手に様々なことを想起させ、何らかの感情を掻《か》き立てる。何が虚像であり、何が実像なのか。特定の集団を単純な言葉でくくってしまうことは簡単だが、現実の個々人は、そんな安易な認識に収まらない。人間関係や現状認識、将来への願望もそれぞれに多様である。

光と風の空

日本で教育を受けた人間は、しばしば世界地図をジグソーパズルのようにイメージする。国境という形をもった国がピースとなり、大陸という枠にはめ込めば、世界ができあがる。それぞれのピースは、言語や文化、民族による個別独自の色をもつ。単純極まりない世界地図のパズルだ。

ところが、海外ではそんな認識をしない人の方が遙かに多い。彼らはこんな見方をする。世界地図を構成する一つひとつの国は、空っぽの容器のようなものだ。この中に、「民族」という流れ動く存在が注がれている。国の中に幾つもの区分けがあり、それぞれを異なる「民族」が満たしていることもある。「国」の外枠のどこかに穴があると、別の国から「民族」が流れこんできて、やがてはその街の色を塗り替えてしまうこともある。

マンダレーやラーショーの街を歩くと、その町並みを構成する多種多様な建築は、旅人の目を楽しませてくれる。寺もあればモスクも、教会もある。各国の料理や、様々な民族衣装を着た人々が街を行き交う。1つの国が、単一の文化で塗り固められているのではなくて、多様な文化が共存している様子は、旅人の目には素晴らしいものに見える。

しかし、旅人の目を土地の人々の目に切り替えると、とたんに様子は変わってくる。異なる宗教や文化が町中で目立つことを、脅威に感じる人々は決して少数ではない。別の文化が目につくということは、別の「民族」が押し寄せている証にも見えるからだ。その動きはいずれ、自分たちの慣れ親しんできた暮らしのありようを、一変させてしまい、自分たちが追いやられる立場となるかもしれない。

２つの見方の間にある隔たりは、大きい。街の多様性を、美しい調和と見るか、それとも危うい均衡だと見るのか。どちらかの立場を選択し、他方を批判したところで、隔たりは埋まらない。重要なのは、共有できる接点を模索し、関係性を築き上げる努力を放棄しないことだ。

街を自分の足で歩くと、その土地の心地良さを肌で感じられる瞬間がある。ミャンマーでは、パゴダは心地よい風が吹き抜ける小高い丘の上に建てられていることが多い。風は、暑さでのぼせ上がった心を瞬時に癒し、落ち着かせる。仏教における悟りとは、このような涼しさから生じる心の平穏がもたらすとも言う。

マンダレーの街に住むムスリムは、神について説明するときに、こう語る。

「あなたは、光や風を感じることができるだろう。でも、それに触り、つかむことはできない。物質的にあるとはいえないけれど、確かに感じることができる存在。神もまた、そういう存在なのだ」と。
関係性を開く糸口は、案外身近なところに、ありふれているのかも知れない。

参考文献

Thant Myint-U. 2012. *Where China Meets India: Burma and the New Crossroads of Asia*, Farrar Straus & Giroux.
——2001. *The Making of Modern Burma*, Cambridge University Press.
防衛庁防衛研修所戦史室、１９６９『イラワジ会戦（戦史叢書）』朝雲新聞社
防衛庁防衛研修所戦史室、１９６９『インパール作戦（戦史叢書）』朝雲新聞社

6

バングラデシュ

BANGLADESH

বাংলাদেশে

ダッカ

首都	ダッカ
人口	約1億6,175万人（2017年バングラデシュ統計局）
宗教	ムスリム88.4%、その他（ヒンドゥー教徒、仏教徒、クリスチャン）11.6%（2016年バングラデシュ統計局）
民族	ベンガル人が大部分を占める。ミャンマーとの国境沿いのチッタゴン丘陵地帯には、チャクマ族など仏教徒系少数民族が居住
言語	ベンガル語（国語）

ダッカ市

バングラデシュの中央部に位置し、都市の南側には旧市街、北側には新市街が広がり、中央部には商業施設が集まる。世界有数のメガシティで、人口密度も世界一の水準。今後ますます人口の増加が見込まれている。

人口

約 1,204 万人
(2011年バングラデシュ国勢調査)

宗教

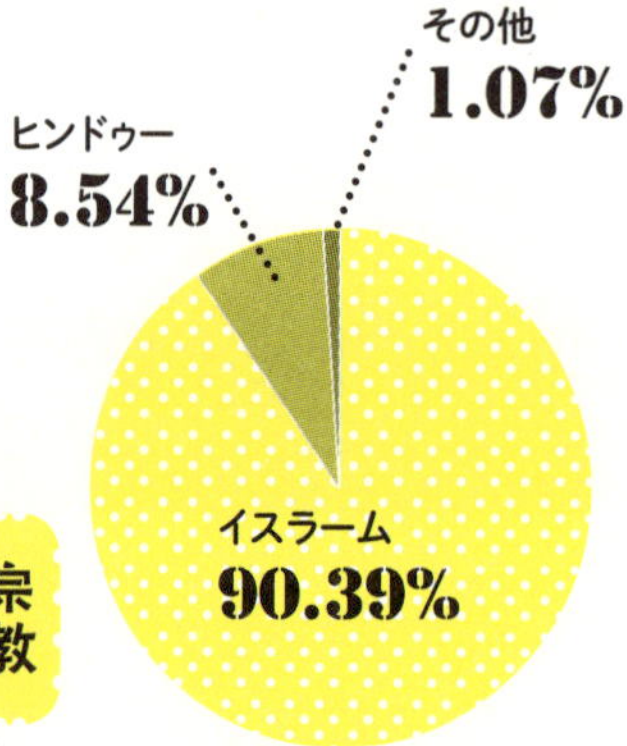

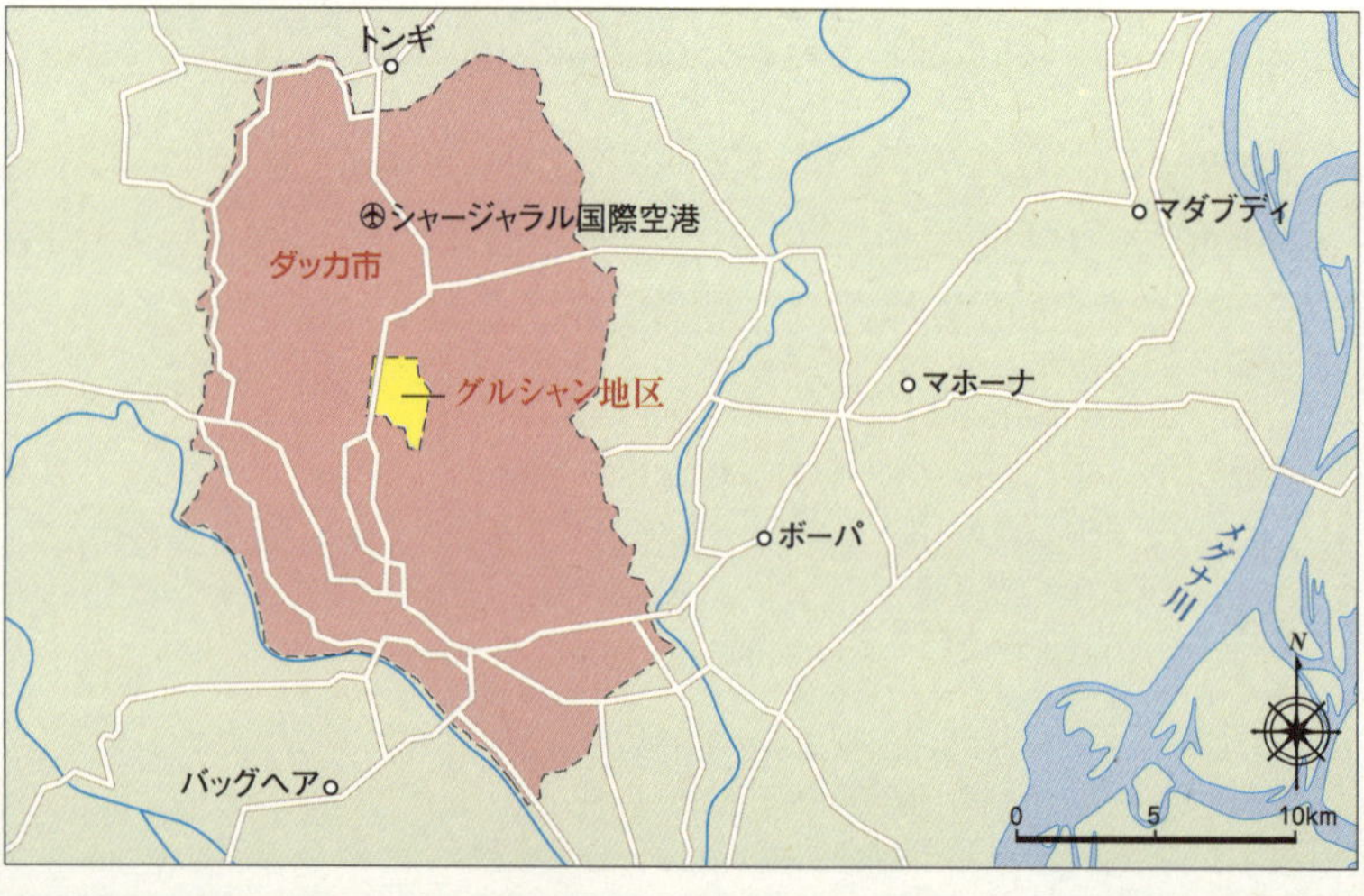

バングラデシュとイスラーム

日下部尚徳

2016年7月、バングラデシュの首都ダッカにあるレストランが武装集団に襲撃され、日本人7名を含む民間人20人が犠牲となった。欧米諸国とも良好な関係を築き、穏健なイスラーム国家と評されてきたバングラデシュでの大規模テロ事件は、国際社会に大きな衝撃を与えた。同国では、独立戦争時にパキスタンの側について虐殺行為に荷担したものを裁く戦争犯罪裁判が、現政権与党であるアワミ連盟（Awami League：AL）によって実施されているが、裁判ではイスラームの教義に則った国家建設を主張するグループの指導者が被疑者となっている。そして、その判決に呼応するかのように、2013年頃よりイスラーム武装勢力によるものとみられる襲撃事件が増加していた。ダッカ襲撃テロ事件がなぜ起きてしまったのか。その背景を考えることから、世界第4位、1億4000万人以上のムスリム人口を抱えるバングラデシュ社会と宗教の関係を紐解いていきたい。

バングラデシュとは

バングラデシュは、ベンガル語で「ベンガル人の国」を意味し、197

1年にパキスタンから独立した。独立に際し、日本が早い段階で承認の意思を示したことに加え、二国間援助では、日本が最大の援助国ということもあり、対日感情は極めて良い国である。国旗も日本と色違いの緑地に赤い丸。このデザインは日本に敬意を払ったものだと冗談めかして言うバングラデシュ人も多い。

人口の9割をムスリムが占めており、イスラームがバングラデシュの社会規範や人びとの行動様式に大きな影響を与えている。また、1割程度ではあるが、インド、ネパールに次ぐ世界第3位のヒンドゥー教徒人口を抱え、その数は1200万人以上である。その他、100万人の仏教徒や40万人のキリスト教徒も暮らしており、少数派の宗教も実数では少なくない数の人が信仰している。

バングラデシュといえば貧困や災害といった負のイメージが先行しがちだが、1990年代より縫製業を中心として好調な経済成長を維持しており、2016/2017年度（2016年7月〜2017年6月）のGDP成長率は7・28%を記録した。世界第8位となる1億6175万の人口に加え、ベンガル湾を有する、大量輸送にも優れた地理的特性から、テロ以降も同国へ進出する企業は増加傾向にある。また2006年には、経済学者で〝貧者の銀行家〟として知られるムハマド・ユヌス博士が、自ら創設したグラミン銀行とともにノーベル平和賞を受賞。このことがきっかけで、「ソーシャル・ビジネス」といった新たな援助手法やビジネスモデルでも注目を集めている。

とはいえ、安定した経済成長とは裏腹に、政治状況は混迷を深めている。バングラデシュでは、1991年に実質的な民主化がなされて以降、バングラデシュ民族主義党（Bangladesh Nationalist Party：BNP）とALの二大政党が交互に政権を担ってきた。2008年の総選挙ではALが大勝したが、同党が実施した選挙制度改革や、独立戦争時の戦争犯罪を裁く国際犯罪法廷に野党が反発し、暴力的な抗議デモが頻発する事態となった。最近では市民がこれら野党の動きに同調することも少なくなってきたが、2018年末の国会総選挙を前に、依然として与野党間の対話は進んでいない。

バングラデシュの独立とイスラーム

1947年8月14日、現在のバングラデシュにあたる地域は、ムスリムが人口の圧倒的多数を占めるパキスタンとして、インドから独立した。独立当初、パキスタン東ベンガル州と呼ばれていたこの地域は、1956年に東パキスタン州と改称される。しかし、政治や経済の中心は西パキスタン州（現在のパキスタン）の側で、東パキスタン州（現在のバングラデシュ）は従属的地位に置かれ、経済成長から取り残された。

加えて、ウルドゥー語をパキスタン唯一の公用語にしようとする政治的な動きが西側を中心に起きたことから、ベンガル語を話すベンガル人が多数を占める東パキスタン州では抗議デモが起こった。1952年2月21日には抗議する学生に警官隊が発砲し、4人が死亡する事態となった。この事件が言語ナショナリズムの起点となり、ベンガル語がバングラデシュ人のアイデンティティを規定する上で重要な要素の一つとなる。4人が亡くなった2月21日は、現在までバングラデシュの記念日の中でも特別な意味合いをもつものとなっている。

ベンガル語を守るための運動が過熱すると同時に、東パキスタン州においては政治的な自治権を要求する流れがうまれた。しかし、イスラーム国家であるパキスタンの政治的分断につながりかねない自治権の付与は「イスラームの危機」であるとして、西パキスタン州の支配層は、要求を受け入れなかった。そのため、自治を目指す東パキスタン州側の運動は、対抗措置上、イスラームを前面に出さない「非宗教主義」の傾向を帯びることとなった。この「非宗教主義」と前述の「言語ナショナリズム」が、自治権要求運動のスローガンであったといえる。

自治権要求運動が高まりを見せる中、1970年12月にパキスタン建国以来、初の民主的な選挙が実施され、ALが東パキスタン州のほぼ全議席を獲得した。独立を恐れた西パキスタン州側は1971年3月25日深夜に軍事行動をおこし、独立戦争へと突入することとなる。

「穏健」なイスラーム国家

独立戦争に際しては、独立に反対するイスラーム主義政党やその地方・学生組織が西パキスタン州側に荷担し、独立推進派の知識人層や少数派であるヒンドゥー教徒を虐殺した。独立すると東パキスタンの非宗教主義の傾向がさらに強まり、イスラームの教義に則った国家建設が難しくなる可能性があったからだ。また、その結果として自らの地位も危うくなってしまうことに対する危機感がイスラーム主義勢力にはあったといえる。

また、東パキスタンが独立し、イスラームの国パキスタンが分断されると、ヒンドゥー教徒が多数を占めるインドが南アジアで影響力を強めるという側面もある。バングラデシュは、独立にあたって隣国インドの軍事面、政治面でのサポートを得ていた。事実、バングラデシュを独立に導き、政権の座についたALはその後も親インドの姿勢を取り、独立戦争時に西パキスタン側について虐殺行為に荷担したイスラーム主義政党に対して、厳しい追及をおこなっている。これにより、イスラーム主義を標榜《ひょうぼう》する勢力は、独立後政治の表舞台から一時姿を消すこととなった。

独立戦争で知識人層を虐殺され、20万人もの国民を失ったバングラデシュは、荒れ果てた国土を復興させるため、日本や欧米諸国の政府やＮＧＯから多大な支援を受けた。援助を受ける上で、「非宗教主義」のもと諸宗教間の調和を強調する政府の姿勢は欧米諸国から好意的に受け止められた。これによりバングラデシュでは、欧米的な教育システムや医療制度、経済的価値観などが農村社会にまで浸透した。

これらのことから、一般的に新生バングラデシュは、欧米諸国とも宥和的でイスラーム色を前面に出さない「穏健なイスラーム社会」であると理解され、バングラデシュ政府の側もそれを否定しなかった。２０００年3月に、アメリカの大統領として初めてバングラデシュを訪れたクリントン大統領（当時）は、同国を「穏健な民主的ムスリム国家」と評しており、この認識は少なくともダッカ襲撃テロ事件までは、欧米諸国と共有していたといえる。

余談ではあるが、バングラデシュでは、イスラームだけでなく、ヒンドゥーやキリスト教、仏教の祭日も国民の休日となっている。クリスマスは日本では祝日になっていないが、バングラデシュでは祭日として休日になっており、閣僚がキリスト教のリーダーに祝言を述べることもめずらしくない。このようなイスラーム以外の宗教への配慮もバングラデシュが穏健であると評される要因の一つである。

アワミ連盟（ＡＬ）の戦争犯罪裁判

独立後バングラデシュでは、軍が主導的な役割を担い国家の舵を取ってきたが、民主化運動によって１９９０年にエルシャドが退陣し、憲法改正によって大統領を元首とする議院内閣制度が確立したことによって民主化への道が開かれた。

民主化以後は、ＢＮＰとＡＬの２大政党が交互に政権を担うこととなるが、２００９年および２０１４年の選挙でＡＬが勝利し、初の２期連続の政権党となって現在にいたっている。

ＡＬは１９９１年の民主化以降一貫して、独立戦争でパキスタンに協力した者を戦争犯罪人として処罰することを主張してきた。これにより、戦争を経験した世代の支持を集めると同時に、ゲリラ兵として独立戦争を戦った者も多い党員をまとめ上げ、党内の結束を強めてきた。

同党は、２００８年12月の国会総選挙でも戦争犯罪裁判（以下、戦犯裁判）の実施を選挙公約に掲げて戦い、３分の２以上の議席を獲得して勝利を収めた。そ

クリスマスにクリスチャンに対して祝辞を述べる内務大臣

して、この圧倒的な議席数を背景に、2010年3月に、戦犯裁判のための国際犯罪法廷を開く体制を整えた。

裁判の対象は、1971年のバングラデシュ独立戦争で、パキスタン軍に協力した者や虐殺行為に荷担したとされる者たちである。

国際犯罪法廷によって、2013年から2017年にかけてイスラーム協会（Jamaat-e-Islami：JI）幹部6人と野党BNP幹部1人に死刑が執行された。これに対して、イスラーム主義政党の中心をなすJIとその学生組織が激しい抗議運動を展開した。また、各地でヒンドゥー寺院や仏教寺院が破壊され、ヒンドゥー教徒の家屋や商店が焼かれるなど、治安が急速に悪化した。ALは、暴動を主導したとして2013年8月にJIの選挙資格を剝奪した。これにより、イスラーム主義層は、代表を議員として国会に送り込むことにより、自らの主義主張を合法的に伝えるすべを失った。同時に、イスラーム武装勢力は、ALをイスラームの明確な敵として認識するにいたった。

イスラーム武装勢力による襲撃事件の増加

戦犯裁判に社会の注目が集まりはじめた2013年初頭より、イスラーム武装勢力によるものとみられる襲撃事件が増加した。襲撃の対象は、反イスラーム的であるとされたブロガー、宗教マイノリティ、外国人に大別される。

特に、ウェブ上で政治的意見を発言するブロガーは、バングラデシュにおけるインターネットの普及によって、急速にその存在感を増している。しかもALが戦犯裁判を推し進めることにより、西パキスタンに荷担した戦争犯罪者を処罰すべきであるとする層や保守的なイスラーム思想に対して批判的な立場をとる人びとが政権のお墨付きを得た形となり、一層活発に発言するようになった。また、自らの意見を容易にウェブ上で流布することができるようになったことから、イスラームに関する議論が過激な批判の応酬となって、互いの憎悪を高め合っている。

これらを背景に、2013年頃から過激なイスラーム思想を批判する書き込みをおこなっていたブロガーや、戦犯裁判で被疑者に厳罰を求める運動をウェブ上で呼びかけたブロガー、彼らの著作を発行する編集者、LGBT（性的マイノリティ）の権利を求める活動家などが、何者かに襲撃される事件が続いた。これに対してIS（イスラーム国）やインド亜大陸のアルカイーダ（Al Qaeda in the Indian Subcontinent：AQIS）は彼らをイスラームの伝統的な教えに反する「無神論者」や「世俗主義者」であるとして犯行を認める声明をだした。

また宗教マイノリティに対しては、シーア派宗教施設における無差別発砲事件や、イスラームの少数宗派であるアフマディアのモスクにおける自爆テロ事件、ヒンドゥー教徒や仏教徒、キリスト教徒、シーア派に対する襲撃事件などが発生した。

そして外国人については2015年に襲撃事件が3件発生し、イタリア人2名、日本人1名が死傷した。外国人に対する襲撃事件がISの犯行声明の下、立て続けに発生したことに加え、ISの広報誌「ダービク12号」でも、バングラデシュにおけるテロ活動の強化を示唆したことから、政府、各国大使館は警戒を強めた。

ダッカ襲撃テロ事件の発生

このような襲撃事件が断続的に発生するなか、2016年、ついに悲劇は起きてしまった。7月1日午後9時過ぎ、ダッカの外国人高級住宅街であるグルシャン地区のレストラン「ホーリー・アルチザン・ベーカリー」で、日本人7人を含む民間人20人が殺害されるという、大規模かつ計画的なテロ事件が発生したのである。事件は、武装した5人の若者に

宗教アイテムであり、ファッションアイテムでもあるヒジャブ

よって引き起こされた。実行中にISからの犯行声明が出されたが、実行犯たちはいずれも25歳以下で、バングラデシュにおいては富裕層・高学歴の部類に入る。事件当日はラマダン（断食月）の最終金曜日で、レストランは外国人客が多数を占めていた。実行犯は、殺害にあたりコーランの一節を朗読させたとの証言もあり、非ムスリムを狙って犯行に及んだと考えられる。

事件に対してハシナ首相は、国内にISの拠点は存在しないとの発言を繰り返し、あくまでも犯行はジャマトゥール・ムジャヒディン・バングラデシュ（Jamaat-ul-Mujahidin-Bangladesh：JMB）など、国内のイスラーム武装勢力による犯行であると主張した。政府としては、ISへの脅威によって同国に対する投資や援助が減少することへの懸念と、国内のイスラーム武装勢力と関係が深いとされるイスラーム主義政党とその支持者に対する攻勢を強めたいという思惑があった。しかし、ISへの勧誘容疑で逮捕者も出ていること、さらには犯行声明や広報誌の一部がベンガル語で出されていることからも、ISメンバーのなかにバングラデシュ人がいるのは明らかだ。

このように、ISによる犯行声明の下、襲撃事件が増加していたにもかかわらず、あくまでも海外の武装勢力の関与を認めない捜査方針や、国外からの武器流入を止められない不徹底な国境警備、イスラーム主義政党やBNPを追い詰めるALの強権的姿勢、不十分な情報分析と治安対策が、ダッカ襲撃テロ事件の惨劇を招いてしまったといえる。治安当局は、その後の捜査から、JMBの分派「ネオJMB」の犯行であると断定した。同組織は、ISのバングラデシュ支部も名乗っており、国際的な武装勢力と国内グループの関係性の解明が今後の課題となる。

人びとのイスラーム感情

バングラデシュの人びとの宗教意識を一概に説明することはできない。年齢や階層、地域、性別、育った環境、友人関係など様々な要因が絡み合い、個人のイスラームに対する考え方が形成されるからだ。ある程度一般化できたとしても、「一般的な」バングラデシュのイスラーム意識と異なる人も当然ながら存在する。そのため、本稿では、ダッカ襲撃テロ事件の容疑者と同年代で、同じような階層にいると考えられる大学生へのインタビューから、バングラデシュのイスラーム意識の一端を探るにとどめたい。

インタビューは、ダッカ市内のR大学で教鞭をとっている友人の協力のもと、ダッカ襲撃テロ事件後の2017年2月に男子学生10人、女子学生10人に対しておこなった。インタビューといっても雑談に近い和やかな雰囲気でおこなったことから、逆に本音に近い声を聞きだすことができたようにも思う。R大学をはじめとして、ここ数年女子大学生の間でヒジャブがはやっており、40代前半の教員である友人は「まるで私たちの親の世代にタイムスリップしたかのような光景が教室で広がっているの」と私に語ってくれた。インタビューはその質問から始めた。

私立大学に通うA（女性）はヒジャブを身に着け、日々の礼拝もおこなっているという。彼女になぜヒジャブを身に着けるのかと聞いたところ、「町中でのセクシュアルハラスメントから守ってくれる。私の母親はブルカを身に着けているけど、それは頻繁に外に出なければならないからで、いちいち着替える必要がないから」と答えている。

同じく大学生のS（女性）は、「私はそんなにイスラームの教えを実践するムスリムではないけど、信仰は本物よ。私の家族はとても保守的で、私が大学まで勉強を続けることに否定的だった。だから親に大学に行くのを許してもらうために、戦略としてヒジャブを身に着け始めたの。あと、私はアルバイトをしているのだけど、帰りは夜になってしまい、公共交通機関を使わなければならないの。ヒジャブを身に着けていると、みんな親切にしてくれるわ」。Sは大学の演劇部に所属しており、役柄によっては、必要に応じてヒジャブを人前でも脱ぐこともあるという。

一方で、B（女性）は「すべての大人のムスリムは信仰を守り、ヒジャブを身に着けるべき。私の家族はみんな敬虔《けいけん》なムスリムだし、私もそう」と述べている。資産家の娘でずっと英語教育を受けてきたM（女性）は「私がヒジャブを着るのはただ単に好きだから。私の友達たちもそう。でも、礼拝はいつもするわけじゃないわ。男でも女でも素敵な人であれば一緒に時間を過ごすこともあるし。私たちが現代的な生活を送るのに、西洋的である必要はないでしょ？」と主張する。彼女はときどき喫煙をすることも認めており、そのことを大学教員である友人の前でも堂々と話していた。

ヒジャブに関する習慣や情報をどのように得るのかという質問に対しては、クラスメイトから知った、イスラームに関するサークルに通っていた、ウェブサイトで知った、などの回答があった。その中でも特にインターネットの影響の大きさを感じた。実際に、多くのウェブサイトやSNSでヒジャブの巻き方が解説されている。それらのウェブサイトの多くはパキスタンやインド、ドバイやマレーシアのユーザーによるものだ。ある学生は、「ヒジャブの巻き方にはたくさんのトレンドがあるの。ファッショントレンドにもなった有名な巻き方もあるわ」と教えてくれた。

お祈りに関する質問に対するM（男子）の回答も興味深かった。「自分たちはムスリムの実践をきちんとしているわけではないが、将来的にはきちんとやっていきたいと思っている」というものだ。また金曜日の礼拝は欠かさずおこなうが、毎日の礼拝は時にしないこともあるという。

イスラームの実践の中で、ラマダン中の断食に関しては、全員が実践をしていることが確認できた。つまり、毎日のお祈りをしなかったり、ヒジャブを人前で着けなかったりすることはあっても、断食はしているのだ。しかし、別の調査でインタビューした家事使用人労働をおこなうH（女性）は、別の立場からこんなことを話す。「私ももちろん断食をしたいです。でも、私は朝から夕方までたくさん働かなければならず、もし断食をおこなえば働くことが出来ません。でも毎日欠かさず礼拝はしています。アッラーも許して下さるといいのですが」。そして巡礼に関しても、「私たちが想像できないほどたくさんのお金が必要です」と言い、多くが人生においてかならず巡礼にいくと答えていた大学生との違いが浮き彫りになった。社会階層によっても、イスラームの実践態様が大きく異なることが見て取れる。

イスラームに関する考え方に関して誰から影響を受けたかという質問に対する答えは多岐にわたった。ある人は、敬虔に信仰を実践することに関する美徳や実践方法に関する基本的なことは、家族から教わったと答えた。全員ではないが、何人かの女子学生がアルバイト先の同僚や友達から影響を受けたと回答している。

男性数人に見られた答えでは、聖職者の説教を聞く集まりに参加し、感銘を受け、宗教実践を熱心におこなうようになったというものだ。M（男性）は、尊敬する従兄弟がメンバーであったという理由から保守系イスラーム団体の会合に参加した。従兄弟は、同団体の教えに共感し、説教や慈善活動に周りの人を誘っているという。メディアでも多く聞かれる話として、イスラーム団体の集会に好奇心から訪れ、そこでの説法に感銘を受け、団体に所属するようになるケースがある。

また、多くの学生はイスラーム団体のウェブサイトを定期的に閲覧し、それらが穏健か、過激かを判断している。近年のインターネットの普及により、イスラーム系団体も自身のホームページを持ち、熱心な布教活動をおこなっている。社会的な奉仕活動が全面に出ているサイトが多く、一見すると慈善団体と見まごうばかりだ。あるイスラーム保守強硬派団体のフェイスブックでは、ミャンマーで迫害されたロヒンギャへの支援を訴えるバナーがトップにきており、同団体がおこなった支援の内容も動画入りで紹介されていた。大半の学生が、イスラーム団体のウェブサイトを日常的なネットサーフィンを通じて閲覧しているようだが、組織の本質を理解するには、相当なリテラシーが求められるといえる。

彼らはこのような布教活動をどう思っているのだろうか。M（男性）が、「人びとを正しい道に誘うこともまた敬虔な行動である」と答えながらも、強い口調で「誰にも強制することはできないけど」と付け加えるように、殆どすべての回答者は「それは個人の選択の問題だ。他人がどうこうする問題じゃない」と答えており、ある学生は「ある人が信仰にあついかどうかは問題じゃない。彼、ないし彼女が良い人かどうかが大事だ。宗教は私たちの友情になんら影響を与えない。私たちの友人にはヒンドゥー教徒もムスリムも敬虔かどうかを問わずにいるし、クリスチャンの友人も男女を問わずにいる」と述べている。その他、「どの宗教を信じるかはすべてその人の自由だ。でもほかの人々の迷惑になるかどうかは気をつけなければならないだろうね」という意見もみられた。

さらに「友達に誘われれば、キリスト教やヒンドゥーの宗教行事にも参加するのか」と重ねて聞いたところ、「参加する」という回答が大半を占めた。２人のみが「信仰において許される範囲であれば参加する」と答え、「すべての人が自分の宗教を実践することが許されるべきだ」とも付け加えた。

アイデンティティに関する質問に対する回答も、多岐にわたるものであった。殆どの学生は自分のアイデンティティはムスリムであることとベンガル人であることだと回答した。どちらがより優先されるかという問いに対しては、どちらも同じくらいの割合となった。あるものはムスリム性を挙げ、またある者はベンガル人であることを挙げた。Ｔ（男性）は「私はムスリムだ。それは否定しようがない。でもそれはムスリムによるテロを支持するという意味じゃない。同時に私はベンガル人で、独立戦争の殉死者を尊敬し、ベンガルの伝統を重んじている。どうしてそれを否定できるだろうか?」と述べている。

イスラームのテロに関する質問では、すべての回答者が「ほかの人を殺害するということはどんな理由があろうとも許されることではない」と回答しており、ダッカ襲撃テロ事件やその他のイスラーム勢力による襲撃事件を強く非難した。Z（男性）、H（男性）、そしてA（女性）はコーランの一節をあげ、「『あなたたちにはあなたたちの宗教が、そして私には私の宗教があります』（Qur'an 109:1-6）とある。もしその信仰が誤ったものであったとしても、ほかの人を殺害して良いということにはならない」と主張した。また、A（女性）に対して、非暴力であれば過激な発言をするイスラーム団体の集会に参加するかと聞いたところ、強く否定した。「私は今の人生と生活に満足している。どうしてそんなものに参加しないといけないの?」。また、R（男性）は、「私はイスラーム団体の集会に参加するかと聞いたけど、現在のイスラーム団体がおこなっていることはイスラームとして間違った手段である」と自説を述べた。

これらの会話から、バングラデシュの大学生がイスラームとどのような距離感を保っているのか、その一端が垣間見られる。少なくとも、彼らが自らの生命を賭してテロに走るようには思えない。一方で彼らとは異なる価値観を持つ個人や集団が存在するのも確かであり、支持層を巡る政治的駆け引きや、自らの主張に彼らを取り込もうとする動きは、現実世界からインターネット空間まで広がりをみせている。

イスラームと政治をめぐる分断

近年のバングラデシュの好調な経済成長は、既存の社会の価値観やヒエラルキーにも大きな変化を生じさせている。これまでの社会ではあり得ないような立身出世を成し遂げるものや、新自由主義的な価値観を全面に押し出す人びとも現れはじめた。現実として広がる貧富の格差や、伝統的価値観の崩壊などに接して、一部の人びとがインターネットなどを通じて懐古主義的なイスラームの言説やＩＳなどの国際的な武装勢力の語る「正義」になびくこともあるだろう。

しかしながら、テロが増加し、ヒジャブが若者の間ではやっているからといって、バングラデシュの人びとの宗教意識がわれわれの感覚からかけ離れているわけではない。２０１４年の選挙ではＡＬがイスラーム主義政党ＪＩを明確に政敵とみなしながらも選挙で圧勝し、なおかつ国民から大きな不満表明は出ていない。このことは、バングラデシュの大多数の人びとが、イスラーム主義にのっとった国家建設や、イスラーム主義政党による暴力的な意思表明を支持していないことの証である。多くの人びとの関心は、経済成長による日々の生活水準の向上へと移ってきているのかもしれない。

このような社会変化の渦中で実施された戦犯裁判は、バングラデシュにおけるイスラームと政治の関係を「見える化」した。

バングラデシュの独立に反対し、虐殺行為をおこなったイスラーム主義政党の指導者層が、独立後もその罪を問われることなく政治的に力をもってきたことに対する国民の不満は大きい。その一方で、物的証拠に乏しい40年以上前の犯罪に対して極刑をもって臨む姿勢や、野党政治家を徹底的に追い詰める政治手法に対する批判は、イスラーム保守層だけでなく一部の知識人層においても高まりを見せている。

イスラームがバングラデシュ政治にどのような影響を与えてきたのか、また、その時々の政権はイスラームをどのように取り込んできたのか。イスラームと政治の関係は、バングラデシュの歴史を考える上で重要な論点であり、建設的な議論が求められる。しかし、身の安全を考えれば、公の場で強権的な現政権を非難したり、テロとの関連が疑われるイスラーム主義団体を批判したりすることもできないのが現状で、平和裏に議論を展開することもできない。そのため、戦犯裁判によって「見える化」されたバングラデシュ社会の分断を結い直す方策は見えず、そこにイスラーム武装勢力が入り込む余地ができてしまっている。バングラデシュにおけるイスラームと政治の関係がどのように変遷していくのか、今後の動向を注視する必要があるが、一方で政治におけるイスラームの位置づけと、個人と宗教の関係は分けて考える必要があることを最後に指摘して、本稿をとじたいと思う。まずは、ヒジャブをオシャレに身にまとう女子学生とSNSを通じて友だちになってみてはどうだろうか。等身大のイスラームの姿がそこから見えてくるかもしれない。

参考文献

日下部尚徳、2017「テロ続発が脅かす安定成長への道」アジア経済研究所編『アジア動向年報 2017年版』アジア経済研究所、463―488頁
佐藤宏、1993「イスラムとマイノリティ問題」臼田雅之・佐藤宏・谷口晉吉編『もっと知りたいバングラデシュ』弘文堂、159―169頁
高田峰夫、2006『バングラデシュ民衆社会のムスリム意識の変動』明石書店

7

インド

INDIA

भारत

デーオバンド

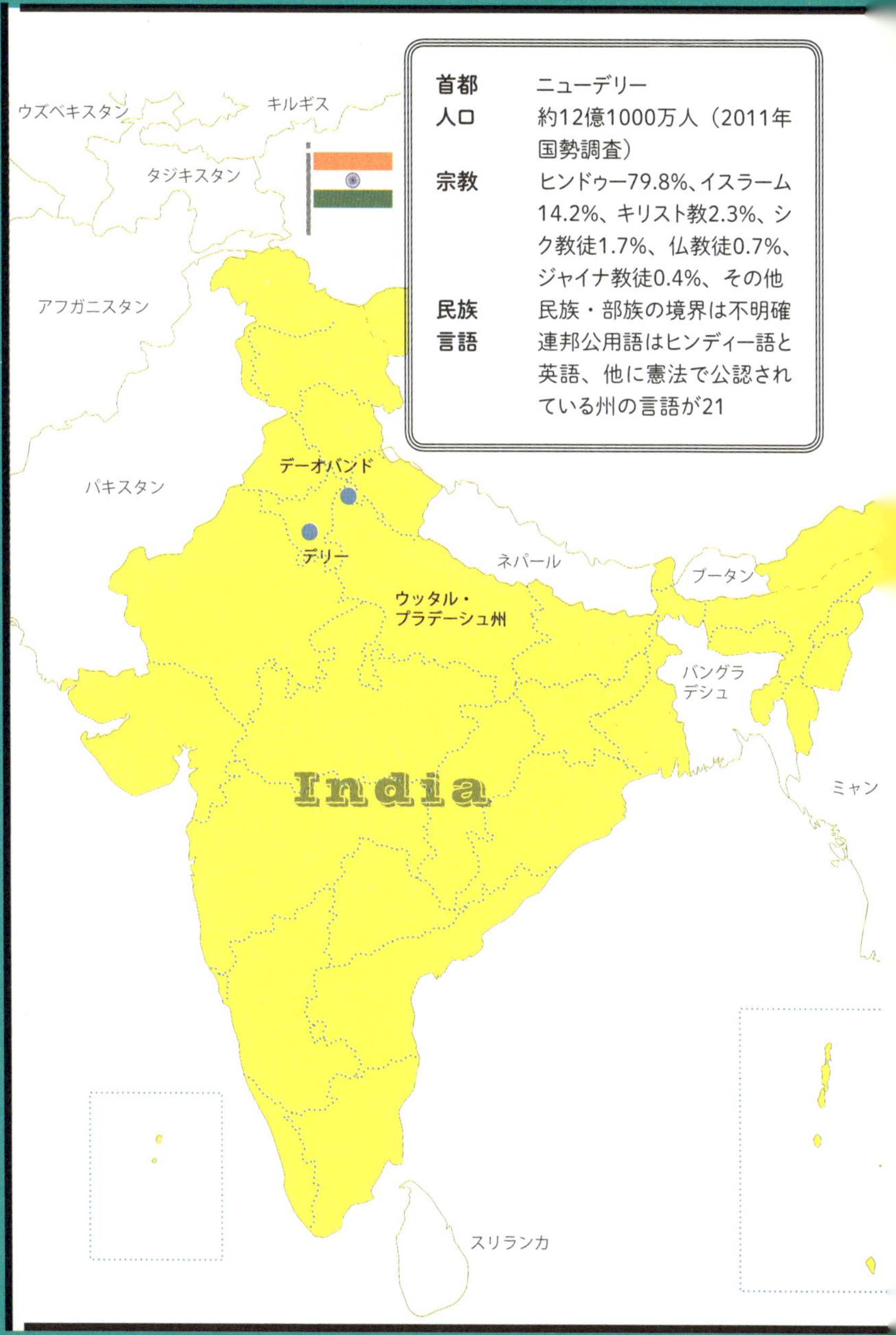

首都	ニューデリー
人口	約12億1000万人（2011年国勢調査）
宗教	ヒンドゥー79.8%、イスラーム14.2%、キリスト教2.3%、シク教徒1.7%、仏教徒0.7%、ジャイナ教徒0.4%、その他
民族	民族・部族の境界は不明確
言語	連邦公用語はヒンディー語と英語、他に憲法で公認されている州の言語が21

デーオバンド市

北インドに位置する小都市。いわゆるデーオバンド派の総本山であるデーオバンド学院を中心にした街。約150キロメートル離れた首都ニューデリーとは鉄道でつながっている。街中には多くのモスクやマドラサを見ることが出来る。

人口

約 10 万人
(2011 年インド国勢調査)

宗教

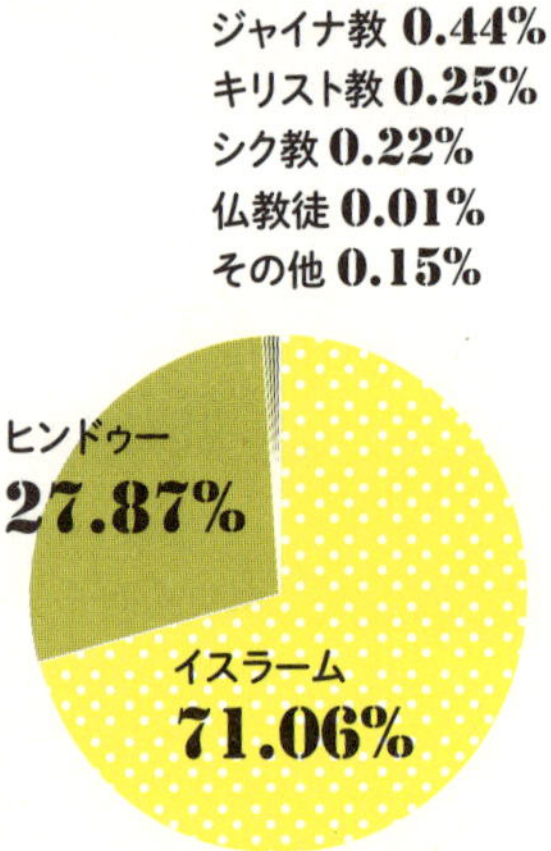

デーオバンド訪問記

拓徹

話題にされることは少ないものの、イスラーム世界にとって南アジアは看過できない存在である。人口で見れば、パキスタン、インド、バングラデシュの三国だけでもそのムスリム人口の合計（2017年現在推定約5億2100万人）は世界のムスリム人口の約3割を占める。

では、その南アジアのムスリムに関して、現在最も話題になることは何だろうか。それはおそらく、パキスタンやバングラデシュで頻発するテロ事件や、かつてアル・カーイダのウサーマ・ビン・ラーディンをかくまったアフガニスタンのターリバーンにまつわるニュースではないだろうか。いずれも「イスラーム過激派」という言葉で語られることの多い問題である。そして、南アジアの「イスラーム過激派」というと、南アジア関係者の口に必ずと言って良いほど上るのが、「デーオバンド派」の語なのである。

「デーオバンド派」って何？

「デーオバンド派」という言葉を聞いてピンとくる日本人は少ないだろう。平たく言えばこれは、南アジア最大のマドラサのネットワークを持ち、南アジアのイスラーム解釈において現在最大の影響力を誇るウラマーの流派の名前である。他方、多くの南アジアの人々、および欧米などで南アジア政策にかかわっている安全保障の専門家たちにとって、「デーオバンド派」の名前はいわゆる「イスラーム過激派」のイメージと結びついている。その理由は主に、アフガニスタンのターリバーンの主要リーダーの多くがパキスタン北部のデーオバンド派マドラサで教育を受けている事実にある。今日、例えば南アジアの知識人と話していても、「デーオバンド派」の語はイスラーム過激思想の代名詞として使われることが多い。

しかし、南アジアのムスリムの間で最大の影響力を誇る「デーオバンド派」が過激であるとすれば、それは必然的に南アジアのムスリムの大多数が過激であることを意味することにならないだろうか。常識に照らしても、全世界のムスリム人口の約3割を占める南アジア・ムスリムの大多数が過激思想に染まっているとは考えにくい。「デーオバンド派」の「過激派」的イメージの背景にあるのは、じつは南アジアにおける歴史的過程への誤解・無理解であり、南アジアや欧米を巻き込んだグローバル規模におけるムスリムへの偏見＝イスラモフォビアであると筆者は考える。「デーオバンド派」の名のもとになった有名なマドラサは、アフガニスタンやパキスタンではなくインドにあり、本章は基本的にこのデーオバンド学院の訪問記なのだが、以上のような事情から、本章ではこうしたムスリムへの偏見・誤解を解くための「デーオバンド派」をめぐる歴史的過程の概説をも試みる。

インド亜大陸におけるムスリムのあらまし

インド亜大陸で最初にムスリムとコンタクトを持ったのは、亜大陸西海岸の人々であったと思われる。この海岸部では、アラブ世界がイスラーム化する以前から海路を通じてアラブ人と通商・交易があり、イスラーム出現後いち早くムスリムと交渉を持ったのは自然な流れだった。トルコ～アフガン系ムスリムが中央アジアから北インド各地へ侵入するようになったのは11世紀初頭以降のことで、彼らが北インドで覇権を確立したのは13世紀初頭のことである。14世紀以降は中央～南インドでもムスリム王朝が誕生した。インド亜大陸におけるムスリム支配のピークは16～17世紀のムガル帝国最盛期であり、南インドの一部を除く亜大陸全土がその支配下に入った。以上のような経緯から、インド亜大陸にはトルコ系、アフガン系、アラブ系、ペルシア系など数多くのムスリムが渡来・定住したわけだが、現在のムスリムの圧倒的大多数は在来インド人改宗者の子孫である。

重要なのは、南アジアのムスリムの多くは、外来のムスリム侵略者・支配者による強制的な改宗ではなく、交易のあったムスリム商人たちの影響や、庶民から篤く信仰されたスーフィー聖者／聖者廟の影響で改宗し、ムスリムになったという事実である。とくにスーフィズムの役割は大きかったと考えられている。南アジアの文脈で言えば、スーフィズムの思想と実践はヒンドゥーのそれと類似しており、実際に両者は歴史的に互いに影響し合った部分もあった。概してスーフィズムは、イスラーム法学の外面性に飽き足らないムスリムたちの内面的な探求にかかわっているため、イスラーム法学に依拠する権威・権力と対立する契機を秘めている。なお、実際のスーフィズムは聖者やその墓廟（聖者廟）への庶民的な信仰を含んでいることが多い。

南アジアのムスリムにおける主流はスンニー派だが、シーア派も一部で勢力を保っている。米国のシンクタンクの推定では、インド・パキスタンともにそのムスリム人口の10〜15％がシーア派に属している。歴史的には、シーア派もペルシア文化とともに多様なかたちで南アジア各地へ流入したと考えられるが、現在の南アジアのシーア派に直接つながるのは、18〜19世紀の北インドにシーア派を奉ずるアワド王国が存在した事実である。

デーオバンド派の登場

デーオバンド派の登場の背景には、19世紀後半の南アジアにおけるいわゆる「イスラームの危機」があった。

南アジアにおけるムスリムの覇権は17世紀のムガル帝国最盛期に頂点を迎えたが、18世紀に入るとムガル帝国の勢いに陰りが見え始め、19世紀には南アジアにおける実質的な権力はイギリス（東インド会社）の手に渡っていた。巻き返しを図る一部ムスリムの野望も1857年のインド大反乱の失敗で潰え、翌1858年、イギリスがインドの直接統治に乗り出したため、それまで名目上は存続していたムガル帝国はついに完全に姿を消すこととなった。

南アジアにおけるイスラームは、このときまでは政権や法廷の運営にかかわる知識のほか、現在では「科学」の領域に入るさまざまな実用的な知識をも含む包括的な知識の体系として機能していた。しかし、イギリスに政権と法律の運用権を奪われ、一般的な知識体系の分野でも西欧自然科学の台頭をみた19世紀後半、南アジアのイスラームは「宗教」として再編することを余儀なくされた。デーオバンド派をはじめとする「宗教としてのスンニー派イスラーム」内部の各流派が生まれたのはこのときである。

それまで官僚養成機関だったマドラサはいったん機能停止し、ムスリムのアイデンティティとしての「宗教」の知識を継承しこれを守るための「宗教学校」として再出発することとなった。運営も、それまでのように政府（ムスリム諸王朝）や封建領主などの政治権力に依存するのではなく、一般市民の寄付金で賄う形態に移行した。こうした変革の中心となったのが、1866年に北インド（現ウッタル・プラデーシュ州北部）の小都市デーオバンドに建設されたマドラサである（正式名称は「ダール・ウル・ウルーム・デーオバンド」、直訳すると「デーオバンド知識センター」、本稿では以下「デーオバンド学院」と略記。「ダール・ウル・ウルーム」は大学に相当する大規模なマドラサに付けられる名称）。以降、デーオバンド学院は南アジアにおける「イスラームという宗教の専門家」としてのウラマー養成の中心となり、その影響下にある各地のマドラサやウラマーを総称して「デーオバンド派」と呼ぶようになった。

デーオバンド学院開設の背景には当然ながら、イスラームの危機に際し、より純粋かつ正統なイスラームを継承し世に広めたいという意思が働いており、これが例えば、今日デーオバンド派の特徴の一つと考えられている聖者廟信仰否定の姿勢へとつながり、のちのピューリタン的なデーオバンド派のイメージをもたらすことになった。なお、デーオバンド派はスーフィズムそのものを否定したわけではない。歴史的にデーオバンド派は、師から弟子への口述直伝に依拠するスーフィズムの内面的修行を重視し、自らも優れたスーフィーだったウラマーを多数含んでいる。

デーオバンド学院を訪ねて

デーオバンドの町はインドの首都ニューデリーから北東に約150キロの地点にある。ウッタル・プラデーシュ（UP）州最北部のサハーランプル郡南部に位置するこの小さな町は鉄道でニューデリーとつながっている。UP州のこの一帯ではサトウキビの栽培が盛んで、デーオバンド駅のすぐ隣には巨大な製糖工場がそびえ立っている。なお、デーオバンドに鉄道が開通したのは、デーオバンド学院開設の翌々年（1868年）のことである。

デーオバンドの町の南西に位置する駅から、この町の中心に陣取るデーオバンド学院まで、オートリクシャ（三輪タクシー）で20分ほど。13世紀にはすでにムスリムの町として知られていたこの古都に大きな道路は通っていないので、リクシャは曲がりくねった細い路地を、人やバイクをよけながらゆっくり進んで行く。現在のこの町はデーオバンド学院を中心に機能しており、デーオバンド学院が存在するがゆえに、他にも多数の大小のマドラサがこの町に居を構えている。2011年現在、町の人口は約9万7000人で、その約71％がムスリム、約28％がヒンドゥー教徒。デーオバンドの街並みとそこに集う店々は今日、北インドの一般的なそれから大きく異なるわけではない。デーオバンド学院が近づくにつれ、周囲に書店が目につくようになり、食堂もムスリム向けの肉料理を扱う店が増えるという程度である。

現在のデーオバンド学院は500メートル四方ほどの敷地に広がっており、外側を高い建物で囲み内側にさらなる建物と中庭が広がるという、典型的な北インドのマドラサの様式で建てられている。デーオバンド学院の場合、敷地中央にドームを戴くメインの校舎が位置し、その周囲に他の校舎・オフィスが建ち並び、敷地を囲う外枠の建物の北半分が学生寮となっている。正門は敷地の南側中央に位置し、敷地の北側にはタージマハルを模して近年建てられた壮麗なラシード・モスクがそびえ立つ（このモスクでは授業の一部も行われる）。

私がデーオバンド学院に着いたのはお昼少し前で、オフィスは休憩時間に入っていたため、正門外の南東に位置する学院付きゲストハウスにまず通された。部屋をあてがわれ、休憩した後で、ゲストハウスの他の客人たちとともに昼食をいただいた。客人のほとんどは一時滞在の学生で、皆だぶだぶのズボンの上に膝まであるゆったりとした上着を羽織るシャルワール・カミーズを着ていた（シャルワール・カミーズは20世紀初頭以降の南アジアにおけるムスリムの伝統衣装。マドラサの学生の場合、白色の地味なものを着ることが多い）。この日はたまたま月に数回出るというビリヤーニー（肉の炊き込みご飯）の日だったため、私も、ダスタ

ラシード・モスク

ルカーンと呼ばれる食事用の長い布（いわば床に敷くテーブルクロス）を皆とともに囲んだ。南アジア特有の、さまざまな香辛料に由来する芳香があたりを覆い、食欲をそそった。おかわり自由で、皆よく食べていた。

食事を終え、あらためて学院へ赴くと、取材するにはまず責任者の許可が必要だということで、学長のオフィスに通された。オフィスは絨毯《じゅうたん》張りの床にじかに座るインド様式で、学長は昔の日本の文人よろしく小さな書き物机を前にあぐらをかいて座っていた。この学院の概要を知るために見学させてほしいと申し出ると、喜んで許可してくれた。ただし学生をはじめとする人物の写真撮影は（イスラームの教えに反するため）禁止とのことだった。

私の案内役は、学院幹部らしき老人が引き受けてくれた。杖をつきながら、気さくな口調で主な校舎やラシード・モスク、図書館、学院付き書店などを案内・解説してくれた。ひと通り見学し終えたところで、この先の質問や詳細についての解説は英語ができる係員（学院のウェブ担当者）にしてもらったほうが良いだろうということで、学院のウェブサイト・広報担当オフィスに連れて行ってくれた。解説はウルドゥー語でも構わなかったのだが、たしかに英語ができるような人のほうが柔軟に対応してくれる可能性が高かったので、言われるまま従うことにした。ウェブ担当の若い係員は、この学院らしく豊かな髭《ひげ》を蓄えていたが、予想通り融通の利く方で、細かい質問に丁寧に答えてくれたほか、本人の写真撮影もOKしてくれた。ずいぶん垢《あか》抜けた感じの方だったが、やはりこの学院の卒業生とのことだった。

デーオバンド学院の概要

2016年8月現在、デーオバンド学院で学ぶ学生は4704名、教員は95名。外国人留学生は現在、20余名のアフガニスタン人の他、ミャンマー、ネパール、スリランカ、フィジー、南アフリカ、キルギスなどからそれぞれ数名ずつが在校している（かつてはアメリカやカナダの学生も在籍したそうである）。2014年度の予算は約2億5000万ルピー（約5億円）である。

この学院は、数あるデーオバンド派マドラサの総本山である。その管轄下にある全インド・アラビア語マドラサ連絡会に加盟しているマドラサだけで現在2963校を数えるが、その他の雑多な関連マドラサを含めると、この学院傘下のマドラサ数はさらに膨れ上がるだろう。以上はあくまでインド国内の話であり、これにパキスタンのデーオバンド派マドラサ約7000を始め、東南アジア諸国、東〜南アフリカ諸国、イギリス、アメリカ、カナダ、オーストラリア等のデーオバンド系マドラサを加えて、はじめてデーオバンド派の

デーオバンド学院の中央校舎

グローバルなネットワークの全容が見えてくるわけである。

この学院のメインコースである8年間のアーリム（「ウラマー」の単数形）養成コースを修了すると、大学の学士（B.A.）に相当する学位が授与される。アジア中に名声がとどろくこの学院の学位は大変権威のあるものらしく、各種マドラサなどへの就職にも大いに役立つという。メインコース以外では、幼少年向けのコーラン学習コースと、メインコース修了者のための各種特別コースが設けられている。なお、以上の教育プログラムはすべて男性を対象としており、デーオバンド学院に女生徒は存在しない。女性向け教育を行うデーオバンド派マドラサもないわけではないが、女性教育はデーオバンド派の今後の最大の課題の一つである。

南アジアのマドラサで重視される科目は、時代によって推移したことが知られている。現在の南アジアにおけるマドラサのシラバスは、18世紀前半に成立したいわゆる「ニザーミー方式」を基本としており、その特徴はいわば「特化せず、まんべんなく学ぶ」である。このシラバスには官僚養成の目的から、もともと論理学、数学といった「宗教」以外の実学が含まれていたうえ、現代のデーオバンド学院では必要に応じて自然科学や社会科学の科目も採り入れ、近年ではコンピューターや英語の学習も行っている（英語講座の導入にあたっては、学院内で激しい論争があったことが知られている）。デーオバンド学院のカリキュラムがコーランやハディースといった「宗教的伝統」に重きを置いているのは事実だが、その教育姿勢は、メディアによって広まった「デーオバンド派」＝「原理主義集団」という通俗的イメージからはほど遠い一定のバランス感覚を兼ね備えていると言えよう。

デーオバンド派の歴史的展開とアフガニスタンにおける反帝国主義の伝統

インド大反乱の後、インドのムスリムは反英分子として弾圧されがちだったため、開設当初のデーオバンド学院は非政治性を保つことでその存続を図った。しかし、自治・独立への気運がインドで高まってくると、デーオバンド学院のウラマーの中にもこの動きに賛同する者が現れた。その代表格がフサイン・アフマド・マダニー（1879～1957）で、彼はガーンディーらの国民会議派と手を組み、イギリス支配への抵抗活動を繰り広げた。マダニーとその同志たちは1919年、デーオバンド学院の政治部門としてインド・ウラマー協会を立ち上げ、マダニーが会長に就任した。この協会は現在もデーオバンド学院の政治部門として活動しており、インド愛国主義的ムスリム団体としてひろく知られている。

一方、インドでムスリム国の分離独立を求めるパキスタン運動が勃興すると、デーオバンド学院の中にも「パキスタン建国の父」ジンナー（および彼が率いるムスリム連盟）に賛同するウラマーが現れた。彼らはインド・パキスタン分離独立前夜の1945年にインド・ウラマー協会と袂《たもと》を分かち、イスラーム・ウラマー協会を立ち上げた。以後、パキスタンにおけるデーオバンド派とその政治を率いて行ったのはこのイスラーム・ウラマー協会である。

さて、デーオバンド派とアフガニスタンにおけるターリバーンの関係を探るために、ここで少し歴史を遡ってみたい。アフガニスタンにおけるデーオバンド派について考える際、避けて通れないのが、19世紀前半のいわゆるムジャーヒディーン運動である。デーオバンド派が自らの思想的祖先と考えているのが、18世紀の南アジアが生んだイスラーム改革思想の大家シャー・ワリーウッラー（1703〜1762）だが、彼の子孫およびその弟子たちが、南アジアにおけるイスラームの危機を憂慮し武力による「ジハード」（聖戦）に打って出たのがムジャーヒディーン運動である。この運動は後に反英運動の性格を帯びることになるが、当初ジハードの対象としたのは、当時パンジャーブ地方に一大勢力を築き、その支配地でムスリムを圧政下に置いていたシク王国だった。そして、この戦いのために彼らが拠点として選んだのが、当時のシク王国北方に位置したパシュトゥーン社会だった（アフガニスタン南部からパキスタン北西部にかけてその居住地が広がるパシュトゥーン人は、アフガニスタン最大の民族集団）。彼らが伝えたシャー・ワリーウッラー直系のイスラーム改革思想は、当時のパシュトゥーン社会に一大宗教勢力を築いていたアブドゥル・ガッフール（1793〜187

8）とその一派によって継承され、この地域における間歇的な反英運動を支えると同時に、19世紀末以降デーオバンド派を受け入れる素地を作った。

そして20世紀初頭、デーオバンド派のウラマーを官僚として重用したのも、彼らの一部がオスマン帝国およびドイツと組んだ反英武力闘争を画策した際、その拠点かつ最初の協力者として選んだのもアフガニスタンだった（前述のマダニーも参加したこの反英闘争は「絹のハンカチ運動」の名で知られるが、1916年に露見し失敗に終わった）。アフガニスタンにおけるデーオバンド派は、このように反英・反帝国主義ジハードの歴史的記憶と結びついているのであり、実際にこれら19～20世紀のジハードをめぐる歴史的文書は1980年代、アフガニスタンにおける反ソ連ジハードを鼓舞する目的で、パキスタン各地で印刷・配布されている。

ターリバーンの直接の背景：1980年代以降のパキスタンとハッカーニヤー学院

一方、独立後のパキスタンでは、イスラームをどのように政体に採り込むかをめぐって議論と試行錯誤が重ねられたが、1970年代末から80年代にかけて、その状況は激変した。まず、1977年の軍事クーデターでパキスタンの政権を掌握したズィア・ウル・ハク将軍が、いわゆるイスラーム化政策に乗り出した。その内容はシャリーア法廷の設置やザカート（喜捨）の税制としての制度化などに加え、姦通《かんつう》罪に対する石打ちの刑（死刑）や窃盗罪に対する手首切断の刑などを含むハッド刑の導入など、象徴的かつ大衆受けを狙った皮相な政策を含んだ。これらのイスラーム化政策がパキスタン社会に及ぼした影響は計り知れず、例えば、表面的なシラバス改革とともにマドラサ教育における学位を公認し、ザカート税による税収をマドラサ支援に充てるなどの教育政策は、パキスタンにおけるマドラサ数を急増させ、貧困層の子弟が大挙してマドラサに入学する事態をもたらした。そして、この政策以上にパキスタン社会のイスラーム化に拍車をかけたのが、アフガニスタンにおけるジハード運動の開始である。1979年12月のソ連によるアフガニスタン侵攻後、アメリカはパキスタン支援を強化し、アメリカの後ろ盾を得たズィア政権はアフガニスタンのソ連傀儡《かいらい》政権に対するジハード運動を全面的に支援した。このジハード支援運動はパキスタンで大衆化し、宗教勢力の発言権と政治力の増大をもたらし、パキスタン社会に宗教的な空気を充満させた。この宗教的な空気をさらに深めたのが、同じく1979年、イランにシーア派政権を誕生させたイラン革命だった。この革命に危機感を抱いたスンニー派のサウジアラビアと、勢力拡充を狙うイランが競争するかたちでパキスタン国内のそれぞれスンニー派、シーア派への資金援助を増加させて行った結果、パキスタンでは両派の急進的な団体が台頭し互いに武力抗争を始めるようになり、これがパキスタン社会の宗教的な空気を増幅すると同時に急進化させた。結果的に、これら1980年代パキスタンの変化は、イスラームを近代的政体に取り込み内面化するのではなく、イスラームの表面的な政治化、アイデンティティ政治としての大衆化をもたらしたのみであった。

1990年代のアフガニスタンに登場したターリバーン勢力は、まさにこうしたパキスタンのイスラーム化が生み出した鬼子という側面を持っていた。そして、その背景にあるのが、パキスタン北部カイバル・パクトゥーンクワー州（かつての北西辺境州）のペシャーワル近郊の片田舎にあるデーオバンド派の一大マドラサ、ハッカーニヤー学院である。デーオバンド学院で学んだアブドゥル・ハク（1912〜1988。イスラーム・ウラマー協会メンバー、のちパキスタン国会議員）が1947年に故郷で開設したこのマドラサは、パキスタンのデーオバンド派ウラマーの約3分の1を輩出すると言われる規模を持つ教育機関だが、その財政規模は1980年以降、ザカート基金からの政府支援によって急増したことが知られている。同時にアフガニスタンからの留学生も急増し、またアフガニスタン留学生以外の学生もほとんどが地元のパシュトゥーン人であるため、アフガニスタンにおけるジハードと全パキスタンを挙げてのジハード支援運動の開始後、この学院はおのずからこのジハード運動に染まって行くことになった。その刊行物でジハードの宣伝が行われたり、ジハードへ参戦する学生に休学の便宜が図られたりといった事情はあったものの、この学院がジハード運動の一大拠点となった背景には、デーオバンド派の教義というよりも、上述のパキスタン政府のイスラーム化政策やパキスタン社会のイスラーム化、あるいはこの地域における過去の反帝国主義ジハードの記憶などが大きな要因として存在していると考えるほうが自然だろう。

1989年のソ連撤退後、アフガニスタンでは各ジハード集団が派閥抗争に明け暮れ社会が荒廃したが、そこへイスラームの規律と安定をもたらすべく登場したのが、女性の権利蹂躙《じゅうりん》やウサーマ・ビン・ラーディン擁護で悪名高いターリバーン（「学生たち」の意）である。そして、その最高指導者だったオマル師を始めとするターリバーン幹部の多くが学んだのがハッカーニヤー学院だった。なお、ターリバーンには例えばアフガニスタン社会に根を張っていた少年愛（バッチャバーズィー）の習慣を根絶するなどの側面があったことも忘れてはならないだろう。これは、結婚式などの会場で美少年を踊らせ、事後には権力者（男性）がこれを性的玩具として楽しむという慣習で、未成年児童の性的搾取であるばかりか、権力者たちの抗争に巻き込まれ命を落とす少年も多かったことが知られている。ターリバーンには、1980年代パキスタン経由の現代的に劣化したイスラーム解釈の要素が入っている一方、近代以降に生まれた倫理運動という側面もあるわけで、そこにはこの少年愛の根絶に見られるように、現代の欧米とも基本的には重なり合う近代的な倫理観が存在していると思われる。

ここで、デーオバンド派は「イスラーム過激派」の温床なのか？　という問いに答えておきたい。ここまでの説明でお分かりいただけたと思うが、デーオバンド派の教義とマドラサ教育自体が「過激化」をもたらしているとは考えにくい。パキスタンのマドラサにおいてシラバスなどに大きな変化があったわけではなく、「過激化」したのはむしろマドラサを取り巻く環境（アフガニスタン、カシミール、パレスチナ等におけるムスリムへの弾圧、アメリカの対ムスリム政策など）のほうであり、その影響を受けているのはマドラサの学生だけではない。政治学者ネヤージーも述べるように、「パキスタンにおける一群のマドラサの急進化は、マドラサ教育システムに内在する要因によるものではない。それはむしろ、パキスタンという国における政治経済的な、より大きなレベルでの事態の複雑な推移の結果なのである」。ターリバーンによる女性の権利の蹂躙はもちろん許しがたいけれども、ここで発すべきより大きな問いとは、かつてのイギリス帝国主義と植民地支配、そして現在のアメリカの軍事政策とこれが係争地にもたらす災禍の数々は、果たして許せるのか、というものではないだろうか。

イスラモフォビアとデーオバンド学院の現状

このように、「デーオバンド派」をめぐる偏見とも言えるイメージ構築の陰には、現代世界に渦巻く「イスラモフォビア」の働きと、根本的な問題の所在のすり替えがあると思われる。このことは、ムスリム独自の教育機関である「マドラサ」のイメージについても当てはまる。マドラサにおける教育内容への想像力が働かず、マドラサ卒業生の中から反メインストリーム的＝反欧米的で「過激」な政治的行為に打って出る者が多いという印象から、「あのマドラサというよく分からない教育機関の内部では〝狂った〟ことが行われているのではないだろうか」、ひいては「マドラサで教育を受けたムスリムという集団全体が〝ちょっとおかしい〟のではないだろうか」という偏見が生まれてしまっているのである。（なお、忘れられがちなことだが、全てのムスリムがマドラサで教育を受けているわけではない。例えばインドでは、マドラサ教育を受けているのはムスリム人口の僅か4％である。）

ムスリムをめぐるこういった偏ったイメージ構築がなされがちな国のひとつが、ヒンドゥー教徒が主体の現在のインドである。デーオバンド学院が今日イ

マドラサの子どもたち（ウッタル・プラデーシュ州）

ンドで直面しているのも、ムスリムへのこういった偏見や敵対心である。現在インドの中央政権および多くの州政権を担っている与党は、しばしば「ヒンドゥー至上主義政党」の名で呼ばれるＢＪＰ（インド人民党）だが、２０１７年３月にはデーオバンドから選出されたＢＪＰ州議会議員が「デーオバンドの町名はデーオヴリンドに改めるべきだ」と発言する事態に至っている。「デーオバンド」の名はあまりにもこの有名な学院と結びついており、ムスリムやイスラームを連想させるため、ヒンドゥーの叙事詩マハーバーラタに登場する地名「デーオヴリンド」で置き換えるべきだというのである。デーオバンド学院の公式史書も記す通り、「デーオバンド」の「デーオ」はヒンドゥーの女神を表す「デーヴィー」に由来しており、そもそも「デーオバンド」自体がきわめてヒンドゥー的な名前なのだが、ＢＪＰにとってはそんな歴史的事情はどうでも良く、とにかくムスリムに大きな顔はさせないという多数派ヒンドゥー教徒側の意思がこの議員の発言に表れている。

こうしたインドの社会状況と闘わなければならないデーオバンド学院だが、じつは内部にも問題を抱えている。１９８２年以来、デーオバンド学院創立の立役者であるモハンマド・カーシム・ナーノータウィー（１８３３〜１８８０）の子孫と、前述インド・ウラマー協会初代会長マダニーの子孫がいがみ合い、分裂状態なのである。南アジアでは、一時代を築いた政治家の子孫が世襲でそのまま政治権力を持ち続ける傾向があるが、こうした傾向がこの学院の内部にも現れたかたちである。外憂を抱えているにもかかわらず、こうした低レベルの内紛に足をすくわれている状況は、このグローバルな名声を誇る教育機関の未来にとって好ましいとは言えないだろう。

参考文献

山根聡、2011『4億の少数派：南アジアのイスラーム』山川出版社
Haroon, Sana. 2011. *Frontier of Faith: Islam in the Indo-Afghan Borderland*, London: C. Hurst & Co.
———. 2012. "Religious Revivalism across the Durand Line", in Shahzad Bashir and Robert D. Crews (eds.), *Under the Drones: Modern Lives in the Afghanistan-Pakistan Borderlands*, Cambridge: Harvard University Press.
Malik, Jamal. 1998. *Colonization of Islam: Dissolution of Traditional Institutions in Pakistan*, New Delhi: Manohar.
———(ed.). 2008. *Madrasas in South Asia: Teaching Terror?*, London: Routledge.
Metcalf, Barbara Daly. 2002. *Islamic Revival in British India: Deoband, 1860-1900*, New Delhi: Oxford University Press.
Neyazi, Taberez Ahmed. 2014. "Darul Uloom Deoband's Approach to Social Issues: Image, Reality, and Perception", in Robin Jeffrey and Ronojoy Sen (eds.), *Being Muslim in South Asia: Diversity and Daily Life*, New Delhi: Oxford University Press.
Quraishi, Najibullah. 2010. *The Dancing Boys of Afghanistan*（ドキュメンタリー映画、52分）
Reetz, Dietrich. 2009. "Change and Stagnation in Islamic Education: The Dar al-Ulum of Deoband after the Split in 1982", in Farish A. Noor, Yoginder Sikand and Martin van Bruinessen (eds.), *The Madrasa in Asia: Political Activism and*

Transnational Linkages, New Delhi: Manohar.

Rizvi, Sayyid Mahboob. 1980. *History of the Dar al-Ulum Deoband, Volume One*, Deoband: Idara-e Ihtemam, Dar al-Ulum Deoband.（1、2巻ともにウルドゥー語の原著も適宜参照した）

———. 1981. *History of the Dar al-Ulum Deoband, Volume Two*, Deoband: Idara-e Ihtemam, Dar al-Ulum Deoband.

8

スリランカ

SRI LANKA

ශ්‍රී ලංකාව

コロンボ

／

カッタンクディ

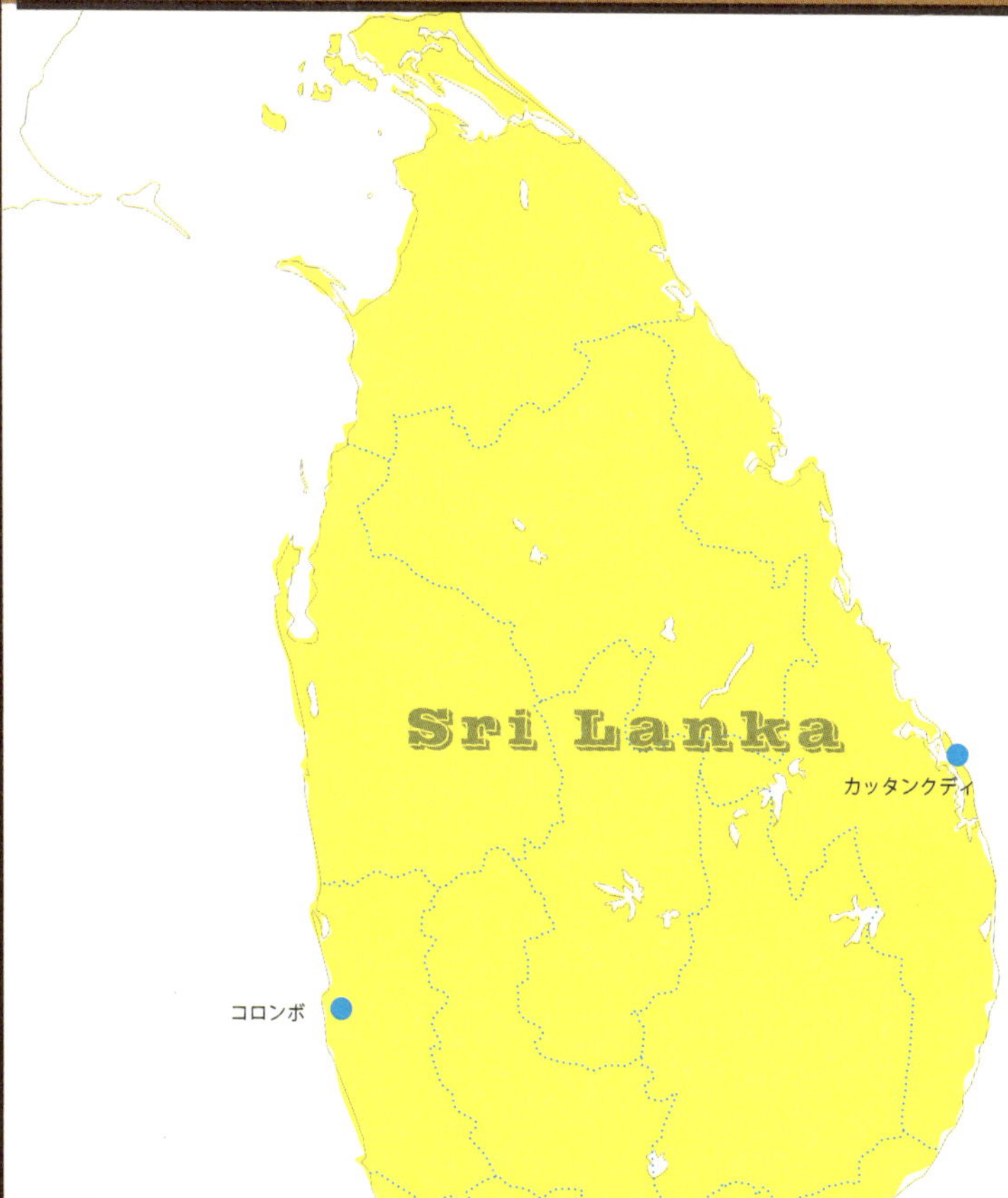

首都	スリ・ジャヤワルダナプラ・コッテ
人口	約2,100万人（2016年）
宗教	仏教70.1%、ヒンドゥー12.6%、イスラーム9.7%、キリスト教7.6%（一部地域を除く値）
民族	シンハラ人74.9%、タミル人15.3%、スリランカ・ムスリム9.3%（一部地域を除く値）
言語	公用語（シンハラ語、タミル語）、連結語（英語）

コロンボ市

かつての首都。1984年にスリ・ジャヤワルダナプラ・コッテにその座が移っても、今なお実質的な首都として商業活動の中心地である。古くから交易が盛んで、特に大航海時代以降にインド洋有数の港町として発展した。

人口

約56万人
（2012年スリランカ国勢調査）

民族

シンハラ人 36.8%

タミル人 31.5%

スリランカ・ムスリム 29.5%

その他 2.2%

宗教

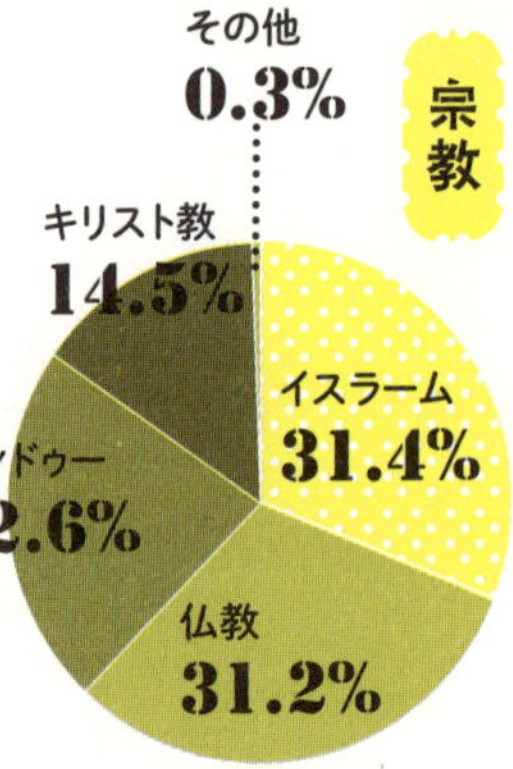

インド洋世界の十字路
——コロンボムスリムの多様性

山田協太

本稿では、スリランカの中心都市コロンボを軸に、インド洋の広がりを視野に入れながらスリランカの形成とムスリム社会の変容を歴史的視点から論じる。現代スリランカ社会の暮らしの中でのムスリムの民族間関係を論じる次稿（P282〜／中村著）と本稿とは補完関係にある。

スリランカの経済中心都市コロンボに、ペターと呼ばれる歴史的地区がある。ペターは、国内、海外から持ち込まれた日用品を全国へ供給するスリランカ随一の卸売店街であり、卸売店がひしめく街路は、人、荷車、三輪タクシー、車の往来で賑わいが絶えない。

ムスリムは、ペターの商業活動の主要な担い手となっている。表通りの喧騒を離れて路地を入ると、そこに「グル（導師）」と呼ばれる男の店がある。彼の名はビラール氏、１９６７年にこの町で生まれた。父は南インド出身で、スリランカではインド・ムスリムと呼ばれる民族グループに属する。携帯電話が普及しだした１９９６年以来、わずか10平米ほどの部屋で携帯電話の修理店を営んでいる。当時、携帯電話の販売店はあったが修理店がなかったことに着目し、このビジネスをはじめた。いうなればコロンボで最初の携帯電話修理職人である。カタールで携帯電話販売店を営む友人と共同で、携帯電話を分解して研究し、修理技術を開発した。昼は別の商売をしつつ、午後10時に帰宅してから毎晩12時、遅い時は2時まで作業した。ツメを外してカバーを外し、内部の基盤を眺めながら、それぞれの部品を外してはひとつずつ働きを調べた。テーブルには、ハンダごて、ガスバーナー、ドライバー、小型ハサミ、歯ブラシ、ピンセット、ライト付きむしめがねが並ぶ。利用できる道具を試行錯誤で揃えた。そして夜通しの研究が実を結び、店は好評を博して連日長蛇の列ができた。その技術を教えて多くの弟子を育てたことが、宗教的指導者を意味する、グルと呼ばれる所以である。カバーの分解に靴職人のシューナイフが適していることを発見したのは自分で、「コロンボの携帯電話修理職人はみなこのシューナイフを使うようになった」と自慢する。また基盤を分解する「外科的手法」に加えて、1997年からは薬剤を用いた基盤洗浄を試行しはじめたという。

同時期、インド洋全域で携帯電話の修理技術の開発競争がはじまっていた。コロンボのこの小さな店舗はその先頭を走っていた。グローバルに見ても先駆的だったため、1998年頃には、ビラール氏のうわさを聞いたサウジアラビアの富豪にリクルートされ、弟子が湾岸へ渡ったという。やがて2002年頃になると、シンガポール経由で、超音波洗浄

ビラール氏と携帯電話修理店

器が入ってきた。今は超音波による基盤洗浄が基本手法として定着しているが、機械を製造する技術の集積は中国がリードしており、中国製超音波洗浄器が市場を席巻している。

決して派手ではない、どこにでもある路地裏の小さなビジネスだが、コロンボでその活動を見ていると、インド洋の広がりを感じることができる。インド・ムスリムのビラール氏、カタールの友人、サウジアラビアの富豪、シンガポール、中国の超音波洗浄器がこの部屋で織り合わされている。

コロンボにどうしてこのようなインド洋各地にまたがるネットワークが形成されているのか、以下ではその歴史を振り返りながら探っていきたいが、まずは彼らの精神的根幹をなす「ある言葉」から見ていこう。

タミル語でナンビッカイ、シンハラ語でウィスワーサヤと呼ばれる言葉がある。日本語で言えば「互いに信頼しあう」という意味で、スリランカには「ナンビッカイ／ウィスワーサヤ関係」を基礎とする人々の結びつきがある。

カタールの友人と協働したビラール氏の例に見られるように、「ナンビッカイ／ウィスワーサヤ関係」は、個々人を結節点として、ペターからスリランカ全島、さらにはインド洋沿岸地域にまで張り巡らされている。その広がりは、時にはグローバルなスケールに及ぶ。「ナンビッカイ／ウィスワーサヤ関係」で結びついた一人ひとりが、ひとつのビジネスを共有しながら微小な発明と新たなネットワークの開拓を行っている。そこで見出される新たな機会は共有され、ビジネスの成長が促進される。ビジネスと個人の富は、この特別な関係の中で育つため、ペターで活動する男たちにとって、この関係こそが何よりも重要な財産であり、行動原理である。「ナンビッカイ／ウィスワーサヤ関係」は、家系と出身地とを核として歴史的に蓄積されてきたものである。他方で、この関係は新たに開拓され、互いに異なるとされるムスリム、タミル人、シンハラ人を越えても広がってゆく。ペターは、「ナンビッカイ／ウィスワーサヤ関係」をつうじて、インド洋の各地と連動すると同時に、互いに密に結びあわされた個々人の活動の集積からなっている。

携帯電話修理ビジネスの活況が続いたのは96年からの6年間だったが、ペターで扱われる商品やサービスの多くも同様に、新技術や流行によって短期間で目まぐるしく変化している。商売人たちは、ひとつの分野に固執することなく、「ナンビッカイ／ウィスワーサヤ関係」をつうじて、商機を見つけては新たなビジネスに参入し、商機の消失とともに離散し、また新たなビジネスへと向かう。ビジネスの入れ替わりとともに、店先の商品、看板も数年から十数年の期間で目まぐるしく変化し、その結果として、ペターの景観は移り変わってゆく。

１９８０年代から90年代にはトランジスタラジオ、電卓、腕時計などの電気製品が遠く日本から運び込まれ、ペタ一を席巻した。２０００年代の中ごろまで、通りの中ほどであればソニー・センター、街角であればカシオ・コーナーなど、日本の家電メーカーの看板がペターのいたる所を飾っていた。今日では、韓国やフィンランドの携帯電話会社の看板がとって代わっている。直近の急成長分野は、バンコクや中国から輸入されるコスメティック用品である。興味深いことに、一番の財産とされる「ナンビッカイ／ウィスワーサヤ関係」さえも、永続的なものではない。新たな商機の発見とともに変化している。

インド洋におけるスリランカ

インド洋は、紀元前後には既に、西のアラビア半島から東のマレー半島まで航路で結ばれ、帆船による貿易が行われるようになっていた。7世紀前半に興ったイスラームは、この貿易ネットワークに乗ってすぐにインド西岸、8世紀には今日のスリランカであるセイロン島に定着した。13世紀には東南アジアへ広がり、イスラームはインド洋一帯で共有される世界秩序となった。西から東への移動だけでなく、メッカ巡礼による東から西への人々の移動もあった。スリランカを含め、南アジアはインド洋の中央にあって、イスラームで結ばれたインド洋貿易と巡礼の活発な往来の十字路の役割を果たしてきた。

19世紀になると、イギリス、フランスなどのヨーロッパ植民地の秩序が環インド洋の地域一帯に広がる。南アジアのムスリムたちは、植民地で発達した汽船航路に乗って、インド洋各地への移住と往来をより活発に行うようになった。植民地においても、イスラームは、活発な往来を通じて多様なルートを伝って辿りついた人々や、長年島に住んできた人々が出会い、共存する、共通の秩序となってきた。

こうして環インド洋に歴史的に形成され、継承されてきた、イスラームを共通の秩序とする人々の結びつきが、今日のコロンボの経済活動を支えている。

スリランカと南インドとのつながり

ビラール氏の父が南インド出身だったように、スリランカは歴史的に、南インドのムスリムと活発に交流してきた。16世紀にスリランカに来たポルトガルの資料には、当時内陸部を治めていたシンハラ人のキャンディ王国の描写で、南インド出身のムスリムが商業、流通の担い手として、頻繁に登場する。南インドから来たムスリムたちは、結婚をつうじてスリランカに定着すると同時に、南インドとの関わりも保ち続けていた。

南インド東部に位置するタミルナードゥの沿岸には、東南アジアとの貿易で重要な役割を担ってきたムスリムの歴史的港が多数存在する。コロンボに住むムスリムは、タミルナードゥの港町の出身者と縁戚関係を持つ者が多く、スリランカの一員であると同時に、タミルナードゥのムスリムの一員としても日々を生きてきた。タミルナードゥの港町からコロンボを見ることで、コロンボのムスリムの生きてきた世界の広がりを垣間見ることができる。

タミルナードゥの大都市チェンナイから300キロメートルほど南に位置するナゴールは、そうした港町のひとつである。ナゴールは、16世紀のイスラーム聖者アブドゥル・カーディル・シャフール・ハミードの止住《しじゅう》した、南インド最大のイスラームの聖地でもある。アブドゥル・カーディル・シャフール・ハミードとその一族の眠る聖者廟ナゴール・ダルガーは、航海安全、健康を祈願する人々の寄進によって増築が繰り返された。

ナゴール・ダルガーには5つの高塔がある。その内、1699年に建設された高塔は、インド洋を越えたマレーシアのマラッカのムスリム商人たちの寄進で建てられており、1763年に建設されたものは、ヒンドゥーである在地の有力一族の寄進だとされる。アブドゥル・カーディル・シャフール・ハミードはスリランカにも滞在したことが知られ、ナゴール・ダルガーには、スリランカからもたらされたとされる鎖が飾られている。

アブドゥル・カーディル・シャフール・ハミードの没後、聖者を崇敬して、カンドゥーリと呼ばれる祭りがおこなわれるようになった。祭りは聖者の没した1570年（1558年あるいは1579年ともいわれる）の翌年からはじめられたとされ、年に一度、その命日に行われる。祭りは14日間にわたって行われ、期間中はラタと呼ばれる山車に載せて運ばれた大きな旗が高塔に1つずつ掲げられる。そのうちの旗の1つは、毎年シンガポールのムスリムから寄付されるものである。5台の山車のうち2つは船の形をしており、いずれも、インドとビルマ、インドとスリランカとの間を往来した蒸気船の名前がつけられている。

ナゴール・ダルガーを参拝するのはムスリムに限らず、5台の山車のうちの1つはヒンドゥーの人々が管理している。この山車は、ヒンドゥーの商人カーストの1つであるチェッティが寄贈した。駕籠《かご》の形をし、花や新月の文様で飾り付けられ、席にあたる部分に旗が安置される。山車を引くのはヒンドゥーの人々である。カンドゥーリが終わると山車は常設の倉庫に収納される。倉庫には聖者アブドゥル・カーディル・シャフール・ハミードの祠堂《しどう》が併設されており、毎夕、聖者にプージャー（ヒンドゥーの礼拝）が捧げられる。聖者を信仰するヒンドゥーの人々は聖者を、イスラームを信仰した神だと言う。ヒンドゥーの

カンドゥーリの旗を運ぶラタ（山車）の1つ、ティースタ・カッパル

人々の視点からは、聖者はヒンドゥーの神でもあり、聖者を祀《まつ》るナゴール・ダルガーはヒンドゥーの寺院でもあると言える。南インドの主要な宗教であるヒンドゥー、カトリックの信者も健康祈願、厄除けにここを訪れる。ヒンドゥー、カトリックにもそれぞれ健康祈願、厄除けの神や聖人がいる。健康と安寧を求めて、人々は宗教を越えてイスラームの聖者、ヒンドゥーの神、カトリックの聖人を互いに訪れている。興味深いことに、健康祈願や厄除けに用いられる装身具は、宗教を問わず共有されている。

ナゴールの聖者を崇敬する廟は、ナゴールの町にとどまらず、人々の往来、移住をつうじてインド洋各地に建設されてきた。現在、ミャンマー、マレーシア、シンガポール、インドネシア、スリランカ、各地の都市にナゴールの廟は存在している。こうして港町の人々の形成してきたインド洋を跨ぐネットワークの中にスリランカは位置している。

ところで、スリランカと南インドから環インド洋に広がるムスリムのネットワークでいま1つの中心を担うのは、スリランカの対岸に位置する、南インド、タミルナードゥ最南部の2つの歴史的港町、キーラカライとカヤリパッティナムである。スリランカのムスリムは、ナゴール、チェンナイとともにとりわけ

ナゴール・ダルガーのヒンドゥーの山車

この2つの港町と深い関わりを持ってきた。人々の歴史的交流をつうじて、スリランカと南インドとの間には、多くの衣食住の文化が共有されている。また、1908年に、コロンボのペターで最も大きく華麗なモスクとして知られるレッド・モスク（スリランカ口絵右側）を建てたのもカヤリパッティナム出身者たちである。

程度の差はあれ、タミルナードゥの港町同様、スリランカのムスリムも出身の町を中心として、南インド、インド洋に跨る独自の親戚ネットワークを形成してきた。

マレー世界の西端としてのスリランカ

スリランカはインド洋世界の十字路に位置するゆえに、そこに定着するのは南インド系のムスリムにとどまらない。スリランカはマレー世界の西端にもあたり、コロンボにはマレー系のムスリムも暮らしてきた。その始まりはポルトガルに続いてオランダがスリランカ沿岸部を統治するようになった17世紀中期にさかのぼる。現在のインドネシアから送られた人たちが、コロンボに居住地を形成しはじめたのである。その後、

イスタンブールのブルーモスクを模したウェカンデ・ジュマ・モスク

1796年からオランダに代わってイギリスの統治がはじまると、マレー人が兵士として採用され、ここに加わるようになった。マレー系の人々の居住地の形成に伴って、新たなモスクも建設された。1786年に建設されたウェカンデ・ジュマ・モスクが最古で、今も4つのマレー系ムスリムのモスクがコロンボに存在する。オランダ統治期、コロンボは、ジャワをはじめとする今日のインドネシアの島々でオランダに対する反逆の罪に問われた人々の流刑地だった。モスクの立地する「スレイブ・アイランド」と呼ばれる地域は、18世紀以来インドネシアの島々から送られたマレー系の人々の主要な居住地となってきた。モスクの歴史は、コロンボに流刑となったジャワの貴族パンダン・バリーが1786年に土地を購入し、ジャワに出自を持つ説教師サブー・ラティーフに与えたことに始まる。18世紀から19世紀には、インドネシアから多くのイスラーム聖者がコロンボに来た。モスクの敷地には、マレー半島出身の女性とされるフセイン・ビー・ビーの聖者廟があり、スレイブ・アイランド一帯の守護聖者とされている。

現在、マレー系ムスリムとして知られるのは、主にイギリス統治期に移り住んできた人々の子孫になる。今でも家庭では、マレー語を話し、マレーの料理を食べる。特別な日には、男はソンコックと呼ばれる黒の帽子とサロン、女は華やかなバティックの服とケバヤと呼ばれる民族服を着る。服地は、スリランカでは手に入らず、知人がマレーシアに行く機会に買ってもらった。出身地の異なるムスリムとの通婚もおこなわれ、家庭外での関係や家庭内での世代間の関係をつうじて、マレー系ムスリムの文化は変化している。

西インド、西アジアとのつながり

歴史的には、最初のムスリムは、ハドラマウトと呼ばれるアラビア半島東部から来たとされる。その後も継続して来航したハドラマウトの人々や南インドから来る多数のムスリムと、在地のシンハラ人との結婚と定住をつうじて、今日スリランカのムスリムの大半を占める、スリランカ・ムスリムとよばれる民族集団が形成されたとされる。スリランカ・ムスリムにはさらに、東アフリカから奴隷として連れてこられた人々など、さまざまな道筋を辿ってセイロン島に至った人々が混じりあっている。

時代が下ってイギリス統治時代には、インド洋有数の大都市に成長したインド西海岸のムンバイから、西インドやペルシア出身のムスリムが定着している。そのためコロンボには、イスラームの中では少数派のシーア派のモスクも、西インドに出自を持つボーラと呼ばれるインド・ムスリムの人々によって建てられている。19世紀末頃に建設されたスリランカで最古のシーア派モスク、カリムジー・モスクは、ムスリム有数かつインド系有数の貿易商だったカリムジー・ジャフェルジーから寄贈されたものである。スリランカには、全部で4つのシーア派モスクがあり、そのうち2つがコロンボに位置する。国内のシーア派ムスリムは約2500人で、基本的に都市部に住んでいる。スリランカでは、他の地域でしばしば起こってきたスンナ派とシーア派の対立は見られない。

1883年には、エジプトで反イギリス植民地統治の反乱を指導したオラビ・パシャがコロンボへ送致される。近代化の進んだエジプトから来たオラビ・パシャに刺激され、コロンボのムスリムの間で、イスラームを基礎とする近代化が探求されるようになった。今日名門進学校となっているザイラ・カレッジは、英語教育を導入したムスリムの最初期の近代的高等教育機関であり、オラビ・パシャの協力の下、北インドのアリーガル・カレッジを参考にして1892年に創設された。

このように、西から、北から、東からというインド洋の多様なルートを伝って、様々な時期に人々はスリランカに辿りついた。こうした経緯もあり、スリランカではムスリムは、国勢調査などの政府の民族区分で、スリランカ・ムーア（本稿ではスリランカ・ムスリムと呼ぶ）、マレー、インディアン・ムスリム（本稿ではインド・ムスリムと呼ぶ）という大きく3つに分類されてきたが、イスラームという信仰を共有して互いに親密に関わりあいながらコロンボに住んでいる。

イスラームの多様性

人々の多様な来歴を背景として、コロンボに持ち込まれるイスラームも多様である。以下では、多数の人が信仰するスンナ派について見る。

歴史的には、ナゴール・ダルガーのような、聖者崇敬に関わるスーフィズムが、スリランカでは盛んだった。聖者の崇敬は、ズィヤーラムあるいはマクバラと呼ばれる聖者を象徴する墓標に向かっておこなわれるため、ヒンドゥーや仏教でおこなわれる神像、仏像への礼拝や、カトリックでおこなわれる聖母マリアや聖人像への礼拝と類似しており、これらの異なる宗教の人からも親しみを持って信仰されて来たと考えられる。イスラームを布教する側も、人々から理解が得られやすいスーフィズムの聖者崇敬を前面に出して布教を進めたといわれる。ズィヤーラムは多くのモスクの中に見られ、スリランカのモスクが基本的に、聖者廟、スーフィズムの修道場から発達してきたことを示している。スーフィズムにはいくつもの教団がある。スリランカでは、11世紀にイランでアブドゥル・カーディル・ジーラーニーによってはじめられたカーディリー教団と、13世紀にモロッコのアブドゥル・ハサン・アリ・アッ＝シャーズィリーによってはじめられたシャーズィリー教団の2

つの教団の規模が大きい。19世紀から20世紀初頭にかけて、スーフィズムの修道場がコロンボに多数開設された。カーディィリー教団は、スリランカに代々住んできたとする土着性を根拠に「ムーア（ムスリムを意味するポルトガル語由来の語）」という民族集団を形成して、植民地の利権の継承者として具体的輪郭をとりはじめたスリランカ社会へ参入しようとする人々に支持された。シャーズィリー教団は、汎イスラーム主義で示されるイスラーム共同体を根拠として、スリランカに住む全ムスリムをスリランカ社会の構成単位に位置付けることを目指す、マレー系を中心とする人々を後ろ盾とした。20世紀に入って競い始めたこれらの有力ムスリム集団からの支持を得て、２つの教団は拡大し、成長した。

他方で、イギリス植民地から独立する１９４８年前後になると、聖者の崇敬よりも、コーランとハディース（ムハンマドの言行録）をイスラーム本来の教えとして大切にしようと主張する、北インドや今日のパキスタンで盛んとなったイスラームの国際運動（タブリーグ・ジャマートやジャマーテ・イスラミー）が入ってくる。こうして、１９４０年代以降に建設されたモスクには、ズィヤーラムを持たず、またスーフィズムの活動をおこなわないものが現れてきた。

１９８０年代以降には、サウジアラビアを中心に湾岸諸国で盛んとなった聖者の崇敬の禁止を打ち出す運動（タウヒードあるいはサラフィー主

スーフィズムの修道場ウンム・ザーヴィヤ

義）もおこなわれるようになった。これは1978年のスリランカの経済自由化によって、湾岸諸国への出稼ぎが増えた影響といわれる。近年では、インターネットを介した情報交換の影響もある。

こうしたイスラームの新たな運動の影響を受け、コーランとハディースを基礎としながらスーフィズムも認めるという信仰のあり方が、現在のスリランカでは広く見られるようになっている。様々な人々の担う多様な価値と実践が共在しながら、スリランカのイスラームは揺れ動いている。

国民国家建設の実験とその後

スリランカでは、国民国家の形成過程で、人々の間の違いを強調する政治的道具として宗教、民族が使われてきた。それは今日の政治でも継続している。国民国家スリランカの発足する1948年までに、人々は、仏教徒を中心とするシンハラ人、ヒンドゥーもしくはカトリックのスリランカ・タミルやインド・タミル（あるいはインディアン・タミル）、そしてスリランカ・ムスリムといった、まったく異なるとされる民族集団のいずれかに帰属することとなった。さらに集団を単位として国家の利益配分を争うようになった。ムスリムの間でも、土着のムスリムとされる「ムーア」をスリランカの民族集団の単位としようとする人々と、全ムスリムを民族集団の単位としようとする人々とで争いがあった。「ムーア」を推す人々が勝利したことで、ムスリムをスリランカ・ムスリム、マレー、インド・ムスリムという3つの分類に分ける、政府の民族区分が形成された。また、国民国家の形成と同時に、海外との関係の制限が進行した。自由な海の往来が規制され、ムスリムのインド洋を跨ぐ人々の結びつきとそうした結びつきを基礎とする生活が失われていった。インド・ムスリムに分類された人の多くはスリランカの国民から除外された。彼らは、日常や経済活動上の不利益から生活の維持が困難となり、多くはインドへ移住した。民族区分をスリランカ・ムスリムに変更して生活を維持する人々もいた。そうしてインド・ムスリムの人口は減少し、1981年以降の統計で政府の主要な民族区分から消滅する。

民族集団間の対立は次稿（P282〜/中村著）で述べられるように、その後、政府軍と反政府勢力LTTEとに分かれて2大集団を形成したシンハラ人とスリランカ・タミルとの間で1983年から2009年まで戦われた紛争へと発展した。紛争で頂点に達した民族、宗教集団間の緊張関係は、集団にとらわれない日常の人々の付きあいを困難にした。異なる集団に属するとされる人々への理解と配慮が失われ、社会と日常生活が破壊された。ムスリムのマジョリティとして残ったスリランカ・ムスリムは、シンハラ人、スリランカ・

タミルを問わず日常的付きあいをしてきたため、紛争の下ではその商売の一部が密輸とならざるを得ない困難を経験した。戦いは、シンハラ人の政府軍がスリランカ・タミルのLTTEに勝利する格好で決着した。しかし、日常生活とかい離した宗教、民族の政治とそこから生まれた紛争は、多くの人々に回復不能な災禍をもたらすものとなった。

次稿（P282〜/中村著）で述べられるように、紛争終結後も宗教、民族の政治は、ムスリムを新たな対象とするシンハラ人による暴動を生んでいる。他方でより根本的なところでは、「宗教、民族を根拠に、生活が破壊され人の命が失われることがあってはならない」という理解が紛争の経験から学ばれ、宗教、民族の別を越えて人々の間に見ることができることは1つの希望である。ムスリム、シンハラ人、タミル人といった区分にとらわれない開かれたコミュニケーションが可能な仕組みや舞台の形成が、共有された課題となっている。

ところで、経済では1978年に自由化がおこなわれ、スリランカはグローバル化に舵を切った。隣国インドも1990年代から経済自由化に転換し、今日、環インド洋の経済活動とインド洋各地の間でのネットワーク構築が再び活発化している。ネットワーク構築の基礎となっているのは、ビラール氏の携帯電話修理店で見たとおり、個人の間の顔の見える付きあいに基づく「ナンビッカイ/ウィスワーサヤ関係」である。宗教、民族を問わずインド洋世界を生きる人々に共有された「ナンビッカイ／ウィスワーサヤ関係」は、開かれたコミュニケーションを可能にする1つの仕組みとして期待しうる。

環インド洋経済の活性化と紛争終結とが相まって、スリランカとコロンボはインド洋各地からの投資の過熱と開発の圧力の高まりという新たな状況にも直面している。これからどのようなスリランカ、そしてコロンボを築くことができるのか、人々の築く「ナンビッカイ／ウィスワーサヤ関係」が鍵を握っている。

参考文献

Bakar, Abu, and Abdul Latiff ed. 1990. *Merayu Sri Lanka: Symposium Dina Merayu Kedua*, Biro Penerbitan GAPENA and Kumpulan ASAS Jabatan Penulisan Universiti Malaya.

Bayly, Susan 1989. *Saints, Goddesses and Kings: Muslims and Christians in South Indian Society 1700-1900*, Cambridge University Press.

川島耕司、２００６『スリランカと民族：シンハラ・ナショナリズムの形成とマイノリティ集団』明石書店

McGilvray, Dennis B. 2011. "Sri Lankan Muslims: Between ethno-nationalism and the global ummah", *Nations and Nationalism*, 17(1), pp.45-64

Muthiah, S., 2003. *The Indo-Lankans, Their 200-Year Saga: A pictorial record of the people of Indian origin in Lanka from 1796*, Indian Heritage Foundation.

家島彦一、２００６『海域から見た歴史：インド洋と地中海を結ぶ交流史』名古屋大学出版会

カッタンクディ町

コロンボとは逆側にあたる、島の東海岸に位置し、バティカロア県に所属する。面積は約6平方キロメートルで、人口密度がスリランカで一番高い。大型のラグーン（潟湖）とインド洋に挟まれた立地。

人口

約4万人

（2012年スリランカ国勢調査）

民族

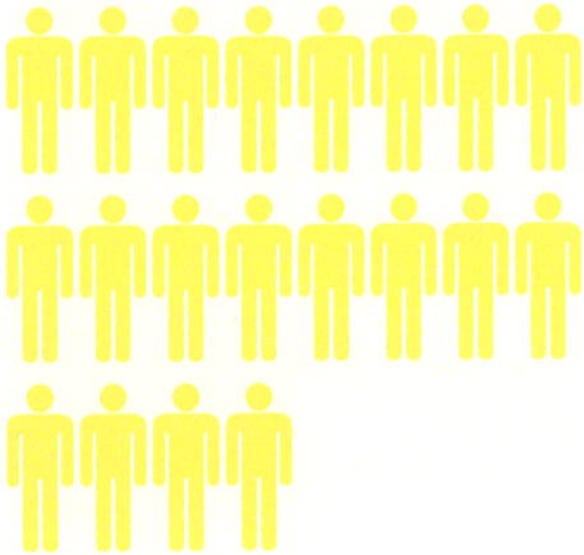

スリランカ・ムスリム **99.9%**

その他 **0.1%**

宗教

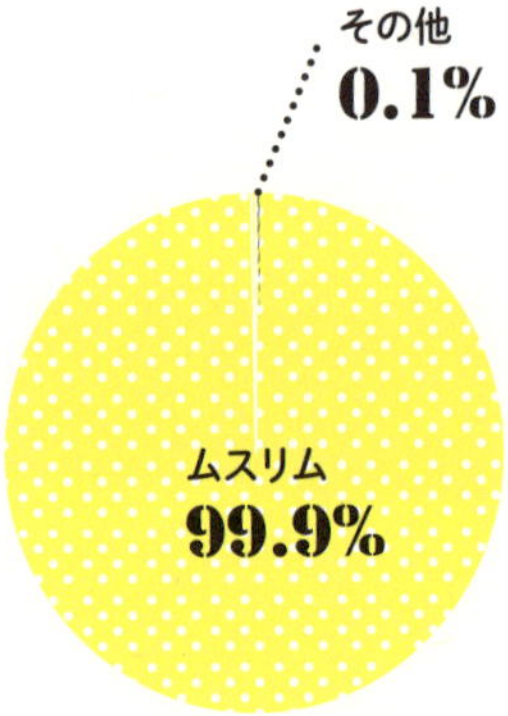

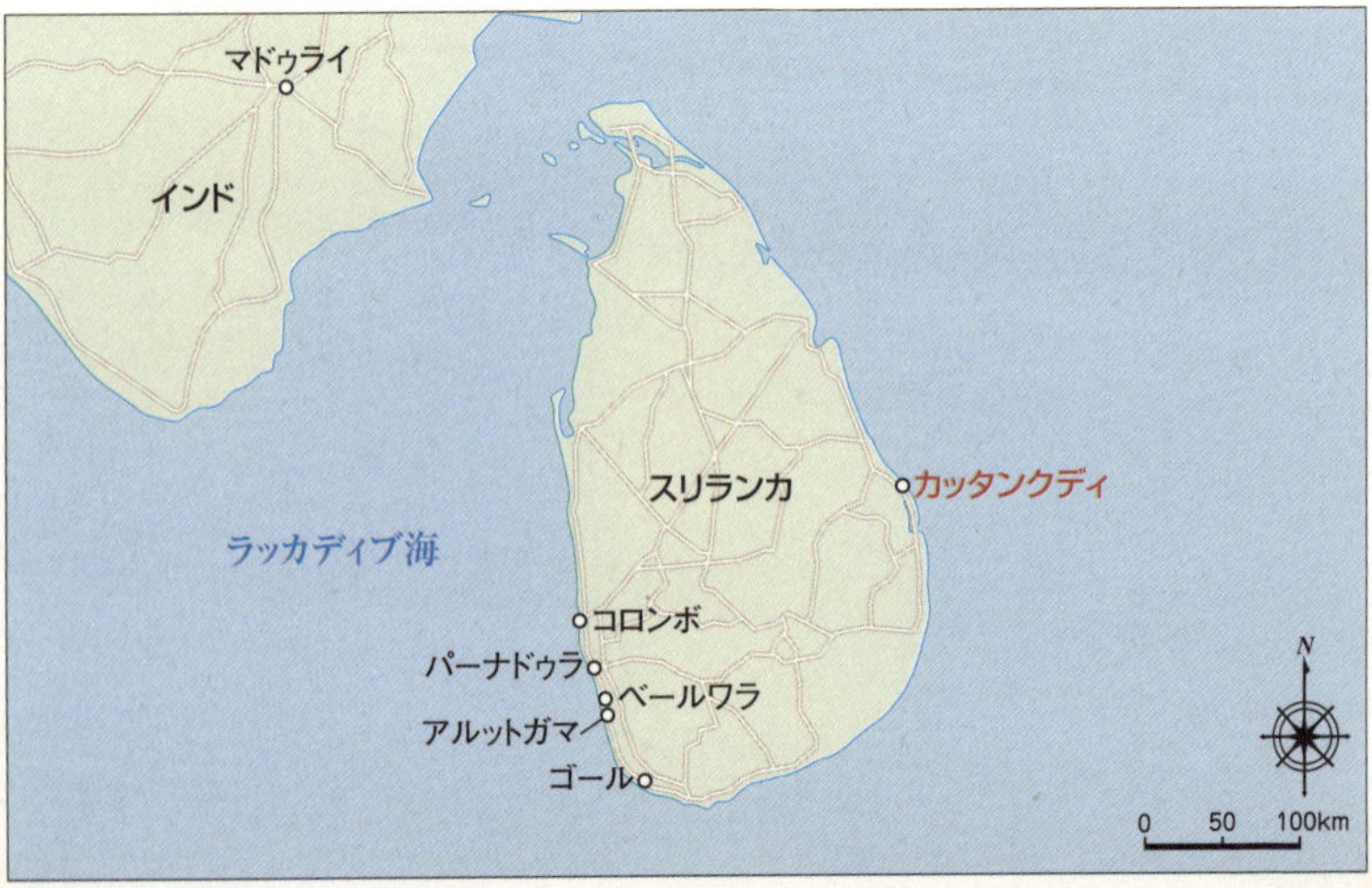

「多民族」状況を生きるスリランカのムスリムたち

中村沙絵

スリランカ南西海岸の町中を歩いていると、住居や雑居ビルのあいだから潮の香りが漂ってくることがある。湿った風の影響だろう、塗装が薄くはげた壁には黒カビが影をつくり、味のある風合いをだしている。海岸通りに出れば、錆ついた鉄道線路ごしにインド洋が一望できる。水平線に沈む夕日を前に、この島がはるか昔から「海のシルクロード」の要衝であったことを想う。

インド洋に吹く季節風（モンスーン）は、この島に深い緑と豊かな生態系をもたらした。その美しい自然からスリランカ（旧セイロン）は「インド洋の真珠」の呼称をもつ。一方、スリランカ・タミル人の多く住む北部州・東部州では、分離独立を目標とした反政府武装勢力「タミル・イーラム解放の虎（Liberation Tigers of Tamil Eelam: ＬＴＴＥ）」と、マジョリティであるシンハラ人が支持する政府軍との間で、１９８３年から26年間にわたって内戦が続いた。「インド洋の涙」というスリランカのもう一つの通称は、この国が辿ってきた歴史の痛ましさをあらわしている。

そうした悲痛な過去を経てなお、北海道の8割程度という国土のなかで、自然や文化が目をみはるほどの多様性をそなえて混在していることが、この島の魅力であるともいえよう。

スリランカにおける「多民族」状況

前稿（P262～／山田著）に詳しくあるように、従来のスリランカの住人たち（特にムスリム）は環インド洋に歴史的に形成された結びつきのなかで暮らしてきた。言語や宗教、来歴など複数の指標を目安とした「民族」カテゴリーが固定化され、国籍の有無が問題化したのは、英国植民地期から独立期にかけてのことである。

この民族分類によると、スリランカの人々はまずシンハラ語話者である「シンハラ」（74・9％）とタミル語話者に分けられるが、後者はその来歴や宗教によって、別々の「民族」名をもつ。

「スリランカ・タミル」は、紀元前後からスリランカの北・東部を中心に暮らしてきたとされる人々（11・2％）。「インド・タミル」は、19～20世紀初頭にかけて主にプランテーションの労働者として南インドからやってきた移民の子孫たち（4・2％）。また「スリランカ・ムスリム（スリランカ・ムーア）」は歴史を通じてアラブ世界や南インドから来島したムスリムの人たちとして、別「民族」に分類される（9・2％）。他にも、欧米人とシンハラ人との混血の子孫で英語を母語とする「バーガー」や（0・2％）、ムスリムであるがマレー起源の人々で独自の言語ももつ「マレー」（0・2％）などがある。

こうした分類は国勢調査など植民地統治の手段を通して浸透し、独立後の政治過程において強化された。それは「シンハラ」と「タミル」が「国民」の位置をめぐって争うという図式を用意したものでもあった。

長引く内戦のなかで人々（とりわけ北東部地域で暮らす多くのタミルやムスリム）が失ってきたものは測り知れない。民族集団間の対立と融和は、内戦が終結したとされる今日のスリランカでもなお大きな政治的課題であり続けている。本章では、こうした分類が自明のものとなった現代スリランカにおいて、都市部で暮らすムスリムたちがどのように民族間関係を生き抜いているのか、いくつかの事例から考えてみたい。

「町」という混淆的空間を生きる

スリランカのムスリム人口の4割以上は都市部で暮らし、その多くが交易や商売などに従事する。比較的多くがムスリム同士でビジネスのネットワークを築いているといわれるものの、色鮮やかな看板が掲げられた大小さまざまな店が並ぶ町の目抜き通りは、彼らが民族や宗教の垣根をこえて多様な人々と交わり合う空間である。

南西海岸カルタラ県の県都パーナドゥラは、同県でもムスリム人口の多い（14・4％）町だ。とはいえパーナドゥラは1873年、公開討論の場で仏教僧がキリスト教の司祭を言い負かし、仏教復興運動を大きく前進させるきっかけとなった「パーナドゥラ論争」の地としても知られる。マジョリティはシンハラ仏教徒（78・6％）によって占められ、シンハラ・キリスト教徒（6・4％）も含めると、居住者の85％がシンハラとなっている。

車やバスがけたたましくクラクションを鳴らし合う町の中心部から5キロほど離れたところに、ヒルミーさん（仮名、60代、男性）が暮らすムスリム集落がある。約4キロ四方の範囲にモスクを囲むように、塀のある家屋が寄り集まっている。約4キロ四方の範囲にモスクが3軒ほど、それから礼拝や集会ができる小さな建物が点在し、少し歩けば墓地もある。都会の喧騒からは無縁なこの集落の中にいると、響くのはアザーンの音くらい。あたりを放し飼いのヤギなど家畜がうろうろしているのも、最近ではムスリムの集落ならではの光景だ。

ヒルミーさんの父親は、インドのタミル・ナードゥ州の生まれであったという。小さい頃、貴金属の仲買人であったヒルミーさんの祖父は、家族を連れてインドからスリランカ南部の港町ゴールへ渡った。ヒルミーさんの父親はゴール出身のムスリム女性と見合い結婚をし、３人の子どもを授かった。その後、父親はゴールの土地や家を売り払い、妻子を連れてパーナドゥラへ移住。町の中心地に貴金属店を開いた。ヒルミーさんもいくつかの店舗で働いたあとは、父親の貴金属店を継ぎ、宝石商（インドや国内の宝石採掘で有名なラトナプラから持ってこられた宝石を貴金属店に仕入れる仕事）に携わった。

この貴金属店の向かいに、シンハラ仏教徒の営む一軒の眼鏡屋さんがあった。ヒルミーさんは暇になると、よくこの眼鏡屋に通っていたという。何かにつけて互いの店を行き来するうちに、この眼鏡屋（シンハラ仏教徒の店主）のお嬢さんと恋に落ちた。

子どもが生まれると家族との問題も表面化しなくなったというが、当時、少し年の離れていた彼女に結婚をもうしこんだ際には、周囲の反応は予想通り厳しいものだった。眼鏡屋のおじさんも強く反対したし、自身の家族に納得してもらうにも相当時間がかかったという。ヒルミーさんはこの頃、父親から継いだ貴金属店をやめている。それでも２人は結婚した。

ヒルミーさんの奥さん、ファーティマさん（仮名）は結婚に際し改宗した。タミル語もはじめは話せなかったが、ヒルミーさんによればわずか半年で問題なく話せるようになった。ファーティマさんは、「ムスリムの人たちは常に周りにいたけれど、イスラームのことは全然知らなかったわ」という。テレビやラジオのイスラームの教育番組、モスクから聞こえてくる講話から少しずつ学んだ。月1～2回、近くのホールに地域のムスリム女性が集まり、そこにイスラームについてよく知っている講師がきてレクチャーをするという「バヤン（bayan、講義）」も役に立った。

ところで、このヒルミーさんを筆者に紹介してくれたのは、彼とは数十年のつきあいだというシンハラ・キリスト教徒の電気工であった。若い頃、ヒルミーさんが働いていた電気屋で知り合い、意気投合したという2人は、しょっちゅう家を往来したり、仕事が終わると連れ立ってタミル映画を観にいったりしたそうだ。ヒルミーさんがかつて働いていたというこの電気屋の一部は、現在、薬局を営むヒルミーさんの甥に貸しつけられている。薬局で働くのは、周辺に住むシンハラ・キリスト教徒の女性たちだ。クリスマスの時期がとても忙しくなるのは、彼女たちがこぞって休暇をとるからだと、ヒルミーさんの甥は苦笑していた。

ヒルミーさんの話やその人づきあいからは、都市というのが、しばしばその周辺にみられる集落の均一さとは対照的に、民族や宗教などを超えてビジネス・パートナーや雇用関係、友人、ときには恋人関係など、さまざまな関係性が結ばれる空間であるということがうかがえる。スリランカ南西部で暮らすムスリム男性の多くが母語のタミル語のみならず、シンハラ語（そして時に流暢な英語）を使いこなすのは、こうした多民族・多言語的な商売の空間を生きているからだといえるだろう。

民間信仰がむすぶ関係性

スリランカの観光名所のひとつに、「アダムス・ピーク」の名で知られる山がある。山道を行く人々が目指すのは、山の頂きにおかれた巨大な岩だ。岩にできた窪みを、仏教徒は「仏陀」の足跡といい、ヒンドゥー教徒は「シヴァ」のそれ、キリスト教徒は「聖トーマス」、そしてムスリムは（人類始祖の）「アダム」の足跡にみたてて参詣する。まさに諸宗教を超えて人々を魅了する山岳信仰の姿がここにある。

このアダムス・ピークの山麓にあるクルウィタという小さな町が、ヴァズィーナさん（50代後半、女性）の故郷だ。

クルウィタには仏教徒が多い。ヴァズィーナさんの父方祖父がこの地にはじめてやってきたときは、周りにムスリムの家など一軒もなかったという。

バタヴィア（現ジャカルタ）出身だというこの祖父は、スリランカ・ムスリムの祖母と結婚し、その出身村であったパーナドゥラで雑貨屋を経営していた。牛車にのって、アダムス・ピーク山麓の方面を訪れた道すがら、クルウィタの風景に魅せられて移住を決めたという。当時この街には鉄道の駅もあり、物資の運搬にはもってこいだった。祖父は沿岸部の市場で買った物資を土地の人（シンハラ）に高くない値段で売った。クルウィタの人たちは徐々に祖父と篤い信頼関係を結び、一家をコミュニティに受け入れたという。

ヴァズィーナさんは幼少期をふりかえる。

「当時も村にはムスリムは私たち1家族だけしか住んでいなかったのよ。2階建ての家は稀で、洪水になりそうな大雨の日には、近所の人たちは家財道具を持ってきてうちの2階で保管したの。タミル語やムスリムの学校は近くになくって、私は県内のクリスチャン系の学校に通っていたわ。クラスメイトは私以外みなシンハラ（仏教徒・クリスチャン）で、教育言語もシンハラ語だったのよ」。

ヴァズィーナさんはムスリム女性には珍しく、タミル語とシンハラ語を同程度に操る完璧なバイリンガルである。その背景には、彼女のこうした来歴が関係していた。

ヴァズィーナさんは今、コロンボに住んでいる。コロンボに来たのは、2人の娘の教育のためでもあったし、夫の父親の代に始めた宝石ビジネスが思うようにいかず、土地と家屋を売るはめになったからでもあった。

ヴァズィーナさんが日々通うのは、150年の歴史をもつ優雅な佇《たたず》まいのデーワタガハ・モスクだ。中には19世紀の聖人であるシェイク・ウスマーン・ワリユッラーの墓が安置されている。ワリユッラーの聖者廟は普段から多くの人々をひきつけるが、この聖者廟参詣のために、ムスリム以外の人もちらほら訪れる。この聖人は、林を歩いていて躓《つまず》き、油壷《つぼ》を割って途方に暮れていたという油売りの女性（バージョンによってシンハラともタミルともいわれる）の目の前にあらわれ、地面から油を湧き出させたと言い伝えられている。寄付された物品の中にも、非ムスリムからのものがある。巡礼者の宿泊棟は、一度宝石の盗難被害に遭ったものの、この聖者廟に参詣した後に再びビジネスを盛り返したという、タミル人の宝石商人が建てたものなのだと、ヴァズィーナさんは教えてくれた。

ところで、ヴァズィーナさんがコロンボに移住して間もない頃、娘の1人が原因不明の病気にかかった。高熱がでて、意識が朦朧《もうろう》とする状態がつづいた。大きな病院で薬や点滴で処方をし、伝統医療もさんざん試したが埒《らち》があかない。そんなとき彼女を救ったのが、自ら「ishwara deviyo だ」と名乗る神託者であった。この神託者は、ヴァズィーナさんは本来（アダムス・ピーク山麓一帯における仏教の守護神とされている）サマン神の子どもであるのだから（シンハラ・仏教徒であってもさまざまな神々を信仰している。神々は仏陀の力を移譲され、現世での民衆の願いにこたえるとされる）、サマン神に蓮の花を百本供えてお祈りするようにと告げ、おもむろに薬草の調合を口走った。言われたとおりに供花をし、男の処方した薬を飲ませると、次女の体調は回復に向かったのだという。

こうした経験から、ヴァズィーナさんはイスラームの聖者のみならず、ほかの宗教の神々の力をも強く信じるに至った。彼女にとって神はアッラーのみだけれども、世の中にはたくさんの不思議な力を持った存在がいて、神との媒介者になってくれる。人生の危機や苦悩に直面した人々の民間信仰の場にあっては、ムスリムも仏教徒も関係ない。何かがあったときに頼れる友人たちも、ヴァズィーナさんにあってはシンハラ仏教徒やキリスト教徒であった。

コロンボでもやはり、ヴァズィーナさんはシンハラの人たちに囲まれて暮らしている。

しかし、最近この近所で、個人的なつきあいのあった人から、心ない言葉をかけられたことがあった。このことは、彼女をひどく落胆させた。背景にあったのは、近年スリランカで盛り上がる、反ムスリムの潮流であった。

デーワタガハ・モスクの内部

アルットガマ暴動

2014年6月15日、ベールワラ近くの町アルットガマで、暴徒化したシンハラ人がムスリム住民やその財産を襲うという事件が起きた。暴動は5日間続き、3名の死者と88名の負傷者を出したほか、モスクが3つ襲撃され、250棟あまりの家屋や店が焼き打ちと略奪にあった。

事の発端は、小さな諍《いさか》いであった。

アルットガマの郊外で、仏教僧を乗せた車と小型三輪タクシーとが鉢合わせた。初めは口論であったが、殴り合いの喧嘩になった。そこで一度収まったかにみえたが、同日の夕方コロンボに拠点をもつ急進的仏教僧組織ボドゥ・バラ・セーナ（Bodu Bala Sena、以下BBS）により、アルットガマで集会を行う声明がだされた。集会には町の寺の檀家たちに加え、町の外からも人がやってきたという。この集会が大きな暴動に発展したのだった。BBSの僧侶G・A・ニャーニャサーラは、事件に際してこう発言している。「我々の国には、まだシンハラの警察があり、シンハラの軍隊がある。今日以降、もし一人でもマラッカラヤ（ムスリムの蔑称）や、パラヤ（外人・異人の蔑称）がシンハラ人にふれようものなら、彼らの命はないと思え……」（Colombo Telegraph, June 30, 2014）。

この出来事は他地域にも少なからぬ影響をおよぼした。危険を察知した各地のムスリムたち（特に、シンハラ・マジョリティの地域に住む者）は、すぐにビジネスの操業を停止し、店を閉めた。しかし、ヒルミーさんの住むパーナドゥラでは、アルットガマ暴動が起きたその日のうちにムスリム経営のアパレル工場で放火攻撃が起き、10日後には同じくムスリム経営のショッピング・センターが火に包まれるという惨事が起きた。

アルットガマ暴動は、内戦終結後のスリランカで多く生まれたBBSのような急進的仏教僧組織による「異教徒」襲撃の一例に過ぎない。彼らは他民族・他宗教集団への身体的・言語的暴力を臆面もなく行使し、しかし一方で当局からの訴追を逃れてきた。彼らの標的になったのは、ムスリムやキリスト教系新興宗教の信者だった。ムスリムに対しては、女性の被るヴェールであるニカブ（目以外の顔をすっぽりと覆うもの）やブルカ（目の部分も網状になって隠れるタイプ）の着用について性的な誹謗《ひぼう》中傷を繰り返したり、一部の急進的イスラーム組織による強制的改宗やムスリム女性の「多産」について危機感を煽《あお》ったりした。

スリランカ有史以来、シンハラとムスリムはおおむね融和的に暮らしてきたといわれる。もちろん、抗争がなかったわけではない。「なぜかムスリムばかりが商売で成功する。俺たちはいつまでたっても成長しない……」というのは、シンハラのあいだではよく聞かれる常套句だ。しかし、この一連の暴動は単に経済的な格差に起因するのでなく、「宗教的・民族的純化」のスローガンのもとで過熱していた。

なぜこのような動きが出てきているのだろうか。

背景として、独立以前からの歴史をもち、内戦に至るまでスリランカ社会に多大な影響をもってきたシンハラ仏教至上主義的なイデオロギーの根強さがまず挙げられる。またこれと関連して、スリランカで漸次的に進んできたイスラーム化（Islamization）の影響もおさえておく必要があるだろう。スリランカではイスラーム化が20世紀初頭から進んできた（詳しくは前稿（P262～／山田著）参照）が、実際に人々のあいだで「イスラーム的／非イスラーム的」という区別が明確に意識されはじめたのは1970年代以降のことだったといわれる。そして今、若壮年層を中心に中東出稼ぎなどから帰ってきたムスリムたちが「本来のイスラーム」として持ち込む教義や運動、ライフスタイルなどを広め、人々の暮らしをその内部から変えつつある。

その影響はきわめて広範だ。ヴァズィーナさんは聖人崇拝の伝統を大事にし、他宗教の「神」をも頼みにするような女性だけれども、一方でコーランを熱心に勉強し、一日5回の礼拝を欠かさない。ヴァズィーナさんの兄はコーランのシンハラ語訳に携わった訳者の一人でもある。ヒルミーさんの奥さんが通う「バヤン」も、まさにイスラーム復興の一環として全国的に展開してきた活動だし、その娘はアバヤ（頭からすっぽり体を覆うように着用する衣装）とニカブを着用して外出する。「イスラーム化」と総称されるさまざまな動きは、必ずしも宗教的純化を意図していないような、多民族的状況を生き抜く彼女／彼らにとっても、生活の重要な一部となっているのだ。

それまではサリー（細長い布で体を包み込むようにまとう、南アジア地域の女性が着用する民族衣装）にヒジャブ（頭髪を覆う布）をつけていた女性たちが、やがてアバヤを着用するようになり、更には顔まで隠すようになると——あるいは、これまで動物の屠殺《とさつ》はムスリムが一手に担ってきたため、問題が浮上しなかった「ハラール認証制度」導入の話題がもちあがると——シンハラ人たちはにわかに動揺しはじめた。中東からの資金で建てられた壮観なモスクや学校を目にすると、焦燥感にかられた。

BBSは、まさにこうした不安に対応するかのように登場し、グローバルなイスラモフォビアの潮流にのって「スリランカはシンハラ仏教徒の国である」と声高に唱えた。特に大統領選挙を控えていた2014年の暴動は、権力者がシンハラ—ムスリム間の感情を政治的に利用することで引き起こされたのだという理解が広く共有されている。

多くのシンハラ人は、ときに行き過ぎるBBSの発言にあきれ顔をする。しかし、心情的に支持する人も確かに存在する。たとえばあるタクシー運転手は、筆者がBBSについて意見を聞くと「彼らのような存在は必要だ」ときっぱり答えていた。以前ムスリム商人の下請けで電気機器の部品をつくっていたというこの運転手は、商品を買い叩かれたあげく、一方的に契約をきられてしまった過去を引き合いに出し、ムスリムに対してあまりいいイメージをもっていないと語った。彼の言葉は、むなしくも別のタクシー運転手（ムスリム）の語りとすれ違う。

「本当の歴史を知っていれば、こんな問題は起きていないと思うね。つまりムスリムがもともとはシンハラだという、本当の歴史をね」。

「ムスリムはもともとはシンハラだ」。これは、現在スリランカのムスリムが置かれている状況をあらわす象徴的な台詞だ。ムスリムの母語はタミル語である。だから「ムスリムはもともとはタミルだ」という方がはるかに自然に思われる。でも彼らは、ムスリムをタミルだとする表現を政治的な理由からもあえて避けてきた（このことについては次節で詳述する）。

私は、この運転手だけでなく、ヴァズィーナさんとの会話にも、またテレビで報道されていたスリランカ・ムスリム知識人による演説にも、似た語り口（「ムスリムは本当はシンハラだ」「スリランカ・ムスリムではなくて、シンハラ・ムスリムだ」）をみつけてはっとした。それが緊張感が高まりつつあるシンハラ人との関係維持・修復をせまられている彼らの立場を浮き彫りにしていたからだ。

「民族の坩堝」スリランカ東部、カッタンクディの町にて

「民族の坩堝（crucible）」とも称されるスリランカ東部では、スリランカ・タミル（39・3％）がマジョリティであり、スリランカ・ムスリム（ムーア）（36・7％）についでシンハラ（23・2％）という構成になっている。多数派民族とのつながりを強調する台詞は、スリランカ東部州バティカロア県の町、カッタンクディでは、まったく聞かれなかった。町で出会ったムハンマド・フィルトスさん（30代後半、男性）は、「ムスリムとタミルは、決して相いれない、異質な集団だと思って育った」と語った。

バティカロアから車で7分ほど南下すると、「カッタンクディへようこそ」と4言語（タミル語、シンハラ語、英語、そしてアラビア語）で書かれた門が見えてくる。門の先には、通りの両側に店がずらっと並び、夕方から明け方までバザールでにぎわう。そこにはモスクはもちろんのこと、初等中等教育施設や市民ホール、病院や政府出張所、墓地など、あらゆる施設がそろっている。東西を湖と海にはさまれた長細く小さい土地に、4万人ほどが暮らしている。みなムスリムだという。

ひとたびカッタンクディの門の外にでると、急にそれまでの賑やかさが消える。カッタンクディは、その南北をタミルがマジョリティを占める地区によって挟まれているのだ。町の人たちと話をしていて気がついたことは、日ごろから門の外にでる機会がほとんどないということだった。確かに、この町では道を歩いていても、ムスリムにしか会わない。タミルやシンハラに遭遇することなく一日が過ぎていくのは、スリランカの都市では非常に珍しいことだ。

ミーラ・ジュンマ・モスク（Meera Jumma Masjid）を訪れると、その境界線がどうして強固にあるのかが、少しずつ明らかになってくる。白壁のモスクのなかを覗くと、その広い礼拝所の先方に、黒い穴がいくつもみえる。弾丸のあとだという。1990年のある金曜日の夜、カラシニコフをもったLTTE兵士がこのモスクを襲撃し、礼拝中であったムスリムを100名あまり殺戮《さつりく》した。人々は当時の記憶を語ることはないが、弾丸痕が痛ましく残った白壁は暴力の残忍さを雄弁に物語る。

シンハラ・ナショナリズムに沸く政府と対立したLTTEもまた、タミル・ナショナリズムを掲げた運動体であった。彼らは北東部のムスリムたちに「イスラームに改宗したタミル人」として解放運動に加わるよう要請した。しかし、宗教的アイデンティティを認めようとしない強硬路線に対し、ムスリムは難色を示した。またスリランカ・ムスリム会議党も、ムスリムの「分散型」居住パターン（ムスリムの30％は東部州に集中しているが残りは全島に満遍なく散らばっており、シンハラ・マジョリティとの共存を心がけてきた）に鑑みて、シンハラとの協調路線を壊そうとしなかった。こうしたムスリムの姿勢は強硬派のスリランカ・タミルに不満を抱かせた。そして1990年の10月、LTTE勢力は北部州で暮らすムスリムたちを一斉に追い出した。LTTE兵士は東部州まで進軍し、農業に従事していた多くのムスリムから土地を押収し、拒否するものは容赦なく殺した。そしてカッタンクディでの悲劇が起きた。

元来、東部地域のムスリムとタミルは通婚関係にあったと考えられている。その証左は、彼らが共有する婚姻・相続制度にある。東部地域のタミルは、母系制でクディ（kudi）と呼ばれる外婚制の母系氏族（クラン）を基本単位とした婚姻制度をもち、母―娘のラインで家や土地、家財などをダウリー（持参金）として相続する母方居住婚をとる。同地域のムスリムも、同じようにクディを基本に社会・婚姻関係が結ばれている。タミルとムスリムの両者に共通するクラン名も少なくない。この社会構造は南インド・ケーララとのつながりの遺産でもある。

しかしこうした話はフィルトスさんにとっては遠い過去のことである。物心がついたときからすでに内戦は始まっており、幼少期から暴力や殺戮の光景を幾度となく目にしてきた。タミルについてのいい噂など、聞いたことがなかった。高校入学試験を受けたあとは、敵対意識はさらに強まった。学生たちが互いに対立する政治的グループのいずれかに属するようになっており、ムスリムとタミルの対立は若者の間でも先鋭化していたからだ。

転機が訪れたのは2008年。ある市民団体主催の平和構築ワークショップに参加した際、なんとなしにコーランを再び開いた。そのとき、フィルトスさんの中で「何かが変わった」。「コーランをきちんと読んでいれば、自分の抱いていた考えはイデオロギーでしかないとわかったはずなのに……」と感じたのだという。心を新たにクルアーンの勉強をし直し、子どもにもこのことを伝えようと、マドラサ（クルアーン暗唱と内容理解のための学校）を開いた。

その後、バティカロアのスリランカ・タミルの女性組織や、地元でジェンダー・イシューを扱うムスリム組織の代表などとも協力関係をむすんだ。集まった面々で、宗教間対話センターの設立にかかわった。地元の市民団体や活動家が核となるこのゆるやかな集まりでは、タミルとムスリム（あるいはクリスチャン、ヒンドゥー、ムスリム）が互いの祭りに招待し合うことからはじまり、戦争犠牲者の追悼儀礼の共同開催や、出稼ぎに出て帰らない夫をもつ若い母親たちの民族を超えた組織化など、協働のための仕掛けづくりなどに励んでいる。

スリランカは小さい島国だが、これまでみてきたように地域によって民族間の関係はさまざまだ。都市独特の雰囲気をつくりだす大きな要素の1つは、ヴァズィーナさんやヒルミーさんのような人たちが、言語や宗教、慣習などを異にする人々と交わり、隣り合わせに暮らすその日常だといえる。彼らの日常的なつきあいの作法から得られる示唆は大いにあろう。ただ最近、そうした暮らしに影を落とすような状況があることも事実だ。カッタンクディの例は、スリランカでは一見ありふれたようにみえる港町の情景が、決して所与のものではないということを気づかせる。暴力的な仕方で民族・宗教間の境界を引こうとする動きが前景化している今日、フィルトスさんらのように、意識的に境界を越えて両者を再びつなごうとする動きはますます重要になっていくのかもしれない。

参考文献

Shukri, M.A.M. 1986. *Muslims of Sri Lanka: Avenues to Antiquity,* Jamiah Naleemia Inst.

Nuhman, M.A. 2007. *Sri Lankan Muslims: Ethnic Identity within Cultural Diversity,* International Centre for Ethnic Studies.

McGilvray, Dennis B. 2008. *Crucible of Conflict: Tamil and Muslim Society on the East Coast of Sri Lanka,* Duke Uni Press.

Sharika Thiranagama. 2011. *In My Mother's House: Civil War in Sri Lanka,* Uni of Pennsylvania Press.

Holt, Clifford John. ed. 2016. *Buddhist Extremists and Muslim Minorities: Religious Conflict in Contemporary Sri Lanka,* Oxford University Press.

EXTRA

イスラーム過激派とテロ

ISLAMIC EXTREMISM AND TERRORISM

東南アジアのイスラーム過激派とテロリズム

佐々木葉月

2017年5月にフィリピン南部のミンダナオ島の都市、マラウィがイスラーム過激派の複数のグループに占拠された。これらのグループは、2014年に「カリフ制」を宣言してイラクとシリアの一部を支配したイスラーム過激派のISISに忠誠を誓っており、世界中のISIS支持者たちは、ソーシャル・メディアのアプリ「Telegram」上にマラウィ占拠の成功を祝う投稿を次々に行った。さらに、マラウィでのフィリピン軍との戦闘が続いていた7月3日、「東南アジアの聖戦士」のハンドルネームを持つ投稿者が「Telegram」に英語で投稿した。

「マレーシア、シンガポール、インドネシア、韓国、日本、フィリピン、中国、ビルマ、タイの領土は、不信心者に支配されている。彼らに立ち向かい、これらの領土で現在施行されている法に代わって、シャリーア（イスラーム法）を持ち込むことは今日の我々の義務である」。

具体的な国名をあげて支持者にジハードを促すこの投稿は、シリア・イラクでISISに参加しているインドネシア人リーダーらのメッセージとして流され、のちに支持者の様々なツイッターのアカウントで拡散された。

中東で勢力を弱めたISISは、ムスリムが多く住む東南アジアだけでなく、日本を含めた東アジアも新たな標的に含めている。2016年7月には、バングラデシュの首都ダッカで国際協力機構（JICA）の業務に従事していた邦人7人がISISの影響を受けたとみられるテロ事件の犠牲となったが、脅威はさらに東に拡散しつつある。今や日本の安全保障と邦人の安全を考える上で、ISISを含めたイスラーム過激派の動向は考慮せざるを得ない問題になっている。

日本に比較的近い東南アジア地域で、2億人を超えるムスリム人口を抱えるインドネシアは、歴史的にイスラーム過激派が活発に活動してきた国でもある。2000年以降に同国で起こったテロ事件の数は、分離主義者によるテロが多いフィリピンとタイに比べると遥かに少ないものの、202人の死者を出したジェマ・イスラミヤ（JI）による2002年10月のバリ島爆弾テロ事件のような大規模かつ凄惨な事件や、ホテルや大使館など、欧米関連の標的を狙ったテロも多く起きている。

これらのテロ事件には、アル・カーイダやISISのようなグローバルに活動するイスラーム過激派と接点を持ちながら、フィリピンやマレーシアなどの近隣地域でも活動するグループの特徴が反映されている。つまり、インドネシアを拠点とするイスラーム過激派は、「国」、「地域」、「グローバル」の3つのレベルで活動する越境性の高い主体なのである。

本章では、このようなグループの活動の変遷と特徴をみていく。

宗教とテロリズム

近年は、テロと言えばＩＳＩＳやアル・カーイダといったイスラーム過激派の活動が注目される事が多いが、冷戦期の１９７０年代を振り返ると、テロ行為を行うグループとして目立ったのは、共産主義を掲げる左翼系の組織であった。このような変化をどのように理解すればよいのだろうか。

テロリズムに時代ごとの特徴がみられることを指摘したものにカリフォルニア大学ロサンゼルス校のテロリズム研究者、ラポポート（David C. Rapoport）の研究がある。それによると、国際テロの歴史は、時代背景やその時代の政治状況を反映しており、その流れは、「アナーキスト」、「反植民地主義」、「新左翼」、「宗教」の４つの「波（waves）」としてとらえることができる。

ラポポートは、最も新しい「宗教の波」の核にはイスラームがあるとみて、イラン革命やのちの対ソ・ジハードにつながるソビエト連邦のアフガニスタン侵攻といった、宗教の新たな力を感じさせる１９７９年の一連の出来事がこの「波」の起点になったと考えた。ラポポートは「新左翼」までの3つのテロの「波」は既に衰退したと指摘していることから、私たちは国際テロの「宗教の波」のただ中にいることになる。

2000年以降のテロの動機を調査した2014年の「グローバル・テロリズム・インデックス」をみてみると、「宗教」、「政治」、「分離独立」の3つの動機の中で、「宗教」を動機とするテロ事件数が最多となるのは、2002年以降である。特に、2008年から他の2つの動機との差が拡大しており、2012年には「宗教」が1750件超だったのに対し、「政治」と「分離独立」は500件以下と、事件数の格差が大きく広がっている。また、地域別にみると、2000年から2013年の調査期間で、「中東・北アフリカ」と「サハラ砂漠以南のアフリカ」だけが「宗教」を動機とするテロ事件が全体の80％超を占めており、他の地域と比べて突出している。これらの地域に次いで「宗教」の比率が多いのがアジアである。「南アジア」では約60％、「アジア・太平洋」では約40％を占めており、地域内で最も多い動機となっている。

このデータからは宗教とテロの関わりは、2000年代以降に、特定の地域において、特に顕著な現象であったと考えることができる。特に「宗教」テロの件数が激増した2012年から2013年の期間に、テロによる死亡者が増加した上位5カ国がイラク、パキスタン、シリア、ナイジェリア、アフガニスタンであったことから、イスラーム過激派の活動が活発だったことがわかる。

また、このような「宗教の波」の時代のテロの特徴として指摘されるのが、被害規模の大きさである。3000人超の死者を出した2001年9月の米国同時多発テロ事件をはじめ、2017年のシナイ半島のモスク襲撃事件（300人超死亡）、1998年のケニア・タンザニア米大使館爆破事件（同224人）や2002年のバリ島爆弾テロ事件（同202人）と、近年の死者数の多いテロ事件は、いずれもイスラーム過激派による犯行であった。また、負傷者数を含めると、上記のケニア・タンザニアの爆破事件では5000人以上が負傷している。イスラーム過激派の犯行以外では、1995年のオウム真理教による地下鉄サリン事件の負傷者数が6000人以上にのぼる。

このような宗教に関連したテロが深刻化する時代において、ソーシャル・メディアのようなテクノロジーの助けを借りて、現代の世界に拡散しているのがグローバル・ジハード主義である。グローバル・ジハード主義とは、イスラーム国家の樹立を目指し、イスラーム法に忠実でない自国政府という「近い敵」だけではなく、異教徒の「遠い敵」である欧米諸国やイスラエルに対しても、物理的暴力としての「ジハード」を実行するという立場である。1996年にウサーマ・ビン・ラーディンが対米ジハードを宣言し、彼のグループであるアル・カーイダが米同時多発テロ事件のような大規模テロを実行したことで、世界のイスラーム過激派の間に実践すべきアジェンダとして広まっていった。

グローバル・ジハード主義勢力は、1990年代のアル・カーイダとJIとの交流や協力に始まり、近年の東南アジアにおけるISISのリクルート活動や地域の組織との連携に至るまで、東南アジアのイスラーム過激派の動向に影響を与え続けている。

次に、東南アジアのイスラーム過激派と、これらのグローバル・ジハード主義勢力との関わりの変遷を見ていくことにしたい。

東南アジアのテロ組織とグローバル・ジハード主義勢力との関わり——ジェマ・イスラミヤ（JI）とアル・カーイダ

1990年代以降活発になる東南アジアのイスラーム過激派の活動の素地を作ったのは、1979年のソ連のアフガニスタン侵攻に始まるアフガニスタン紛争であった。当時、アフガニスタンのムスリムを支援するために世界中から義勇兵が駆け付けており、パキスタンとの国境近辺にこれらの義勇兵が拠点とする基地や軍事訓練施設が建設されていた。

インドネシアにおけるイスラーム国家の樹立を目指す過激派組織、ダルル・イスラム（DI）のメンバーだったインドネシア人のイスラーム聖職者、スンカルは、1980年代半ばにアフガニスタンの勢力との協力のもと、DIメンバーのための軍事訓練所をアフガニスタンとパキスタンの国境に創設した。訓練所では、インドネシアやマレーシア、シンガポールから、DI幹部や寄宿学校生などの200人以上が訓練を受けたとみられる。派遣されたメンバーは、現地で実戦経験を積んだだけでなく、ビン・ラーディンに影響を与えたパレスチナ人聖職者アッザムらから宗教教育を受けたり、エジプトの武装勢力と共同訓練をしたりするなど、中東のイスラーム過激派との関係を深め、同志のインドネシア人聖職者、ビン・ラーディンとの接触もなされたという。

やがてスンカルと同志のインドネシア人聖職者、バアシルは組織内対立からDIを離れ、逃亡先のマレーシアで、1993年にジェマ・イスラミヤ（JI）というグループを創設した。中東のイスラーム過激派の影響を受け、厳格な聖典解釈に基づいたイスラーム国家をインドネシアに樹立することを目的としたJIには、アフガニスタンでの戦闘経験を持つ多くのDIメンバーが参加した。

米同時多発テロ事件後の摘発で弱体化するまで、JIは東南アジア地域で最も有力なテロ組織であった。JIは東南アジアに「マンティキ」と呼ばれる独自の地理的区分を設け、マレーシアやシンガポール、インドネシア、フィリピン、オーストラリアなどの地域をカバーして、軍事訓練所の運営や工作員のやり取り、資金調達などを行っていた。JIメンバーが最も多いインドネシアでは、1999年までに2000人余りのメンバーがいたとされる。

1994年には、JIはフィリピンのミンダナオに最初の訓練キャンプを設け、近隣国からの戦闘員の訓練を行った。指導役は、アル・カーイダから訓練を受けたインドネシア人やアラブ人が務めたという。アル・カーイダ自身は東南アジアに拠点を築くことは失敗したものの、同地域でアル・カーイダが教化・訓練した東南アジアの工作員の数は、JIメンバーを中心に400人ほどにのぼる。また、JIは、アフガニスタンにあるアル・カーイダの軍事訓練キャンプにも幹部を送っており、1999年からの2年間で、マレーシア人を中心に20人ほどが訓練を受けたという。

JIは、「遠い敵」である欧米諸国を標的とするアル・カーイダに同調し、大使館など欧米諸国の関連施設やキリスト教の教会などを狙ったテロを2000年から実行するようになった。アル・カーイダとJIを作戦面で仲介する役割を果たしたのが、自らもアフガニスタンで軍事訓練を受けたインドネシア人のハンバリである。1999年のスンカルの死後、JIの作戦面のリーダーとなったハンバリは、9・11事件を計画したハリド・シェイク・モハメドとも親密であり、東南アジアの若者にグローバル・ジハード主義を鼓吹したり、アル・カーイダにリクルートしたりするなどの活動をしていた。

米国で同時多発テロ事件が発生すると、東南アジア諸国もJＩの脅威を認識し、テロへの警戒を強めるようになった。２００１年12月には、シンガポールの米大使館などを狙ったJＩのテロ計画が、シンガポールやマレーシア、フィリピンなどの警察やインテリジェンス機関の協力によって、未然に阻止された。その一方、アル・カーイダが資金を提供し、JＩが計画する形で、２００２年10月にインドネシアの観光地として有名なバリ島を狙った自爆テロが実行された。ナイトクラブなど2カ所が爆破され、オーストラリア人88人を含む２０２人が犠牲となった。

２００２年のバリ島爆弾テロ事件後も、JＩは欧米諸国の関連施設へのテロを継続した。２００３年8月にはジャカルタのマリオット・ホテルが爆破され（12人死亡）、２００４年9月にはジャカルタの豪大使館への自爆攻撃があった（10人死亡）。また、２００５年10月には、再びバリ島の飲食店が爆弾テロで襲われた（25人死亡）。さらに、２００３年からはインドネシア・スラウェシ島のポソで、現地のキリスト教コミュニティへの攻撃が激化した。

このようなJＩの活動に対し、インドネシアや各国の治安当局もJＩ構成員の摘発に力を注いだ。スンカルの死後、JIの最高指導者となったバアシルは2002年のバリ島爆弾テロ事件の直後に逮捕され、2005年3月に同事件への関与で有罪判決を受け、投獄された。2003年8月にはハンバリがタイのアユタヤで逮捕された。さらに、インドネシア警察は、豪と米国の支援のもと、2003年にテロ対策を専門とする「88部隊」を創設し、JIの個々の構成員を摘発していき、組織は弱体化した。また、2002年10月には、JIが国連安全保障理事会の制裁委員会による資産凍結などの制裁リストに記載され、米国も同時期にJIを「海外テロ組織」に指定するなど、国際的な締め付けも強化された。

取り締まりによって弱体化したJIは、バアシル逮捕後に指導者となったルスダンのもと、暴力路線を放棄するに至った。一方で、この方針に反発するグループはJIから分裂し、武装闘争の継続を図った。「遠い敵」への攻撃を主張するマレーシア人の強硬派、トップは分派を形成し、2009年7月にはジャカルタのマリオット・ホテルとリッツカールトン・ホテルを爆破した。しかし、トップは9月にソロで警察に射殺された。

また、2006年に出所したバアシルは2008年にJATという新たな組織を立ち上げ、武装闘争の継続を図った。新たな拠点形成の地としてスマトラ島のアチェを選び、他のイスラーム過激派とともに軍事訓練所を開設した。しかし、2010年2月に訓練所は警察に発見され、バアシルや他の幹部も逮捕されて、拠点形成は失敗に終わった。

東南アジアへのＩＳＩＳの進出と流動化する地域情勢

ＪＩの弱体化と分裂後、東南アジアのイスラーム過激派の動向に影響を与える新たな要因が地域外から出てきた。２０１１年から始まったシリア紛争とＩＳＩＳの台頭である。２０１４年６月にシリアのラッカを「首都」として、バグダディが「カリフ国」の建国を宣言すると、東南アジアのグループの中から、積極的に支持を表明する組織が現れた。代表的な組織は、フィリピンのスールー諸島を拠点とするアブ・サヤフである。リーダーのハピロンは、バグダディの宣言後に忠誠を誓うビデオを公開した。また、インドネシアのスラウェシ島で「東インドネシアのムジャヒディン」として活動していたサントソも、バグダディの宣言直後の７月にビデオで忠誠を表明し、武器供給などの支援を求めた。

他の組織でもＩＳＩＳへの対応を巡って分裂・再編が進んだ。バアシルは、ＩＳＩＳへの支持を巡って息子と対立し、息子はアル・カーイダとその系統のヌスラ戦線を支持する分派を形成した。バアシルは２０１４年７月に獄中からＩＳＩＳへの忠誠を表明し、ＪＡＴも２０１５年にＩＳＩＳを支持する地域の有力なイデオローグである、アブドルラフマンの影響下にあるＪＡＤに合流した。

ＩＳＩＳ側も東南アジアのイスラーム過激派に積極的に働きかけた。２０１４年11月に、ＩＳＩＳはオンライン・マガジンで、インドネシアとフィリピンからの支持に言及した。さらに、将来的に東南アジアに「州（Wilayah）」を樹立する際には、地域の組織とのコミュニケーションの上で、リーダー一人を選択するとした。その前段階として、既にＩＳＩＳに忠誠を誓っていたアブ・サヤフのハピロンが２０１６年に「東南アジアの信徒たちの長」に任命された。東南アジア地域のテロ組織の動向に詳しいインドネシアのジャーナリストのソラウディン（Solahudin）氏は、筆者のインタビューに対し、ハピロンが地域のリーダーに選ばれた理由を、50歳近い年齢と戦闘経験の豊富さで、地域の組織の中でも求心力を持つ存在だったためだろうと述べている。

ＩＳＩＳと東南アジアのイスラーム過激派の相互作用が増えるにつれ、東南アジアの動向は、シリアとイラクのＩＳＩＳを取り巻く情勢から強い影響を受けるようになった。２０１５年前後からトルコの国境警備が厳格化され、シリア入りが難しくなったため、ＩＳＩＳはシリア入りを勧めながらも、難しい場合は、出身地でジハードを行うように促す戦略へと転換した。インドネシアの過激派グループは、ＩＳＩＳ中枢における東南アジア出身者の３つの派閥とそれぞれ連携しながら、中枢からの支持と支援を得る目的でテロを競い合った。例えば、2016年1月のジャカルタのスターバックスなどでのテロは、中枢の派閥KMと連携するJADの犯行とみられている。

さらに、2017年5月には、東南アジアへのISISの浸透を象徴する事件が起きた。フィリピン南部のミンダナオ島にある都市、マラウィがアブ・サヤフとISISに忠誠を誓う地元のイスラーム過激派の約600人に占拠されたのである。これらのグループは、占拠作戦の実行前に、ISISとつながりを持つマレーシア人を経由して、ISISから数万ドルの資金を複数回にわたり受け取っていたことが報告されている。また、フィリピン軍との交戦中にも、インドネシア人やマレーシア人、アラブ人の数十人の外国人戦闘員が支援に加わったという。事件は、フィリピン軍が10月にマラウィを奪還し、首謀者であるアブ・サヤフのハピロンと、地元グループのリーダーの一人、オマール・マウテが軍に殺害されて終結した。

また、東南アジア諸国にとって新たな脅威となっているのが、中東でのISISの勢力縮小に伴う渡航者の帰還の問題である。米国のシンクタンク、ソウファン・センターの報告書によると、2016年の時点で東南アジアからは1000人以上が戦闘員としてシリア・イラクに渡ったとみられている。インドネシアからは６００人程度が渡航し、帰国者は50人以下だとされる（２０１７年３月時点）。マレーシアからは91人が渡航し、８人が帰国したという（２０１６年12月時点）。東南アジアでは自国出身者だけでなく、出身国への帰国を諦めた戦闘員の入国も報告されている。これらの元戦闘員が実戦経験をもとに、帰国後にテロ行為を行うことが危惧されている。また、ＩＳＩＳのイデオロギーを広めたり、地元の過激派に加わってリクルートや扇動行為に従事したりする可能性も指摘されている。

ソーシャル・メディアを活用するＩＳＩＳ

ＩＳＩＳが東南アジアへ浸透するのに大きな役割を果たした、ソーシャル・メディアの活用の仕方が国によって異なることにふれておきたい。東南アジアで、ＩＳＩＳによるソーシャル・メディアの活用が盛んな国の一つがマレーシアである。筆者によるマレーシア国際イスラーム大学のエルムハンマディ（Ahmad El-Muhammady）氏へのインタビューによると、マレーシアでのＩＳＩＳのリクルートやテロ計画においては、フェイスブックやメッセージング・アプリの「WhatsApp」がよく用いられているという。マレーシアのテロ対策関連法が予防拘禁も認める厳しい内容であるため、非接触かつ手軽なコミュニケーション・ツールは重要だと言える。

2016年6月に首都クアラルンプールから近いスランゴール州のナイトクラブに手榴《しゅりゅう》弾《だん》が投げ込まれ、8人がケガをした事件では、マレーシア出身で、シリアから自国民のISへのリクルートを続けるワンディィ容疑者がフェイスブックに犯行声明を投稿した。エルムハンマディィ氏によると、このような攻撃を計画する場合、ISは、ISISを支持するSNSのアカウントでの交流の中から少人数に個人的なコンタクトを試み、小規模のセル（細胞）を組織するという。その上で、ワンディィ容疑者のようなISISの統括役が入り、テロの標的の選定や計画立案を行う。さらに、統括役が有するインドネシアやタイなどの近隣国とのネットワークを生かして、時には1、2人からなる少人数のセルのために、武器の調達や製造方法の指導、支援者への呼びかけを通じた資金調達などを行い、テロ実行への準備を整える。バーチャルな空間に、テロ計画に応じた個別のネットワークが形成されていると言える。

一方、インドネシアでは少し事情が異なる。先述のソラウディィン氏によると、リクルートや組織間のコミュニケーションにおいてソーシャル・メディアは活用されているものの、リクルートの段階で、一般人がISISに参加しようとする場合、最も重視されるのはオフラインでの接触だという。ローカルに活動するISIS関係者へソーシャル・メディアを通じてアクセスし、会合などでの対面の審査を経て、ＩＳＩＳのイデオロギーに十分にコミットしていると認められた者だけがリクルートされる。これは、集団意識や近親ネットワークの重視といった社会・文化的要因に加え、リクルート目的での直接の接触を禁ずる法律の不在という制度的要因など、マレーシアとは異なる状況が作用していると考えられる。作戦においては、ＩＳＩＳ中枢とローカル・グループが「Telegram」や暗号化された独自のメッセージング・アプリを使用して連絡を取り合っており、近年はローカル・グループが主導して「近い敵」の選定をしている可能性が高いという。作戦では、ＩＳＩＳ中枢から資金が来る場合もあるが、パイプ爆弾などの小規模な武器は安価なため、地元の資金で賄えるという。

イスラーム団体による過激化予防の取り組み

ＩＳＩＳによるソーシャル・メディアを用いた現地ムスリムのリクルートへの対策は急務である。ムスリムが多数派を占めるインドネシアとマレーシアでは、原理主義的なイスラーム解釈に反対する民間のイスラーム団体が、それぞれの団体の立場に即した穏健な解釈を広める活動を日常的に実践している。さらに、東南アジアでのＩＳＩＳやイスラーム過激派の活動の活発化に対応して、これらの団体は独自の対策を行っている。

インドネシアでは、メンバー5000万人以上とも言われる世界最大のイスラーム団体であるナフダトゥル・ウラマー（NU）がISISのプロパガンダ対策の中心となっている。NUのボランティアは2010年前後からアル・カーイダや支持者のプロパガンダに対抗して、SNSなどに穏健で寛容なイスラームを支持する投稿を続けてきた。現在はISISに対抗し、500人ほどがスマートフォンやパソコンから同様の取り組みを続けているとされる。しかし、ISIS支持者や公式メディアの圧倒的な投稿量への対抗の難しさや、活動資金不足などの問題を抱えているという。

また、NUは2014年にオーストリアのウィーン大学と共同プログラムを立ち上げ、ISISのプロパガンダを収集・分析し、過激主義への対抗言説を研究して、インターネットや会議で広めている。NUが作成した90分間の映画"The Divine Grace of Islam Nusantara"の中では、ISISの映像が織り交ぜられながら、インドネシアのイスラーム学者がISISのコーランやハディースの解釈を否定している。さらに、NUのハシ（Syafiq Hasyi）氏によると、穏健な解釈を広めるウェブサイトやオンラインテレビのチャンネル開設、アンドロイド・アプリの開発なども行っているという。特に、ソーシャル・メディアを用いたISISのプロパガンダやリクルートが増えた2015年ごろから、NUは組織内にソーシャル・メディア対策の役職を置くなどして、対策に力を入れているという。

インドネシアのもう一つの有力なイスラーム団体であるムハマディア（Muhammadiyah）とつながりを持つ研究所、Maarif Institute のムジャディッド（Rais Mujadid）氏は、個人が過激化する問題の独自の分析に基づいた対策に力を入れていると話す。同研究所は、一般人をリクルートし、テロを実行していたＤＩの事例を分析し、２０１２年に『目隠しされて』という実話に基づいた映画を制作した。映画は若者向けキャンプや、ソロやスラバヤといった過去にテロ事件が発生した都市の寄宿舎や公立高校で上映され、上映後にはＤＩの元メンバーを含めたディスカッションも行われた。これらは、イスラーム過激派が若者にイデオロギーを植えつける方法を理解してもらい、テロ予防につなげる試みである。映画は、インドネシアの国家テロ対策庁（ＢＮＰＴ）によって、過激化対策として一般大衆向けにも上映されたという。

マレーシアでは、若者の穏健なイスラーム理解を推進する団体「イスラーム青年運動（ＡＢＩＭ）」が２０１５年から組織内にメディアチームを作り、ＩＳＩＳの主張や言説に対抗するビデオやソーシャル・メディアのアカウント運用を続けている。背景には、シリアでの戦闘や生活などの個人的な体験談をＳＮＳに投稿し、フォロワーを増やしていくことで若者のリクルートにつなげるＩＳＩＳの活動が、２０１５年前後から活発化したことへの危機感がある。

ＡＢＩＭは、若者が過激な思想に感化され、暴力に走ることを防ぐために、イスラーム学者や研究者を招いたシンポジウムやセミナーなどを開催している。また、ＡＢＩＭのメディア担当者によると、ＩＳＩＳのプロパガンダの活発化に対応して、フェイスブックや「Telegram」などへの投稿や動画配信を通じて、平和や調和に基づく穏健なイスラーム理解を推進し、ＩＳＩＳの主張に反駁《はんばく》しているという。子どものインターネットサイト閲覧に関する注意事項をまとめた、親への啓発活動にも取り組んでいる。これらの活動に対して、ＩＳＩＳ支持者からの批判やハッキングによるサイト閉鎖などを受けることもあるが、議論や新たなアカウントの開設などを通じて、情報発信を続けているという。

テロに強い社会を作るために

２０００年代に東南アジアで凶悪なテロ事件を起こしたＪＩは、提携していたアル・カーイダ同様、かつての勢いを失ったが、ＩＳＩＳの登場が地域のイスラーム過激派の活動を再び活発にしている。ＩＳＩＳ中枢は有志連合の攻勢でイラク・シリアでの勢力を弱めつつあるが、このことが活動拠点の中東地域以外への拡散を促進する可能性もある。マラウィの占拠事件は、中東だけでなく、東南アジアでも統治の弱さにつけ込んで、イスラーム過激派が領域支配を含めた拠点形成をする可能性があることを示した。外国からの戦闘員の流入や中東からの帰還者の問題も含めて、東南アジア諸国は、これまで以上に警戒を強める必要があるだろう。

また、イスラーム過激派によるプロパガンダに対抗するには、政府の取り組みだけでなく、東南アジアのイスラーム団体が実践しているような、市民社会による宗教的・非宗教的なアプローチの過激化予防策が重要である。特に、ISISがソーシャル・メディアに若者を扇動する動画や画像、メッセージを載せ、リクルートにつなげている現状を鑑みると、尚更である。実際に、インドネシアのイスラーム人口に比したシリア・イラクへの渡航者の少なさは、NUの前述の活動の効果だとする指摘もある。これらの活動は、単にイスラーム過激派への参加や個人の過激化を防ぐだけでなく、異なる文化や宗教に対する不寛容や、暴力を誘発するような言説へのコミュニティの抵抗力を高めることになる。そのような地道な予防への取り組みが、長期的にはテロに強い社会を作ることになろう。

参考文献

Rohan Gunaratna. "The Islamic State's Eastward Expansion". *The Washington Quarterly*, Spring 2016, pp. 49-67.

—— "The Current and Emerging Terrorist Threat in Southeast Asia". *Harvard Asia Quarterly*, Vol. 14, 2012, pp. 75-86.

David C. Rapoport. "The Four Waves of Modern Terrorism". John Horgan and Kurt Braddock eds. *Terrorism Studies: A Reader.* Routledge, 2012, pp. 41-60.

Institute for Economics and Peace. *Global Terrorism Index Report 2014: Measuring and Understanding the Impact of Terrorism.* November 2014.

Institute for Policy Analysis of Conflict. *Marawi, The "East Asia Wilayah" and Indonesia*. July 21, 2017.

Solahudin. *The Roots of Terrorism in Indonesia*, Cornell University Press, 2013.

The Soufan Center. *Beyond the Caliphate: Foreign Fighters and the Threat of Returnees*. October 2017.

河野毅、２０１７「需給関係の狭間で揺れ動くインドネシアのジハード暴力運動」『現代史研究』第13号、１—20頁

本名純、２０１６「アジアにおける『イスラム国』の浸透：拠点化するインドネシア」『外交』第38号、１２９—１３５頁

おわりに

この本は、公益財団法人 笹川平和財団が2016〜2017年度にかけて実施した「アジアのイスラーム：実像と課題」事業でおこなったアジア8カ国における現地調査をもとに協力者の方々が執筆した論文を、一般の読者にも手に取っていただけるよう、読みやすい形に変えて取りまとめたものである。

この事業の実施期間中だった2017年8月から、ミャンマーで起きたバングラデシュとの国境付近に住む少数派ムスリムとミャンマーの治安部隊との衝突が「ロヒンギャへの迫害」として報道されるようになり、2018年1月の時点で難民の数は67万人に達した。ミャンマーの章では、この問題を直接扱っていないものの、その背景については触れ、ロヒンギャと呼ばれている人々以外のムスリムも差別を受けている実態が見えた。フィリピンやスリランカの章でも、少数派として暮らすムスリムが、疎外され、生きづらく感じている事例も見受けられた。また、インドネシアの章などで見られたように、同じムスリムの中でも少数派の宗派やコミュニティのように排除され、社会の端々に追いやられている人々もいた。

ミャンマーを追われた難民が逃げ込んだ隣国バングラデシュでは、2016年7月、日本人7名が巻き込まれる凄惨なテロ事件が起こった。同時にバングラデシュの章では、ムスリムの過激化の背景に国内政治が大きくかかわっているということを説明したが、同時にテロリストのネットワークがアジアにも国境を越えて存在していることは最終章で紹介した通りだ。

各章で見てきたように、アジアには、多数派から追いやられて、生きづらさを感じているムスリム、他者を攻撃し排外するような過激思想に影響を受けているムスリム、そのどちらも存在している。イスラームは古くから、砂漠の旅人を敬意をもって受け入れてきたため「寛容の宗教」と呼ばれてきた。しかし、アジアの場合はさらに多様な宗教、民族、文化、習慣が入り混じるなかで、互いに尊重し合って発展し、数百年の歴史を刻んできた。だが今、その関係が崩れつつあるのかもしれない。

いま再び、この本で描かれていた光景を振り返っていただきたい。イスラームのモスクとキリスト教の教会が軒を並べる。山に鎮座する一つのご神体を様々な宗教の人々がそれぞれの解釈で崇める。美しい海を取り囲んで、国境も宗教もすべてを超越して人々が交流する。どれもみな、いがみ合っていては決して生まれなかったアジアの光景だ。これらの姿は、広いアジアの多様性を示すほんの一部の例でしかない。この本を読み進めていく中で、アジアのムスリムたちの文化や暮らしは多様であり、国境を越えて互いに影響し合っていることを感じていただけたのではないだろうか。

事業を実施するにあたり、数多くの方々のご協力をいただいた。法政大学法学部の浅見靖仁教授、立教大学異文化コミュニケーション学部の石井正子教授、京都大学アジア・アフリカ地域研究研究科の中溝和弥教授、大阪大学大学院国際公共政策研究科の松野明久教授には事業の立ち上げ以来、様々なご助言をいただいた。

この本の各章の筆者である15名の協力者のみなさまには、現地調査と論文執筆のみならず、本事業の一環として継続的に開催した研究会での発表や、一般公開セミナーへの登壇などもしていただいた。同時に、現地調査において、快く協力してくださり、自らの経験や想いを共有してくれた8カ国の数多くの方々にも心から感謝したい。この本を通して、ひとりでも多くの日本人が彼ら彼女らに思いを馳せ、同じアジアに暮らす仲間として関心を持つきっかけとなれば嬉しい。

最後に、この本の出版にあたっては、三浦由佳理さんをはじめイースト・プレス関係者のみなさまに多大なるご尽力をいただいた。心より感謝を申し上げたい。

2018年3月
笹川平和財団
堀場　明子
林　茉里子

※本書では、主要な単語を除き、各稿ごとに表記を統一している。

執筆者一覧

（敬称略・50音順）

石川和雅（いしかわ・かずまさ）　１９８２年生まれ。上智大学大学院グローバル・スタディーズ研究科博士後期課程退学。同大学院にて地域研究修士号取得。特定非営利活動法人オアシス理事。ミャンマー王朝時代の歴史について研究し、２０１１～２０１４年にかけてミャンマーに留学。主な論文に、「19世紀後半の清緬関係：「友邦―朝貢」関係の検討」（『駿台史學』第１５９号、２０１７）、「マンダレー王宮の造営工程」（『ミャンマーの木造建築文化』東京文化財研究所、２０１５）など。

岩城考信（いわき・やすのぶ）　１９７７年生まれ。呉工業高等専門学校建築学分野准教授。法政大学大学院工学研究科建設工学専攻博士後期課程修了。博士（工学）。タイ王国チュラーロンコーン大学社会調査研究所客員研究員や慶應義塾大学ＳＦＣ非常勤講師などを経て現職。主な著書・論文に、『バンコクの高床式住宅：住宅に刻まれた歴史と環境』（風響社、２００８）、「タイの水都研究史」（陣内秀信編『水都学Ⅱ　特集アジアの水辺』法政大学出版局、２０１４）など。

小河久志（おがわ・ひさし）　１９７５年生まれ。金沢星稜大学人文学部准教授。総合研究大学院大学文化科学研究科博士後期課程単位取得退学。博士（文学）。専門は文化人類学、東南アジア地域研究。大阪大学特任助教、常葉大学専任講師を経て現職。主な著書に、『自然災害と社会・文化：タイのインド洋津波被災地をフィールドワーク』（風響社、２０１３）、『「正しい」イスラームをめぐるダイナミズム：タイ南部ムスリム村落の宗教民族誌』（大阪大学出版会、２０１６）など。

香川めぐみ（かがわ・めぐみ）　１９７３年生まれ。ジョージ・メイソン大学大学院紛争分析・解決研究所卒、大阪大学大学院国際公共研究科博士課程在籍中。アトランティック・カウンセル太平洋班アシスタント、国会議員秘書、国際連合大学学長室アシスタント、内閣府国際平和協力本部研究員、広島大学大学院社会科学研究科特任助教、慶應義塾大学理工学部非常勤講師を歴任。紛争地域での研究、PKO、平和構築、ASEAN反テロ事業運営に従事。「対テロ戦争と内戦の力学：国際関係論と紛争解決論の相克」（2016年度日本国際政治学会）など。

日下部尚徳（くさかべ・なおのり）　1980年生まれ。東京外国語大学世界言語社会教育センター講師。大阪大学大学院人間科学研究科グローバル人間学専攻博士課程修了。博士（人間科学）。文京学院大学助教、大妻女子大学専任講師を経て現職。専門は国際協力論、南アジア地域研究。主な著書は、『バングラデシュを知るための66章』（編著、明石書店、2017）、「脆弱な土地に生きる：バングラデシュのサイクロン防災と命のボーダー」（共著『歴史としてのレジリエンス』京都大学学術出版会、2016）、「NGOと平和構築」（共著『現場〈フィールド〉からの平和構築論』勁草書房、2013）など。

久志本裕子（くしもと・ひろこ）　1979年生まれ。マレーシア国際イスラーム大学言語マネージメント学部専任講師。東京外国語大学大学院地域文化研究科博士課程修了。博士（学術）。日本学術振興会特別研究員を経て2014年より現職。専門は文化人類学と比較教育学で、東南アジア・ムスリム社会における教育の問題について研究。主な著著に、『変容するイスラームの学びの文化：マレーシア・ムスリム社会と近代学校教育』（ナカニシヤ出版、2014）など。

斎藤紋子（さいとう・あやこ）　1970年生まれ。上智大学アジア文化研究所客員所員。東京外国語大学ほか非常勤講師。東京外国語大学大学院地域文化研究科博士後期課程単位取得退学。博士（学術）。1994年3月～1996年2月在ミャンマー日本国大使館専門調査員。2002年10月～2004年9月ミャンマー・大学歴史研究センター留学。主な論文に、「第7章　ミャンマー社会におけるムスリム：民主化による期待と現状」（工藤年博編『ポスト軍政のミャンマー：改革の実像』アジ研選書39、アジア経済研究所、2015）など。

櫻田智恵（さくらだ・ちえ）　1986年生まれ。京都大学大学院アジア・アフリカ地域研究研究科特任研究員。2012

〜2014年にタイ王国チュラーロンコーン大学文学部に留学。主な著書に、『タイ国王を支えた人々：プーミポン国王の行幸と映画を巡る奮闘記』（風響社、2017）、『現代世界の陛下たち』（共著、ミネルヴァ書房、2018近刊）など。翻訳に、『消えてしまった葉』（チラナン・ピットプリーチャー著、四方田犬彦・櫻田智恵共訳、港の人、2018）など。

佐々木葉月（ささき・はづき） 1977年生まれ。熊本大学大学院先導機構特任助教。モントレー国際大学大学院修士課程修了後、大阪大学大学院国際公共政策研究科博士後期課程修了。博士（国際公共政策）。ライデン大学客員研究員（2012〜2013）。立命館大学立命館グローバル・イノベーション研究機構専門研究員を経て、2017年から現職。主な論文に、「スリランカ内戦における安全保障と人権の相克」（足立研幾編著『セキュリティ・ガヴァナンス論の脱西欧化と再構築』ミネルヴァ書房、2018）、「国際テロ対策の展開と日本のテロ予防支援」（佐藤史郎、川名晋史、齊藤孝祐、上野友也編著『日本外交の論点』法律文化社、2018）、「国連における暴力的過激主義対策（CVE）の制度化に関する課題と展望」（『国連ジャーナル』秋号、2017）など。

鈴木佑記（すずき・ゆうき） 1978年生まれ。国士舘大学政経学部講師。上智大学外国語学研究科地域研究専攻博士課程修了。博士（地域研究）。日本学術振興会特別研究員PD、東洋大学社会学部助教など歴任。主な著書に、『現代の〈漂海民〉：津波後を生きる海民モーケンの民族誌』（めこん、2016）、『小さな民のグローバル学：共生の思想と実践をもとめて』（共著、上智大学出版、2016）、『タイを知るための72章【第2版】』（共著、明石書店、2014）、『自然災害と復興支援』（共著、明石書店、2010）など。

拓徹（たく・とおる） 1971年生まれ。京都大学大学院アジア・アフリカ地域研究研究科客員准教授／人間文化研究機構総合人間文化研究推進センター研究員。専門は現代カシミール政治・社会史。2010年、インド州立ジャンムー大学にて博士号（社会学）取得。主な著書・論文に、『インド人の謎』（星海社新書、2016）、「創成期の用語

「カシミーリーヤット」について」（『現代インド研究』第1号、2010）、「カシミールの禁酒運動はどう伝えられたか：1980年代初頭インドの新聞報道とセキュラリズム」（『南アジア研究』第25号、2013）など。

中村沙絵（なかむら・さえ）　1983年生まれ。京都大学大学院アジア・アフリカ地域研究研究科准教授。京都大学大学院アジア・アフリカ地域研究研究科博士課程修了。博士（地域研究）。専門は南アジア地域研究、文化人類学。主な著書・論文に、『響応する身体：スリランカの老人施設ヴァディヒティ・ニヴァーサの民族誌』（ナカニシヤ出版、2017）、「スリランカ・シンハラ社会における施設での看取りと死に関する一考察」（『アジア・アフリカ地域研究』2014）など。

見市建（みいち・けん）　1973年生まれ。早稲田大学大学院アジア太平洋研究科准教授。神戸大学大学院国際協力研究科博士課程後期修了。博士（政治学）。岩手県立大学総合政策学部准教授などを経て、2017年より現職。主な著書に、『新興大国インドネシアの宗教市場と政治』（NTT出版、2014）など。

山田協太（やまだ・きょうた）　1977年生まれ。京都大学東南アジア地域研究研究所連携助教。京都大学工学研究科生活空間専攻博士課程修了。博士（工学）。専門は南アジア・インド洋世界の居住環境史、居住環境デザイン。主な著書・論文に、「近代仏教建築の東アジア―南アジア往還」（『アジア遊学』、No．196、2016）、「コロンボ（スリランカ）下町での地域学習施設開設プロジェクト：日常のデザイン行為から地域居住環境を考える」（谷川竜一他編『相関地域研究3　衝突と変奏のジャスティス』青弓社、2016）、『メガシティ2　メガシティの進化と多様性』（共著、東京大学出版会、2016）など。

渡邉暁子（わたなべ・あきこ）　1976年生まれ。文教大学国際学部准教授。京都大学大学院アジア・アフリカ地域研究研究科を単位取得満期退学。博士（地域研究）。主な論文に、「フィリピン・ムスリムの家族形成にみる連続性と多様性：配偶者選択を中心に」（平井晶子・床谷文雄・山田昌弘編『家族研究の最前線②出会いと結婚』日本経済評論社、2017）、「UAEとカタルにおけるフィリピン人のイスラーム改宗と社会関係の変容：イスラームへの改宗は「共生」への契機となるか？」（細田尚美編『湾岸アラブ諸国の移民労働者：「多外国人国家」の出現と生活実態』明石書店、2014）など。

アジアに生《い》きるイスラーム

2018年4月20日　初版第1刷発行

編者　笹川平和財団
発行人　永田和泉
発行所　株式会社イースト・プレス
〒101-0051
東京都千代田区神田神保町2-4-7 久月神田ビル
電話 03-5213-4700　FAX 03-5213-4701
http://www.eastpress.co.jp

編集　三浦由佳理
装丁・レイアウト　矢萩多聞
DTP　松井和彌
マップ製作　アルト・ディークラフト、矢萩多聞

印刷所　中央精版印刷株式会社

ISBN 978-4-7816-1658-2